Hannes Ball
Sadik Hassan
Wilhelm Schwendemann
Traugott Wöhrlin

Haus des Islam

Einblicke und Einsichten

calwer materialien

Sämtliche Kuranzitate sind entweder von uns übersetzt oder stammen aus: »Der Kuran, aus dem Arabischen übertragen von Max Henning«, Reclam, Stuttgart.

Bibliographische Information der Deutschen Bibliothek
Die Deutsche Bibliothek verzeichnet diese Publikation in der Deutschen Nationalbibliografie; detaillierte bibliografische Daten sind im Internet über http://dnb.ddb.de abrufbar.

ISBN: 978-3-7668-4060-8

© 2008 by Calwer Verlag Stuttgart
Das Werk und seine Teile einschließlich der Bilder und Daten auf der CD sind urheberrechtlich geschützt.
Jede Nutzung in anderen als den gesetzlich zugelassenen Fällen bedarf der vorherigen schriftlichen Einwilligung des Verlags.
Hinweis zu § 52a UrhG: Weder das Werk noch seine Teile dürfen ohne eine solche Einwilligung gescannt und in ein Netzwerk eingestellt werden. Dies gilt auch für Intranets von Schulen und sonstigen Bildungseinrichtungen.
Auf verschiedenen Seiten dieses Buches befinden sich Verweise (Links) auf Internet-Adressen.
Haftungshinweis: Trotz sorgfältiger inhaltlicher Kontrolle wird die Haftung für die Inhalte der externen Seiten ausgeschlossen. Für den Inhalt dieser externen Seiten sind ausschließlich deren Betreiber verantwortlich. Sollten Sie bei dem angegebenen Inhalt des Anbieters dieser Seiten auf kostenpflichtige, illegale oder anstößige Inhalte treffen, so bedauern wir dies ausdrücklich und bitten Sie, uns umgehend per E-Mail davon in Kenntnis zu setzen, damit beim Nachdruck der Verweis gelöscht wird.

Umschlaggestaltung: Karin Sauerbier, Stuttgart
Herstellung: Karin Klopfer, Calwer Verlag
Satz und CD-Erstellung: NagelSatz, Reutlingen
Druck und Verarbeitung: Druck Partner Rübelmann GmbH, Hemsbach

Internet: www.calwer.com
E-Mail: info@calwer.com

INHALT

Hinweis:
1. Ein ausführliches Inhaltsverzeichnis befindet sich auf der mitgelieferten CD.
2. Auf der CD befinden sich außerdem sämtliche im Buch verwendeten Abbildungen – wo möglich in Farbe.
3. Texte, die sich in besonderer Weise als Unterrichtsmaterial eignen, sind im Buch mit einer grauen Linie am Rand markiert.
4. Auf thematische Bezüge und Verknüpfungsmöglichkeiten wird im Buch durch Querverweise hingewiesen.

Vorbemerkung 7
    Zu unseren Intentionen _ 7

Didaktische Verortung 10
    Interreligiöse Ordnung in den Schulen – Lernziele – Kompetenzen – Themenfelder _ 10

Curriculare Zuordnung des Themas 15
    Haus des Islam im Kursangebot der reformierten Oberstufe _ 15

Haus des Islam 17
    Was heißt Islam, Muslima und Muslim? _ 17 • Die islamischen Staaten _ 18 • Sprachen in der islamischen Welt _ 18

Drei Einstiege in die Unterrichtseinheit 21
    Einstieg 1: Kunst als Tor in das Haus des Islam _ 21 • Didaktische Anregungen _ 27 • Einstieg 2: Musik im Islam _ 31 • Einstieg 3: Arabische Lehn- und Fremdwörter _ 34

Der Kuran 37
    Vom rezitierten zum geschriebenen Kuran _ 37 • Was verbindlich ist: Kuran und Sunna _ 38 • Themen des Kuran _ 40 • Texte zur Kuraninterpretation _ 41 • Friedrich Rückert und das Problem der Kuranübersetzung _ 44 • Zum Vergleich: Die Bibel _ 46

Allahu akbar! 49
    Mutter Gottes – Walidatu Allah _ 49 • Die Gebetsanrede Rabb 'Isa (Jesua') – Herr Jesus _ 50

Gott – Allah 52
    Gottes 99 schönste Namen _ 53 • Misbaha _ 55

Die Propheten 56
    Exkurs: Zur biblischen Prophetie _ 56 • Adam – Adem _ 58 • Noah – Nuh _ 58 • Abraham – Ibrahim _ 59 • Moses – Musa _ 65 • Jesus – 'Isa _ 65 • Mohammed – Muhammad _ 68

Beduinen verstehen 74

Ibn Chaldun _ 74 • Zur Soziologie der Beduinen _ 75 • Ein Beduinenmärchen aus vor-islamischer Zeit: Die Geschichte von dem Araberfürsten und seinem Sohn Dijab _ 76 • Letztes Lied eines Beduinen _ 79 • Abu Hamid – Unterwegs in Israel und Palästina _ 80 • Muhammads besondere Leistung _ 82

Die 'Umma 83

'Umma heute _ 84

Kalif, Kalifat 86

Mutabor _ 86

Die Säulen der Religion – Arkan ad-Din 88

Das Fasten, as-Saum, die dritte Glaubenspflicht _ 88 • As-Sakat, die vierte Glaubens-pflicht und das sozio-ökonomische System _ 89 • Wallfahrt nach Mekka – al-Hadsch, die fünfte Glaubenspflicht _ 90

Dschihad 93

Scharia 95

Die orthodoxen Rechtsschulen 97

Beispiele _ 97

Vom Anspruch des Islam 99

Sunniten und Schiiten 101

Begriffsklärungen _ 101 • Typisch schiitisch _ 102

Das Weltbild 104

Verständigungsprobleme _ 104 • Vom muslimischen Raumbewusstsein _ 104 • Vom muslimischen Wohnen _ 106 • Islamische Stadtgrundrisse _ 108 • Zur islamischen Bau-kultur _ 111 • Öffentliche Gebäude in der islamischen Stadt _ 112

Die Moschee 116

Moschee und Kirche: ein Vergleich _ 116 • Haram asch-Scharif in Jerusalem _ 119 • Moscheegebäude und Moscheeausstattung _ 120 • Die Meditationsinsel – der Ort für das Gebet _ 121

Das Gebet 123

As-Salat, die zweite Glaubenspflicht _ 123

Wenn Christen beten 126

Vaterunser – das Gebet der Christenheit _ 126 • Exkurs: Gegenwärtige Auslegung der Bergpredigt _ 127 • Beten in der Bibel _ 129 • Das monastische Gebet _ 130 • Wenn die Glocken läuten _ 131

Von Derwischen, Orden und islamischer Mystik 132

Derwisch _ 132 • Geschichte _ 132 • Wichtige Lehrer _ 133

Zeitrechnung, Kalender und Feste ... 135

Umweltethik, Umweltpolitik, Umwelterziehung und Abu Wasi' ... 137

Der Islam und die Tiere ... 139

Grundzüge der Anthropologie ... 141
Aspekte muslimischer Ethik _ 142 • Wie man Menschen anredet _ 144 • Was macht eigentlich ein ...? _ 144 • Vom Weingenuss _ 145 • Beschneidung _ 146 • Kleider und Kleiderordnungen _ 148 • Was die Kopftücher der Männer bedeuten _ 148 • Frau und Mann _ 149 • Monogamie oder Polygamie? _ 150 • Vier Frauen _ 151 • Rana Kabbani zum Thema »Frau« _ 153

Namen und Namensgebung ... 157

Sterben und Tod: Rückkehr zu Gott ... 159
Der Glaube _ 159 • Die Riten _ 159 • Friedhöfe _ 160 • Gärten und Höfe – Paradiese im Diesseits _ 161 • Garten der Ewigkeit (Paradies) – Dschannat al-Chuld _ 162

Islamische Staaten heute ... 164
Die arabischen Staaten _ 164 • Die Türkei _ 166 • Der Iran _ 167 • Pakistan _ 168 • Indonesien _ 169 • Juden und Christen in islamischen Staaten _ 170

Der politische Islam: Islamismus ... 172

Junge Muslime in Deutschland ... 175

Dialog zwischen Islam und Christentum ... 176
Multikulturelle und multireligiöse Situation als Bereicherung _ 176 • Grundunterschiede in der Gottesfrage _ 177

Stellungnahmen der Kirchen ... 180

Zwei Entwürfe für Klausuren ... 182
Klausur 1 _ 182 • Klausur 2 _ 183

Zwei Prüfungsaufgaben ... 185
Aufgabe 1 _ 185 • Aufgabe 2 _ 185

Aufgaben, über das ganze Buch verteilt ... 187
Wie verhalte ich mich als Gast im Haus des Islam? ... 188
Islamische Geschichte im Überblick ... 190
Literatur ... 192
Bildnachweis ... 196
Die Autoren ... 196

»Ich glaube, nur wenn man die arabische Welt aus eigener Anschauung kennt, wenn man lange Jahre in ihr gelebt hat, kann man die Einseitigkeit und das Ausmaß der meist unbewussten, oft genug jedoch mutwilligen Verfälschungen ermessen, die in der Berichterstattung über den Nahen und Mittleren Osten vorliegt. Das Bild, das die westlichen Massenmedien von der arabischen und allgemein von der islamischen Welt zeichnen, ist eine Karikatur. Man kann einwenden, dass das Bild des Westens in den arabischen Medien auch nicht eben ausgewogen ist, aber das hieße, das Schlechte mit dem Schlechten zu rechtfertigen.«

Nasr Hamid Abu Zaid, ehemals Professor in Kairo, musste vor wenigen Jahren Ägypten wegen Todesdrohungen verlassen. Er war in Abwesenheit zuvor von einem ägyptischen Gericht gegen seinen und gegen den Willen seiner Frau von dieser geschieden worden. Sein »Vergehen«: Ein von der Orthodoxie abweichendes Verständnis des Kurantextes. Abu Zaid und seine Frau leben jetzt im holländischen Exil. An der Universität Leiden hat er einen Lehrauftrag übernommen und seine Frau, ehemals Professorin an derselben Universität in Kairo, musste ihre berufliche Laufbahn aufgeben.

2004 wurde Nasr Hamid Abu Zaid auf den Ibn-Ruschd (Avarroës)-Lehrstuhl der Universität für Humanistik in Utrecht berufen. 2005 erhielt er den Ibn-Ruschd-Preis für Freies Denken im Goethe-Institut Berlin. Das Zitat stammt aus seinem Buch: Ein Leben mit dem Islam, Freiburg 1999, S. 198.

VORBEMERKUNG

Zu unseren Intentionen

Die Welt des Islam ist heute dem Abendland näher gerückt als jemals zuvor in der langen gemeinsamen Geschichte. Wir kennen Muslime als Nachbarn, als Arbeitskollegen, als Mitschülerinnen und Mitschüler oder als Freunde und Gegner beim Sport. Aber unser Wissen über ihre Religion und die Kultur, aus der sie kommen, ist noch immer schwammig und von Vorurteilen aller Art bestimmt, die bei uns seit Generationen weitergegeben wurden und nicht selten eine ablehnende, ja abweisende Haltung verursachen. Auch die Lektüre »wissenschaftlicher« Werke und dicker Bücher bekannter Journalisten, einseitige Medienberichte oder Kommentare, ja sogar mangelhafte bis schlichtweg falsche Informationen, die in öffentlichen Bildungseinrichtungen vermittelt werden, und schließlich das Verhalten mancher Angehöriger dieser Religion selbst erzeugen zusammen ein Bild vom »Islam«, das von Furcht und Ablehnung geprägt ist.

Dieses Zerrbild zurechtzurücken und die dafür erforderlichen Informationen und Zusammenhänge zu vermitteln und aufzuzeigen, ist das Anliegen dieses Calwer Materialienbandes »Haus des Islam«.

Dem Autorenteam sind bei seiner Arbeit am »Haus des Islam« drei Aspekte wichtig geworden, die im Folgenden dargestellt werden:

Glauben und Wissen – eine untrennbare Einheit

Der Islam ist nicht nur eine Religion der völligen Hingabe an Gott, sondern auch eine Religion des Wissens. Im Kuran steht: »Lies im Namen deines Herrn, der erschaffen hat, den Menschen erschaffen hat aus einem Embryo. Lies, dein Herr ist der edelmütigste, der durch das Schreibrohr gelehrt hat, den Menschen gelehrt hat, was er nicht wusste ...« (96,1–5).

Lesen, schreiben, lehren, wissen: Dies sind die ersten Vokabeln der islamischen Botschaft, einer Botschaft also, die sich auf das Wissen stützt und das Lernen verlangt, weil man anders den wahren Gott nicht erkennen kann. »... sprich: sind etwa diejenigen, die wissen und diejenigen, die nicht wissen, gleich?« (39,9)

»Wahrlich, Gott fürchten unter seinen Dienern eben die Gelehrten!« (35,28)

»So erhöht auch Gott diejenigen von euch, die glauben, und die, denen das Wissen zugekommen ist, um Rangstufen« (58,11).

Es gibt noch viele andere Kuranverse, die den Glauben mit dem Wissen verbinden, denn man muss die Überzeugung von Gott und seiner Schöpfung mit verständlichen Argumenten begründen können und es ist daher kein Zufall, dass viele Verse des Kuran mit dem Satz enden: »... für Leute, die Verstand haben«, womit die Einsicht in die Offenbarung Gottes gemeint ist.

Der im europäischen Denken bestehende Antagonismus zwischen Wissen und Glauben ist im Islam aufgehoben. Hier ist mit dem Wissen nicht nur das vordergründige, sich stets verändernde und permanent wachsende Daten- und Informationsgeflecht gemeint, welches bei uns unter der Bezeichnung »Wissenschaft« sowohl als Instrument zur Lösung aller unserer Probleme gebraucht wird, wie oft genug auch als Grundlage von Macht und Wohlstand. Im islamischen Zusammenhang ist mit Wissen darüber hinaus vor allem die Erkenntnis gemeint, die den Wissenden dem unbegreiflichen Wesen Gottes ein Stück näher bringt und zu dem führt, was man bei uns mit »Weisheit« bezeichnet.

Muhammad selbst war dem Wissen und den Wissenden sehr zugetan, denn die Botschaft Gottes, die er zu verbreiten hatte, bestand ja eben aus Wissen. Nach den beiden Quellen der islamischen Lehre, dem Kuran und der Sunna, sind somit Wissen und beständiges Lernen wichtige Forderungen an den Muslim, und Wissen und Glauben bilden damit keinen Gegensatz, sondern eine untrennbare Einheit.

Diese Feststellung provoziert natürlich die berechtigte Frage, wie es denn kommt, dass in fast allen arabischen und sehr vielen anderen islamischen Staaten das Phänomen des Analphabetentums so weit verbreitet ist. Die Antwort auf diese Frage führt zum zweiten Aspekt dieses

Bandes, der Unterscheidung zwischen religiösem und politischem Islam.

Instrumentalisierung der Religion zum Machterhalt

Wer die Geschichte des christlichen Abendlandes kennt, der weiß, dass im Namen des Christentums die schrecklichsten Grausamkeiten, Barbareien und ideologischen Verirrungen geschehen sind und noch immer geschehen. Dennoch wäre es falsch, diese mit der wahren Botschaft Christi gleichzusetzen, von der wir überzeugt sind, dass sie daneben dennoch weiterlebt und vieles vom Denken und Handeln der Menschen bestimmt, die sich Christen nennen. Es braucht wenig Phantasie, sich vorzustellen, dass dies in anderen Religionen genauso ist, natürlich auch im Islam.

Die hierzu notwendige Fähigkeit, das Politische vom Religiösen trennen zu können, setzt allerdings nicht nur Vertrautheit mit den Regeln der Glaubenslehre, sondern auch mit der geschichtlichen Entwicklung der islamischen Länder voraus. Am Beispiel des Analphabetentums wird dies besonders deutlich:

Die politischen Machthaber und davor die fremden Kolonialmächte sind und waren an einem hohen Bildungsstand der Bevölkerung nicht interessiert, weil unwissende und damit unkritische Menschen, die sich vor allem mit der Sorge um das tägliche Brot herumzuschlagen haben, viel weniger zur Wahrnehmung der politischen Realitäten kommen, durch die das Establishment gefährdet sein könnte. Natürlich haben die Mächtigen zur Sicherung ihrer Position auch in der islamischen Welt nur allzuoft die Religion eingesetzt, etwa durch das Engagement willfähriger und ebenso an Macht interessierter »Islamgelehrter«. Religiöse Zwerge konnten auf diese Weise riesige »theologische« Theorien entwickeln, wonach beispielsweise aus Schulbesuch, Radiobenutzung oder Kino- und Theaterbesuch verbotene Taten geworden sind. Alles, was die Kenntnisse der Menschen erweitert und zur Ausdehnung ihres Horizontes geführt hätte, konnte auf diesem Wege verboten werden, und zwar durch »religiöse« Argumente belegt. Viele einfache Leute waren somit überzeugt, religiös zu handeln, wenn sie ihre männlichen Kinder zur Arbeit statt zur Schule geschickt haben, von den Mädchen gar nicht zu reden, denn für sie wäre der Schulbesuch außerdem moralisch bedenklich und würde der Familie nur Schande bringen.

In sehr vielen muslimischen Ländern war daher eine allgemeine Schulpflicht bis weit über die Mitte des 20. Jahrhunderts unbekannt. Und noch heute, wo sie unter dem Druck der ausländischen Öffentlichkeit offiziell überall eingeführt ist, wird sie nicht durchweg rigide überwacht. Die fast überall vorhandenen Kuranschulen boten und bieten dafür keinen Ersatz, weil sie nichts anderes vermitteln als das Lesen des Kurans, oft genug ohne das Verständnis des Inhaltes zu fördern.

Noch heute, am Anfang des einundzwanzigsten Jahrhunderts, muss man gegen solche »religiösen« Praktiken und Theorien kämpfen, die alle Errungenschaften von Wissenschaft oder Kunst als »fremde Elemente« oder als »importierte Ideen« darstellen und ablehnen. Dieser Kampf ist sehr hart, schwierig und gefährlich, weil die Kritiker dieser »religiösen« Argumentation gegen das Lernen schnell als Gegner des Islam diffamiert und bedroht werden, sowohl von den politisch Mächtigen als auch von den »religiösen« Führern. Ein aktuelles Beispiel dafür ist Nasr Hamid Abu Zaid (s. S. 5).

Angesichts solcher Beobachtungen ist es nur zu verständlich, dass der Islam als Religion des Wissens bei den meisten Menschen ebenso unbekannt ist wie das in ihm begründete »sozio-ökonomische System«, welches die Gerechtigkeit in der Gesellschaft durch ein eigenes islamisches Steuerwesen erreichen möchte. Auch von dem auf dem Kuran basierenden Schutz der persönlichen Freiheit durch die Ablehnung jeglichen Zwanges in der Religion weiß man bei uns so gut wie nichts.

Mit dem Versuch, in diesem Band über solche scheinbar nicht zur Religion gehörenden Themen ein umfassenderes Bild des Islam zu vermitteln, berühren wir schließlich den dritten Aspekt.

Das Fremde studieren – sich selbst besser erkennen

Das unvoreingenommene Studium des Fremden führt fast immer auch zu neuen und tieferen Erkenntnissen über das Vertraute. Diese Erfahrung trifft in ganz besonderer Weise auf die Beschäftigung mit der größeren unserer beiden Schwesterreligionen zu, dem Islam.

Es ist für uns selbstverständlich, dass das Christentum die sichtbaren Zeugnisse der europäisch-abendländischen Kultur wesentlich geprägt oder wenigstens mit deutlichen Spuren beeinflusst hat – unsere Architektur mit ihren Kirchen, Kathedralen und Klöstern, unsere Dorf- und Stadtbilder, unsere gesamte Kunst, die Literatur, die Dichtung und die Musik, mit einem Wort: unser gesamtes sichtbares Leben ebenso wie die Strukturen unseres Denkens. Dass dies in einer Religion, wie der des alle Lebensbereiche erfassenden Islam ebenso, ja noch viel ausgeprägter der Fall sein muss, liegt auf der Hand. Die sichtbaren baulichen und künstlerischen Zeugnisse des Islam bieten also einen geradezu idealen Einstieg in die Gedanken-, Vorstellungs- und Wertewelt der Muslime, vorausgesetzt, wir versuchen diese nicht mit dem Vokabular und den Wertvorstellungen unserer vertrauten eigenen Welt zu beurteilen und zu verstehen, sondern sie als eigene Sprache zu entschlüsseln, die der unsrigen gleichwertig gegenübersteht.

Der relativ große Raum, der in unserem Buch dem kulturellen Erscheinungsbild des Islam gewidmet ist, soll dies ermöglichen. Vermutlich führen diese Auseinandersetzungen mit den zunächst fremden und wahrscheinlich unverständlichen Formen ganz von selbst zu analogen Reflexionen über die bislang nie hinterfragten Zusammenhänge in unserer eigenen, scheinbar wohlbekannten Kultur.

Wir wollen unsere Leserinnen und Leser zunächst ins »Haus des Islam« entführen. Dort lässt sich Islam viel deutlicher erfassen als bei der Begegnung mit den Muslimen unseres Landes, denn bei uns hier wird die Sicht auf diese Religion häufig durch Dinge verbaut, die mit Islam gar nichts zu tun haben, z.B.: Fremdenangst und -feindlichkeit, Minderheitenprobleme, Exil, Einwanderung, Staatsbürgerschaft und Rassismus.

Sämtliche Kuranzitate sind entweder von uns übersetzt oder stammen aus: »Der Kuran, aus dem Arabischen übertragen von Max Henning«, Reclam, Stuttgart. Diese Übersetzung war zugleich Grundlage für die Stellenangaben, was deshalb von Bedeutung ist, weil sich in unterschiedlichen Übersetzungen auch unterschiedliche Suren- und Verszählungen finden. Etwas freier übersetzt, aber dafür leichter lesbar ist: Der Koran, Übersetzung von Adel Theodor Khoury, Gütersloher Verlagshaus, Gütersloh.

*Hannes Ball, Sadik Hassan,
Wilhelm Schwendemann
und Traugott Wöhrlin*

DIDAKTISCHE VERORTUNG

Interreligiöse Ordnung in den Schulen – Lernziele – Kompetenzen – Themenfelder

1. Unsere Lebenswelt und unsere Gesellschaft haben sich geändert, denn alle Weltreligionen und viele unterschiedliche Formen von Religiosität sind integrale Bestandteile unserer Lebenswelt geworden. Kinder und Jugendliche müssen deshalb über Religionen Bescheid wissen.[1]

An den Schulen gehen interkulturelle Schulentwicklung, interreligiöses Lernen und Wahrnehmen in vielfältigen Kommunikationsprozessen ineinander über. In den Klassen lernen Schüler/innen verschiedener Herkunft zusammen, aber im konfessionell orientierten Religionsunterricht sind nur die christlichen Kinder »versorgt«, die anderen besuchen den Ethik-Unterricht oder gar keinen. In dieser Verschiedenheit der Zusammensetzung der Klassen bzw. Lerngruppen liegt u.E. eine große Herausforderung an die Pädagogik, vor allem aber auch an Schul- und Lernkultur – und gleichzeitig auch ein großes Risiko. Die Herausforderung besteht darin, offene, kommunikative Lehr- und Lernkonzepte gerade für den Unterricht über die monotheistische Religion Islam zu entwickeln. Das Risiko liegt in den jeweiligen Lehrerpersönlichkeiten und in fundamentalistischen Strömungen, die sich der gesellschaftlichen demokratischen Kontrolle entziehen. Auf jeden Fall aber müssen wir uns in der Praxis und wohl auch in der religionspädagogischen Theorie verabschieden von einer monoreligiösen Orientierung im schulischen Unterricht.[2] Mit diesem Buch, aus der Reihe der Calwer Materialien, wollen wir einerseits den Versuch wagen, die angesprochene offene und kommunikative Didaktik zum Thema Islam umzusetzen und andererseits aber auch solide fachwissenschaftliche Informationen liefern.

2. Religion überhaupt lässt sich als verantwortungsfähiges Sinnsystem mit einer je bestimmten Symbolik verstehen.[3] Religion und Religiosität lassen sich dabei nicht nur funktional bestimmen, weil jede Religion auf Gott oder eine Gottheit verweist, die nicht in funktionalen Kategorien zu fassen ist. Das bedeutet, dass eine Reihe religiöser Ausdrucksformen, wie z.B. das Gebet, nur intrinsisch, d.h. auf sich selbst bezogen und aus sich heraus erfassbar und verstehbar sind. Die Bedeutung dieser Formen ist allein im Umgang mit dem Transzendenten erfahrbar.[4]

Auch bestimmte gesellschaftliche Erfahrungen rufen religiöses Verhalten hervor. Religion erfüllt in diesen Erfahrungen die Funktion der Kontingenzbewältigung, wobei Kontingenzbewältigung nur eine der vielen Funktionen von Religion darstellt. Kontingenz, (von lateinisch *contingere*: sich ereignen) bezeichnet das uns Widerfahrende, das Zufällige, das, was weder den Gesetzen der Notwendigkeit unterliegt noch unmöglich ist.

In einer Lerngruppe haben wir kürzlich ein authentisches Zeugnis für den Islam erlebt. Muslimische Schülerinnen und Schülern haben ihren christlichen und konfessionslosen Klassenkameraden die Bedeutung des Fastenmonats Ramadan erklärt und auch erzählt, wie zu Hause in den Familien gefastet wird und was das an Schwierigkeiten im Tagesablauf mit sich bringt. Den nicht-muslimischen Klassenkameraden war auf diese Weise nachvollziehbar, dass ihre muslimischen Nachbarn seelisch und körperlich im Ramadan belastet waren und dass diese Belastung aber für die Muslime wichtig und wesentlich zum Ausdruck ihres Glaubens gehört. Das Gespräch hat sich dann in der Klasse

---

[1] Johannes Lähnemann, Evangelische Religionspädagogik in interreligiöser Perspektive, Göttingen 1998, S. 13.
[2] Vgl. Johannes A. van der Ven/Hans-Georg Ziebertz (Hg.), Religiöser Pluralismus und interreligiöses Lernen, Kampen/Weinheim 1994, S. 7f.
[3] Vgl. Johannes Lähnemann, Evangelische Religionspädagogik in interreligiöser Perspektive, Göttingen 1998, S. 9.
[4] Vgl. Johannes A. van der Ven, Kontingenz und Religion in einer säkularisierten und multikulturellen Gesellschaft, in: Ven/Ziebertz, a.a.O., S. 17ff.

weiterentwickelt, in der Weise, dass die Schülerinnen und Schüler über den Sinn des Fastens im Allgemeinen nachgedacht haben.

Kennzeichnend für das Wesen aller Religionen ist das Definieren von Bräuchen und Ritualen, die sich in bestimmten periodisch wiederkehrenden Festen und Initiationsriten manifestieren.

Im Alltag und in der Erfahrungswelt der Schülerinnen und Schüler sind deshalb zuerst die verschiedenen Feste der verschiedenen Religionsgemeinschaften wichtig. In einer niederländischen Schule hängt in einer Aula ein überdimensionierter interreligiöser Festkalender, der dann in verkleinerter Form in jedem Klassenzimmer wiederzufinden ist. Jedes Mal, wenn ein Fest gefeiert wird, ist das Fest selbst Unterrichtsgegenstand in verschiedenen Fächern und die Schülerinnen und Schüler laden sich gegenseitig zu den Festen ein. Auf jeden Fall haben die Schülerinnen und Schüler im Lauf der Zeit eine Sensibilität für religiöse Ausdrucksformen entwickelt, die Hoffnung macht, und sie lernen von klein auf, andere Traditionen als die eigenen zu respektieren und überhaupt wahrzunehmen. Von Bedeutung sind auch religiöse Vorschriften für die Gestaltung des täglichen Lebens, insbesondere in Form von Tabus, beispielsweise dem Verbot bestimmter Lebensmittel bzw. Zubereitungsmethoden. Hier wären christliche und muslimische Fastenzeiten oder muslimische Speiseregeln zu nennen.

3. Dass Religion in unseren Schulen zum Kanon der ordentlichen Lehrfächer gehört, ist verfassungsmäßig geregelt. Die Schüler und Schülerinnen sollen sich frei und selbstständig religiös orientieren können. Dem Staat selber ist daran gelegen, dass die Kinder und Jugendlichen sich mit den gängigen Werten einer demokratischen Gesellschaft und den entsprechenden religiösen Traditionen und Wertesystemen auseinandersetzen und sich mit ihnen in einer kritischen Fragehaltung beschäftigen. Auch rechtlich ist also Pluralität[5] gewollt und das bedeutet, dass Pluralität gelernt werden muss. Ein Problem des religiösen Lernens besteht nun aber darin, dass wir es bei den Religionen mit in sich sehr differenzierten und komplexen Lerngemeinschaften zu tun haben, in denen sich dann oft genug Vertreter verschiedener Flügel gegenseitig das Recht absprechen, authentisch für die ganze Religion zu sprechen und in jeder Religionsgemeinschaft existieren Gruppierungen, die sich als Gegenbewegung der Moderne definieren. Ein wesentliches Lernziel angesichts dieser Probleme besteht darin, den anderen, selbst aus der eigenen Glaubensgemeinschaft, nicht nur zu tolerieren, sondern vielmehr respektieren zu lernen.[6] Das heißt, es geht beim schulischen Unterricht zuerst einmal um ein solides historisches Wissen der jeweiligen Religion, um politische Urteilsfähigkeit und um die Erziehung zur Toleranz. Alle drei Basisziele gehören in Deutschland zum Gesamtbildungsauftrag von Schule, die dann auch Lernwege eröffnen muss, miteinander konkurrierende Wahrheitsansprüche zu prüfen und Schülerinnen und Schüler kritikfähig zu machen.[7]

Nicht die ängstliche Abgrenzung, sondern Begegnung mit den Religionen in einer pluralen Welt lautet dann die erste grundlegende Aufgabe von schulischer Religionspädagogik, weil vor allem die drei monotheistischen Religionen zu Nachbarschaftsreligionen geworden sind, die eine bestimmte Pluralismuskompetenz voraussetzen.

4. Kulturelle und religiöse Vielfalt stellen einerseits eine große Bereicherung der alltäglichen Erfahrungswelt dar, andererseits müssen diese Erfahrungen auch verarbeitet werden und die Wahrheitsfrage stellt sich in einem kommunikativen Aneignungsprozess. Religiöse Wahrheit ist kein Besitz, sondern eine Lebenshaltung. Ein großes Problem öffnet sich hier: Religiöse Lern-

---

5 Vgl. Karl Ernst Nipkow, Bildung in einer pluralen Welt, Band 2, Religionspädagogik im Pluralismus, Gütersloh 1998.
6 Siehe Karl Ernst Nipkow, Ziele interreligiösen Lernens als mehrdimensionales Problem, in: van der Ven/Ziebertz, a.a.O., S. 197–232, hier S. 207; Johannes Lähnemann (Hg.), Das Wiedererwachen der Religionen als pädagogische Herausforderung. Interreligiöse Erziehung im Spannungsfeld von Fundamentalismus und Säkularismus, Hamburg 1992; Karl Ernst Nipkow, Christliche Pädagogik und interreligiöses Lernen. Friedenserziehung. Religionsunterricht und Ethikunterricht, Gütersloh 2005. Johannes Lähnemann (Hg.), Visionen wahr machen: Interreligiöse Bildung auf dem Prüfstand; Referate und Ergebnisse des Nürnberger Forums 2006, Hamburg 2007.
7 Unser didaktisches Grundkonzept folgt den didaktischen Modellen Klafkis und Winkels, in: Herbert Gudjons/Rainer Winkel (Hg.), Didaktische Theorien, Hamburg ^{9}1997.

prozesse verlaufen individuell und auch in verschiedenen Kulturen unterschiedlich und zeitverschoben ab, weil sich in diesen Lernprozessen eben auch sehr spezifische Traditionen entwickelt haben: am Beispiel von muslimischen Kindern und Jugendlichen aus türkischen Familien in der dritten oder vierten Generation wird sehr schnell deutlich, dass die Kinder sehr ambivalenten Entwicklungen in westlichen Lebenskontexten ausgesetzt sind.⁸ In modernen Lernprozessen gibt es zudem kaum noch eine ungebrochene Übernahme ererbter Traditionen und gerade deswegen sind Begegnungssituationen so wichtig, in denen Identität und Verständigung gleichermaßen ernst genommen werden.⁹ Neben Dialog, Verständigung und Begegnung wird als vierter Leitbegriff die Konvivenz deutlich, d.h. das alltägliche respektvolle Miteinanderleben. Das bedeutet, dass den Schulen grundsätzlich eine Rolle zufällt, auf die sie u.E. zu wenig vorbereitet sind: Sie müssen pädagogisch die Begegnung und die Auseinandersetzung mit den persönlichen, aber auch grundlegenden Glaubensinhalten und -überzeugungen verschiedener Religionen ermöglichen, denn diese Auseinandersetzung dient der personalen Kompetenz aller an der Schule Beteiligten und sie muss selbst auf Interkulturalität vorbereitet sein. Schule will die Sachen klären und die Menschen stärken. Auch die großen Religionsgemeinschaften müssen auf die epochal-typischen Schlüsselfragen Antworten geben und sich an der Lösung mit dem Aufbau von Schlüsselkompetenzen beteiligen. Dieses Konzept interreligiöser Bildung bleibt einerseits an den konfessionellen Religionsunterricht bzw. Ethik-Unterricht angeschlossen, ist aber gleichzeitig offen für projektorientiertes Lernen.

5. Der neue baden-württembergische Lehr- und Bildungsplan 2004 für den evangelischen Religionsunterricht am Gymnasium Klasse 5–10 setzt an zu erwerbenden Kompetenzen an, die zusammen mit Inhalten und Themen in so genannten Bildungsstandards überprüfbar werden. Die Grundintention des evangelischen Religionsunterrichtes ist deswegen auch, die religiöse Bildung von Schülerinnen und Schülern zu fördern, zu der auch unverzichtbar das Bedenken rassistischer Einstellungen im Lauf der Kirchengeschichte und präventive Arbeit dagegen gehören. Die Schule selbst wird dabei zum Lernort des Religiösen, wobei hier die Gottesbeziehung des Menschen mit eingeschlossen ist. Menschenrechtsbildung ist Ausdruck dieser Gottesbeziehung.

Zwar bleibt der Glaube analog einem gelingenden, glückenden Leben unverfügbar, enthebt aber die Religionspädagogik nicht von der Notwendigkeit, Lernprozesse zu reflektieren, zu gestalten, zu initiieren oder auch infrage zu stellen und wenn möglich in Bezug auf die kognitive Dimension auch zu evaluieren.¹⁰ Die Ambivalenz der Lehrbarkeit von Religion macht den Religionsunterricht an öffentlichen Schulen zu einer kritischen Instanz, die dem gegenwärtigen Bildungsverständnis entgegensteht und widersteht und sich keineswegs streng in das Raster so genannter Bildungsstandards einfügt, auch wenn sich in der gegenwärtigen Schuldiskussion die Frage nach minimalen Bildungsstandards für den Religionsunterricht stellt.¹¹ Unterricht dient in einem neoliberalen Bildungskonzept nur noch der Rekrutierung von Arbeitskräften und nicht mehr dem persönlichen Bildungserwerb des einzelnen Menschen. Der Erwerb von religiöser Bildung mittels entsprechender Lernprozesse in der Schule steht für ein reflektiertes Selbstverhältnis, aber auch Selbstverständnis, und ist insgesamt ein persönlichkeitsfördernder Bildungsprozess, der auch dem Gesamtbildungsauftrag der Schule verpflichtet ist.¹² Religiöse oder ethische Kompetenz geht eben gerade nicht auf in Spiritualität oder Religiosität oder im Glauben, aber der Glaube geht auch nicht deckungsgleich in einer bestimmten ethischen oder informierten Haltung auf. Bestimmte Prozesse sollen von den Lernen-

---

8 Vgl. Lähnemann, 1998, S. 144ff.
9 Vgl. Lähnemann, 1998, S. 177ff.
10 Siehe dazu: Friedrich Schweitzer, Zwischen Theologie und Praxis. Unterrichtsvorbereitung und das Problem der Lehrbarkeit von Religion, in: JRP 7 (1990), Neukirchen-Vluyn 1991, S. 3–41 und aus der neueren Diskussion: Bernhard Dressler, Menschen bilden? Theologische Einsprüche gegen pädagogische Menschenbilder, in: Evangelische Theologie 63, 2003, Heft 4, S. 261–271.
11 Vgl. Bernhard Dressler, Unterscheidungen: Religion und Bildung, Leipzig 2006 (Forum Theologische Literaturzeitung, 18/19).
12 Siehe dazu das sehr anregende Buch von Ernst Tugendhat, Selbstbewusstsein und Selbstbestimmung. Sprachanalytische Interpretationen, Frankfurt a.M. ⁶1997.

den durchschaut werden können, ebenso Konzepte und Modellbeschreibungen, zudem sollen Fähigkeiten und Fertigkeiten ausgebildet werden, sich flexibel mit den Anforderungen von Alltags- und Grenzsituationen umgehen zu können.

Bildung ist in diesem Verständnis auf das biblische Menschenbild zurückbezogen und gleichzeitig als Gabe, aber auch Aufgabe zur verantwortungsvollen Lebens- und Weltgestaltung zu verstehen. Noch viel mehr gilt diese Fähigkeit in der kulturellen Pluralität vieler Schulen und Bildungseinrichtungen, Fremdes zuzulassen und mit Wertschätzung zu begegnen; in besonderem Maße gilt dies für Angehörige anderer Weltreligionen. Texte, aber auch religiöse Zeichen, Symbole und Metaphern fordern Schüler/innen noch in besonderer Weise heraus. Die *Fähigkeit zur Wahrnehmung* inmitten pluraler Verhältnisse setzt als erstes die Wahrnehmung der Differenz und des spezifisch Eigenen voraus.[13] Die zweite Dimension ist die *Erziehung und das Lernen über Religion* und die Dritte, als Voraussetzung der beiden anderen, ist die *Erziehung von der Religion her*, d.h. der Erwerb von Pluralismuskompetenz innerhalb der eigenen religiösen Tradition, um auch das widerstehende Fremde zuzulassen und auszuhalten. An dieser Stelle verschränken sich soziales, diakonisches und religiöses Lernen in der Schule: den anderen Menschen wahrnehmen, etwas gemeinsam tun, sich nicht auf die jeweilige Differenz festlegen, schwächeren Schülern und Schülerinnen helfen usw. Zudem transzendieren religiöse Texte z.B. aus den Heiligen Schriften wie Bibel und Kuran in der Regel bekannte Erfahrungsräume.[14]

6. Dimensionen, Kompetenzen und Inhalte des Lehrplanes:[15] Der evangelische Religionsunterricht hat also das grundsätzliche Ziel, Kinder und Jugendliche zu begleiten und ihnen Orientierung zu verschaffen, was durchaus bedeutet, die menschenrechtsbildenden Traditionen des Christentums zu rezipieren und in gelingende Lebenspraxis zu übersetzen. Implizit ist hierbei aber eine hermeneutische und eine Wahrnehmungskompetenz pluraler Lebens- und Sinnangebote zu entwickeln. Im neuen Lehrplan heißt es deswegen auch: »Der evangelische Religionsunterricht öffnet den Blick für die christliche Prägung unserer Kultur und führt elementar in die biblisch-christliche Tradition ein (*Woher kommen wir?*). Er befähigt die Heranwachsenden zur Auslegung der Bibel und fördert altersgemäße Zugänge. Er setzt die biblisch-christliche Tradition dem kritischen Gespräch aus und hilft, religiöse Sprach- und Gestaltungsfähigkeit zu entwickeln. Er dient der individuellen, gemeinschaftlichen sowie gesellschaftlichen Orientierung und ermöglicht Schritte auf dem Weg zum persönlichen, verbindenden Glauben (*Was glauben wir?*). Der evangelische Religionsunterricht dient in Dialog und Auseinandersetzung mit anderen Sinn- und Wertangeboten dem kulturellen Verstehen und der Gestaltung des gesellschaftlichen Miteinanders. Er befähigt, am »Streit um die Wirklichkeit« teilzunehmen, indem er Schülerinnen und Schüler anleitet, eigene Positionen zu entwickeln und zu vertreten. Er ermöglicht Begegnungen und fördert die Bereitschaft, andere Auffassungen zu tolerieren und von anderen zu lernen (*Was ist wahr?*). Er befähigt mit anderen zusammen die Frage nach Gut und Böse, Recht und Unrecht zu stellen und setzt sich für ein Leben in Freiheit, Demokratie und sozialer Verantwortung ein. Er ermutigt zu verantwortungsvollem, solidarischem Handeln auf der Grundlage christlicher Wertvorstellungen und übt dieses exemplarisch ein (*Was sollen wir tun?*).« Übergreifende Kompetenzen wie *Methodische Kompetenz, Ästhetische Kompetenz, Hermeneutische Kompetenz, Ethische Kompetenz, Sachkompetenz hinsichtlich biblisch-christlicher Traditionen* u.a. werden hierbei erworben. Kompetenzen und Inhalte verbinden sich zu so genannten Bildungsstandards,[16] die in sieben Lerndimensionen vernetzt sind:

---

13 Zum Ganzen dieses Sachverhaltes: Karl Ernst Nipkow, Bildung in einer pluralen Welt, Bd. 2, Gütersloh 1998, vgl. hier bes. S. 104.
14 Hilmar Grundmann, Die Ergebnisse der PISA-Studie als Herausforderung für den Religionsunterricht, in: Loccumer Pelikan. Religionspädagogisches Magazin für Schule und Gemeinde 3/02, S. 120.
15 Vgl. Ministerium für Kultus, Jugend und Sport (2004) Baden-Württemberg, Bildungspläne der allgemein bildenden Schulen. Bildungsplanreform 2004, Stuttgart, 1 CD-ROM.
16 Vgl. Martin Rothgangel (Hg.), Standards für religiöse Bildung: zur Reformdiskussion in Schule und Lehrerbildung, Münster 2004.

1. Mensch
2. Welt und Verantwortung
3. Bibel
4. Gott
5. Jesus Christus
6. Kirche und Kirchen
7. Religionen und Weltanschauungen

Die schulische Beschäftigung mit dem Islam, im Bereich des allgemein bildenden Gymnasiums, setzt nach dem Einstieg im Grundschulbereich wieder mit der siebten/achten Klassenstufe in der Sekundarstufe I ein. Dort heißt es in der Dimension »Gott«, dass die Schülerinnen und Schüler Gemeinsamkeiten und Unterschiede des islamischen und des christlichen Gottesverständnisses benennen und reflektieren können. In der Dimension »Jesus Christus« lernen die Schülerinnen und Schüler die Bedeutung Jesu im Islam darzustellen. Die Dimension »Kirche und Kirchen« zielt auf ein vergleichendes Verständnis zwischen Kirchen- und Moscheebau mit ihrer je eigenen Symbolik. Im Bereich der Dimension »Religionen und Weltanschauungen« können die Schülerinnen und Schüler Ausdrucksformen und zentrale Inhalte des islamischen Glaubens und Lebens beschreiben; sie können die Biografie Mohammeds in Grundzügen darstellen und Vergleiche zu Jesus ziehen; sie können Informationen über islamisches Leben in der eigenen Region beschaffen und präsentieren.

Das inhaltliche Themenfeld, das sich in diesem Lernbereich anbietet, ist selbstverständlich das Themenfeld Islam: Dort sind folgende Inhalte genannt: Biografie Muhammads; Fünf Säulen des Islam; Gebote des Islam für menschliches Zusammenleben an einem Beispiel (zum Beispiel Scharia, Mann und Frau, Dschihad); Gemeinsamkeiten und Unterschiede im Gottesbild; Jesus und Muhammad; Kirchen und Moscheen als Ausdruck des Glaubens – Gemeinsamkeiten und Unterschiede; die Bedeutung von Bibel und Kuran; Muslime in Deutschland.

Im Bereich der reformierten Oberstufe sind wieder folgende Dimensionen entscheidend: Dimension: »Mensch«: Hier können Schülerinnen und Schüler unterschiedliche Menschenbilder darstellen, vergleichen und beurteilen; und sie müssten in der Lage sein, die Grundzüge christlicher und muslimischer Anthropologie darzustellen und möglicherweise aufeinander zu beziehen. In der Dimension: »Welt und Verantwortung« können Schülerinnen und Schüler unterschiedliche Deutungen der Wirklichkeit miteinander vergleichen und sie können (interreligiös ausgelegt) Möglichkeiten und Grenzen verantwortlichen Handelns abwägen. Auch hier ist wieder die Dimension »Religionen und Weltanschauungen« entscheidend: Schülerinnen und Schüler lernen religiöse und weltanschauliche Standpunkte in ihrem historischen Kontext sachgerecht darzustellen; sie können nicht-christliche und christliche Standpunkte dialogisch aufeinander beziehen; sie können unterschiedliche Auswirkungen religiös-weltanschaulicher Deutungen auf Leben und Handeln kritisch reflektieren.

Das Thema »Islam« im Unterricht ist also in seiner ganzen Breite weit mehr als ein einfaches, wenn auch umfangreiches Informationspaket über eine nach wie vor fremde, »bedrohlich« gewordene Religion. Seine Behandlung sollte nicht nur helfen, die Muslime als die »anderen« besser zu verstehen, sondern auch uns selbst.

Die vier Autoren hoffen sehr, mit diesem Buch dazu beizutragen.

CURRICULARE ZUORDNUNG DES THEMAS

Haus des Islam im Kursangebot der reformierten Oberstufe

Das Thema Islam lässt sich im Kurssystem der reformierten Oberstufe an folgenden Stellen unterbringen:
1. Fächerverbindendes Thema »Migration«: Hier sollen die Schülerinnen und Schüler erfahren, dass Deutschland ein Einwanderungsland ist, in das auch immer mehr Migrant/innen mit muslimischem Hintergrund zuziehen; letztlich sollen die Schüler/innen »in der Fähigkeit bestärkt werden, mit Fremden und Fremdem tolerant umzugehen und eigene Handlungsmöglichkeiten zur Förderung des Verständnisses zwischen Zugewanderten und Einheimischen zu erschließen.«[1] Zu Geschichte (Migration, Probleme und Entwicklungen der Gegenwart in historischer Perspektive), Gemeinschaftskunde (Bevölkerungsentwicklung und Migration), zu Geografie (Globale Problemfelder und Strategien zu einer nachhaltigen Entwicklung) bestehen curriculare Querverbindungen.
2. Globalisierung: Die Schülerinnen und Schüler lernen globale Trends am Beginn des 21. Jahrhunderts kennen; als Beispiel kann die Idee von Global Governance dienen. Zum Fach Gemeinschaftskunde (Friedenssicherung und Konfliktbewältigung) existiert ein direkter Lehrplanbezug.

In der Lehrplaneinheit 2: Kirche
Vor dem Hintergrund des reformatorischen Schrift- und Kirchenverständnisses lassen sich in dieser Lehrplaneinheit folgende Aspekte miteinander vergleichen:
☐ Jesus Christus – Muhammad
☐ Brennpunkte der Kirchengeschichte: Kreuzzüge und Kolonialismus in arabisch-muslimischen Regionen des Vorderen Orients
☐ Evangelische Kirche und Islam
☐ Bibel und Kuran
☐ Die »Sprache« der Kirchengebäude und Moscheen

In der Lehrplaneinheit 3: Gerechtigkeit
Hier geht es um das Wahrnehmen eines biblischen Gerechtigkeitsverständnisses; dieses ließe sich mit dem muslimisch-kuranischen Verständnis vergleichen unter der Fragestellung, inwieweit gemeinsame Grundlagen zur Gestaltung einer gerechten Gesellschaft in Christentum und Islam existieren.

In der Lehrplaneinheit 4: Gott
Die Schülerinnen und Schüler können ausgehend von ihren eigenen Gottesbildern und Gotteserfahrungen alltägliche, biblische und kuranische Deutungen miteinander vergleichen und religionswissenschaftliche Fragestellungen vertiefen. Hierzu gehören vor allem Theodizeeproblematik bzw. die Spannung zwischen Gottes Allmacht, Güte und Verstehbarkeit Gottes angesichts von Erfahrungen des Leids. Auch sind ausdrücklich Themen wie »Gott in anderen

---
[1] Bildungsplan für die Kursstufe des Gymnasiums, in: Kultus und Unterricht. Amtsblatt des Ministeriums für Kultus, Jugend und Sport Baden-Württemberg, Stuttgart 2001, S. 11.

Religionen« oder die »Kritik des Islam am trinitarischen Gottesglauben« oder ein Vergleich »Islamische Mystik – Christliche Mystik« vorgesehen.

In der Lehrplaneinheit 5: Mensch
Die Themen biblischer Anthropologie wären mit der muslimisch-kuranischen Anthropologie zu vergleichen. Die Lehrplaneinheit eröffnet zudem breite Möglichkeiten, philosophische, religionswissenschaftliche, psychologische, theologische, soziologische oder kulturwissenschaftliche Fragestellungen zu erörtern. Die Diskussion um ein christliches und islamisches Verständnis der Menschenrechte hätte hier ebenfalls einen Platz.

In der Lehrplaneinheit 6: Jesus Christus
Die Botschaft und das Wirken Jesu von Nazareth werden im Vergleich zwischen Bibel und Kuran profiliert. Die Schüler/innen erwerben hier an biblischen Texten hermeneutische Kompetenzen, um die Parallelüberlieferungen bestimmter biblischer Texte im Kuran kritisch zu würdigen können. Auch das Themenfeld Jesus im Kontext nicht-christlicher Religionen oder im Vergleich mit Religionsstiftern wie Muhammad und Buddha ließe sich mit Hilfe des vorliegenden Materialbandes gut bearbeiten.

Die Schüler und Schülerinnen werden mit Hilfe des vorliegenden Materialbandes in die Lage versetzt, neben dem Erwerb inhaltlich strukturierten Informationswissens über Christentum und Islam auch die Fähigkeit zu vertiefen, methodenorientiert und selbstverantwortlich im Sinne eigenverantwortlichen Kompetenzerwerbs zu arbeiten. »Konkret wird hier an alle Lernformen gedacht, die Schülerinnen und Schüler zu aktivem Gestalten motivieren: Definieren von Leitfragen, Beschaffen von Informationen, Mind Mapping, Strukturieren und Visualisieren, Rollenspiele, eigenständiges Experimentieren, Lernprozesse organisieren, Anwenden von Medien, Diskussionen und Foren organisieren und vieles andere mehr.«[2]

---

2 Bildungsplan, a.a.O., S. 6.

Haus des Islam

Was heißt Islam, Muslima und Muslim?

»Haus des Islam« nennen Muslime die Länder und Gegenden, in denen sie wohnen. Was »Haus« für sie bedeutet, wird in diesem Materialband ausführlich erklärt.

Das Wort »Islam« leitet sich vom arabischen Verbalstamm *slm* her. Dies wird »salima« gesprochen und heißt *unversehrt, wohlbehalten, sicher sein* und im zweiten Stamm der Ableitung: *sich unterwerfen*. Islam bedeutet also: völlige Hingabe in den Willen Gottes. Vom selben Wortstamm *slm* ist auch *Salam*, Friede abgeleitet. Der Friedensgedanke schwingt bei »Islam« mit. Wenn man diese friedliche Hingabe leistet, wird man mit dem Partizip gekennzeichnet: »Muslim« als Mann, »Muslima« als Frau und im Plural lautet das Wort »Muslimun«.

Abb. 1: Hölzerner Mihrab, Mittelanatolien, 14. Jahrhundert

Nun stellt sich die Frage, wer sind die Muslimun? Die Antwort fällt eindeutig aus: alle Frommen, alle, die an Gott glauben. Diese Antwort umfasst alle Angehörigen der monotheistischen Religionen (Judentum, Christentum, Islam), die diese Hingabe in ihrem Leben leisten. Im Kuran findet sich dazu ein sehr klarer Text:

»Sprich: Wir glauben an Allah und was auf uns herabgesandt ward, und was herabgesandt ward auf Abraham und Ismael und Isaak und Jakob und die Stämme, und was gegeben ward Moses und Jesus und den Propheten von ihrem Herrn; wir machen keinen Unterschied zwischen einem von ihnen, und ihm sind wir ergeben.« (3,78)

Für das Wort »ergeben« steht »Muslimun«. Der Kuran stellt also eindeutig fest, dass die Religion »Islam« nichts anderes ist als die Botschaft aller Propheten aus verschiedenen Zeiten. Alle Propheten haben jedoch verschiedene Methoden für die Verbreitung dieser Botschaft angewendet.

Wer danach sucht, findet im Kuran allerdings auch viele Stellen, mit denen sich begründen lässt, dass sich die Muslimun von den Angehörigen der beiden anderen monotheistischen Religionen abgrenzen, ja sie bekämpfen sollen. Es kommt also sehr darauf an, in welcher Grundhaltung und mit welcher Absicht man einander begegnet, ob man in den religiösen Quellen das Verbindende oder das Trennende sucht, ob man den Dialog will oder die Konfrontation. Wir haben uns in diesem Materialband für das Verbindende entschieden und wissen uns darin mit der großen Mehrheit der Muslime in aller Welt einig. Der Frage, warum das Trennende dennoch so oft im Vordergrund steht, wollen wir nachgehen, wo immer es möglich und nötig erscheint.

Die islamischen Staaten

Abb. 2 Weltkarte: Islamische Staaten. Die islamische Welt umfasst heute sehr viel mehr als die arabischen Staaten, von denen diese Kultur einst ausgegangen ist. Zu den arabischen Staaten zählen heute die Mitglieder der Arabischen Liga. www.arab.de/arabinfo/league.

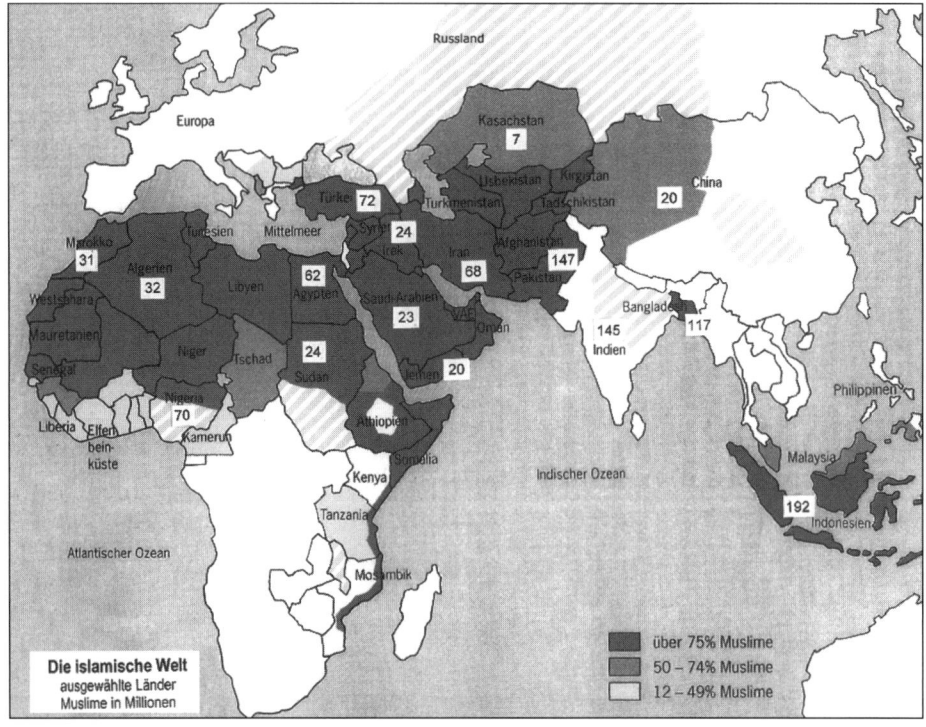

Aufgaben:
1. Erstellen Sie eine Liste der wichtigsten nichtarabischen islamischen Staaten.
2. Bestimmen Sie den muslimischen Bevölkerungsanteil Deutschlands, Frankreichs, Großbritanniens und einiger anderer »christlichen« europäischen Staaten.
3. Informieren Sie sich über die Religionszugehörigkeit der Menschen in Bosnien-Herzegowina, Albanien, Makedonien, im Kosovo und in Russlands Provinzen. Erstellen Sie eine Auflistung.

Sprachen in der islamischen Welt

Arabisch als Religionssprache

In dem gewaltigen geografischen Raum, über den sich das Haus des Islam erstreckt, werden selbstverständlich viele sehr unterschiedliche Sprachen gesprochen – ganz ähnlich, wie in der Welt des Christentums. Während man dort Latein und Griechisch als Religionssprachen bezeichnen kann, trifft dies in noch viel ausgeprägterer Form auf das Arabische in der Welt des Islam zu.

Je nach der Wirkung der verschiedenen nichtarabischen Mächte, die den arabischen Raum in vielen Bereichen, natürlich auch im kulturellen, beeinflusst haben, weichen die heute gesprochenen jeweils eigenen arabischen Dialekte, etwa die der Golfstaaten, Ägyptens, Syriens oder Marokkos, zum Teil erheblich von der klassischen Sprache des Kuran ab. Die Grundstruktur dieses »Hocharabisch« jedoch ist als Sprache der Literatur, der Wissenschaft oder des Rechtswesens bis heute dieselbe geblieben, sodass jeder Araber noch immer die Sprache des Kuran verstehen kann, auch wenn er sie nicht selbst spricht.

Hocharabisch ist also die Basis aller arabischen Dialekte und die des klassischen Arabisch des Kuran. Die lange andauernde Entwicklung des Hocharabischen vom Altarabischen zum Klassischarabischen und dann später zum Modernarabischen der heutigen Zeit hat die arabische Sprache stark verändert. Der arabische Mensch heute, der das Modernarabisch in allen seinen Medien verwendet, kann die Texte des Altarabischen nicht ohne Hilfe (er muss mühsam Buchstaben entziffern und übersetzen) lesen und verstehen, wie der bekannte Arabisch- und Literaturwissenschaftler Taha Hussein in seinem Buch »Asch-schi'ir al-djahili« (»Die Dichtung vor dem Islam«), festgestellt hat.

Klassischarabisch, also die Kuransprache, ist schwer verständlich für die Araber, die nicht über Basiskenntnisse in der arabischen Grammatik verfügen. Deshalb werden für das richtige Lesen und Verstehen des Kuran Sprach- und Grammatikkenntnisse vorausgesetzt.

Aufgaben:
Arabisch gehört zur Familie der semitischen Sprachen.
1. Erarbeiten Sie einen Überblick über die verschiedenen ausgestorbenen und lebenden Sprachen dieser Sprachfamilie.
2. Informieren Sie sich über die Grundstruktur und die Besonderheiten der semitischen Sprachen.
3. Finden Sie heraus, welche heiligen Schriften in welcher dieser Sprachen verfasst worden sind.

Aussprache und Betonung arabischer Wörter
Das Arabische kennt nur die langen Vokale a, i, u. Das e und das o sind im Arabischen nur Abwandlungen von i und u. Die kurzen Vokale werden nicht geschrieben, das kurze a ist zum e hin aufgehellt. Also Tall oder Tell (Hügel): Beides ist möglich. Bei den Konsonanten fehlen aus unserer Sprache das g, das p und das z. Wenn dennoch in arabischen Wörtern ein »z« auftaucht, wird es wie ein weiches, stimmhaftes »s« gesprochen. Es gibt im Arabischen außerdem reichlich Konsonanten, die wir nicht kennen und zum Teil nur mit großer Mühe bilden können. Betont wird die vorletzte Silbe der Wörter. Ausnahmen kennzeichnen wir mit ', nur nicht bei Kuran. Genau genommen müsste dieser Qur/án gesprochen werden, mit dem kehligen k!

Persisch und Türkisch
Neben dem Arabischen sind aus europäischer Sicht die beiden nächstwichtigen »islamischen« Sprachen das Persische (amtlich: »Farsi«) und das Türkische. Beides sind jeweils eigene Sprachen ohne jede Verwandschaft mit dem Arabischen, auch wenn sie über die gemeinsame Religion und Kultur mit zahllosen arabischen Lehnwörtern durchsetzt sind. Das mit einer Variante der arabischen Schrift geschriebene Persisch ist vor allem bedeutsam geworden für eine gewaltige Fülle von Literatur, die das heutige Bild des Islam entscheidend mitgeprägt hat.

Auch das Türkische wurde während der jahrhundertelangen Herrschaft der Osmanen in arabischer Schrift geschrieben, was aber insofern problematisch war, als diese vokalreiche Sprache in der konsonantenbetonten arabischen Schrift nur unzureichend wiedergegeben werden konnte. Mit der 1928 durch Kemal Atatürk eingeführten lateinischen Schrift wurde dieser Mangel grundlegend behoben, sodass das Türkische heute in der Schrift nicht nur phonetisch korrekt abgebildet wird, sondern ohne Mühe auch von Europäern gelesen werden kann. Das lateinische Alphabet mit den deutschen Umlauten ö und ü brauchte dazu nur um vier Zeichen erweitert zu werden.

Urdu und andere islamische Sprachen
Ein Blick auf die Karte der islamischen Welt zeigt, dass die Masse der heutigen Muslime in Asien lebt. Während man in Afghanistan, Turkmenistan, Usbekistan und selbst im westlichen China Sprachen spricht, die entweder mit dem Persischen oder dem Türkischen verwandt sind, hat die Sprache der indischen, vor allem aber der pakistanischen Muslime, das in arabischer Schrift geschriebene *Urdu*, einen völlig eigenen Charakter. Mit weit mehr als 200 Millionen Sprechern dürfte das Urdu damit in der islamischen Welt mindestens ebenso verbreitet sein wie das Arabische. Die knapp 200 Millionen Muslime in Indonesien benutzen überwiegend lokal begrenzte Sprachen, denn die dortige Amtssprache, das *Bahasa Indonesia*, wird nur auf der Insel Java als Erstsprache benutzt.

DREI EINSTIEGE IN DIE UNTERRICHTSEINHEIT

In stark emotional besetzte Themenkomplexe einzusteigen ist in der Regel einfach.

Beim Islam lässt es sich immer über den letzten »Ehrenmord« oder die gerade anstehende, von Fundamentalisten inszenierten Scheußlichkeiten leicht bewerkstelligen – denn solche dunklen Schatten werden uns leider noch lange begleiten.

Einstiege dieser Art werden häufig vorgeschlagen und vollzogen, von uns aber aus didaktischen und theologischen Gründen nicht empfohlen. Denn diese Art von Einstiegen verfestigt, eben wegen der exponierten Stellung seiner Inhalte, möglicherweise ein vorhandenes Vorurteil über die Weltreligion Islam, die, wie dargelegt, im Kern die Botschaft des Friedens enthält.

In diesem Arbeitsbuch sind Pfade angelegt, die einerseits den manifesten, fundamentalistisch-fanatischen Missbrauch der Religion behandeln und andererseits zum eigentlichen Islam hinführen.

Einstieg 1: Kunst als Tor in das Haus des Islam

Kunst und kollektives Bewusstsein

Unter den vielen Definitionen, welche die großen Lexika zum Begriff »Kunst« anbieten, findet sich stets auch die Feststellung, dass Kunst zu allen Zeiten und bei allen Völkern Ausdruck des Bewusstseins der Menschen und ihrer Reflektionen über sich selbst war. In der Kunst spiegeln sich demnach die Denkstrukturen der Menschen einer bestimmten Kultursphäre oder Kulturepoche ebenso wie ihre bewussten und unbewussten Urvorstellungen von sich und der Welt.

Die Beschäftigung mit der Kunst des Islam – was immer sie sei – müsste demnach also leichter zum Verständnis der muslimischen Mentalität führen als das Studium des religiösen Regelwerks in der Welt des Islam – vorausgesetzt, man ist bereit und in der Lage, die eigenen Seh- und Urteilsgewohnheiten nicht als etwas Absolutes zu betrachten. Obwohl gerade diese Bedingung für viele sehr schwer werden wird, wollen wir bei unserem Besuch im »Haus des Islam« dennoch diesen Weg wählen, weil er uns nämlich zugleich – sozusagen als Nebenprodukt – wertvolle Einsichten über uns selbst und unsere eigenen Denkmuster und Urvorstellungen liefert.

Was hat es also mit dieser Andersartigkeit der islamischen Kunst auf sich?

Das Bilderverbot

Die erste der zehn biblischen Weisungen (Dekalog) verbietet Juden und Christen, sich Bildnisse oder Gleichnisse im Sinne von Götzenbildern zu machen. Ganz ähnliche Gebote gibt es auch an verschiedenen Stellen im Kuran, aber etwas, aus dem sich ein generelles Bilderverbot ableiten ließe, ist dort nicht zu finden.

In den *Hadithen*, (s. S. 38f.) jenen maßgeblichen Aussprüchen Mohammeds zur praktischen Lebensführung, gibt es jedoch eine ernste Warnung, wonach das Abbilden von Lebewesen wie Mensch und Tier einer Gotteslästerung gleichkomme. Lebewesen zu erschaffen, so heißt es dort, sei allein Allah vor-

Abb. 3: Die unendlichen Musternetze sind nicht Ornamente, sondern Diagramme der muslimischen Weltvorstellung.

Abb. 4: Die Fliesenmosaike aus Marokko sind typisch für die abstrakte Kunst des sunnitischen Islam.

behalten, und der Engel des Herrn werde am Jüngsten Tag alle Erzeuger solcher Bilder als Fälscher entlarven und den schlimmsten Strafen zuführen.

Sehr wörtlich scheint man dieses Gebot in der Frühzeit des Islam aber nicht verstanden zu haben, sondern eher sinngemäß als Ermahnung, sich stets der Unvollkommenheit menschlicher Werke bewusst zu bleiben. Die künstlerischen Arbeiten jener Zeit enthalten sehr oft Abbilder von Menschen, Tieren und Pflanzen, allerdings niemals als naturalistische Einzeldarstellungen, sondern immer stilisiert und eingebunden in ein geordnetes unendliches Musternetz, für das wir Europäer eben nur die Bezeichnung »Ornament« kennen. Dieses abstrakte Netzwerk ist das eigentliche Thema der islamischen Kunst, wenn auch nicht im Sinne der Verzierung, wie wir Europäer es verstehen, sondern als Versuch, den Betrachter in die grenzenlose Vielfalt der reinen geistigen Welt göttlicher Ordnungen einzuführen.

Abb. 5: Persische Miniaturmalerei, 17. Jahrhundert

Erst in der späteren islamischen Geschichte ist im Rahmen der Auseinandersetzungen mit den Einflüssen aus dem Abendland das Bilderverbot von den Muslimen auch als religiöse Regel verstanden und angewandt worden. Eine Darstellung von Gott in menschlicher Gestalt, wie in der europäischen Renaissance- und Barockmalerei, wäre einem Muslim allerdings nie in den Sinn gekommen, und selbst die bildliche Wiedergabe des Menschen Mohammed war stets tabu oder zumindest problematisch, weil er, als Beauftragter Gottes (Rassul-Allah), mit der Aura des Herausgehobenen versehen ist. Und die kann man eben nicht darstellen. Wer dennoch nicht auf die bildliche Wiedergabe von Mohammed verzichten wollte, zeigte ihn ohne oder mit verschleiertem Gesicht.

Im schiitischen Islam, also in den Ländern Irak und Iran, hat man allerdings das Bilderverbot nie so wörtlich verstanden wie in der sunnitischen Welt. So konnte dort die berühmte persische Miniaturmalerei entstehen, die ohne die (stilisierte) Wiedergabe von Menschen, Tieren und Pflanzen gar nicht denkbar ist. Auch heute haben selbst die führenden Mullahs in Persien nicht im Mindesten Bedenken, sich in Überlebensgröße auf Wahlplakaten und an Hauswänden abbilden zu lassen. Naturalistische Porträtdrucke von den Imamen Ali und dessen Sohn Hussein, dem Vetter und Enkel Mohammeds, werden überall zum Kauf angeboten.

Abb. 6: Porträtplakat von Imam al-Abbas, Teheran 2001

Das Unendliche als Thema der Kunst

Es ist leicht denkbar, dass die Vorstellungswelt sowohl der arabischen Beduinen als auch der türkischen Hirtennomaden durch die unendlichen Weiten von Wüste und Steppe geprägt worden ist. Der Zwang, sich vor allem am exakten Lauf der Gestirne orientieren zu müssen, könnte den mathematisch-abstrakten Charakter dieser Urvorstellungen erklären und es ist naheliegend, dass die künstlerischen Schwerpunktthemen Ordnung und Unendlichkeit dort ihren eigentlichen Ursprung haben.

Das Interesse der islamischen Künstler hat nie dem einzelnen Gegenstand oder Menschen gegolten, wie man dies seit der griechischen Antike über alle Epochen bei der abendländischen Kultur verfolgen kann. Da dem Einzelwesen bei aller denkbaren Faszination stets der Charakter des Zufälligen und Vergänglichen anhaftet, ist es für den islamischen Künstler als Thema nicht im Entferntesten so interessant wie das nur ahnbare Ordnungsgefüge, welches alle diese Einzelsubjekte zu einem Kosmos zusammenbindet.

So liefern die komplizierten Mustervariationen ohne Anfang und Ende zwar kein Abbild, aber wenigstens eine Ahnung von der Unendlichkeit Gottes. Sie haben damit einen »religiösen« Charakter, selbst wenn sie die Oberfläche scheinbar profaner Dinge »verzieren«. Sie weisen permanent und überall auf die Gegenwart Gottes hin.

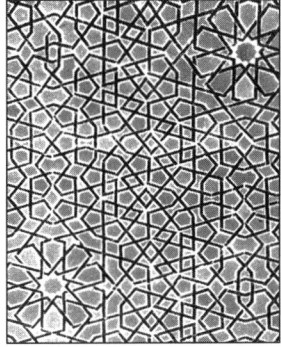

Abb. 7: Die islamische Kunst kennt unendlich viele Möglichkeiten, das Unendlichkeitsmotiv immer wieder neu und anders darzustellen.

»Die lückenlos ornamentierte Fläche und der durch sie ins Unfassliche relativierte Raum werden zum sichtbaren Ausschnitt eines nur ahn-, nicht aber greifbaren Ganzen. Sie fordern den Besucher auf, nicht mehr am Einzelnen, Diesseitigen und Vergänglichen haften zu bleiben, sondern sich in sinnender Betrachtung an Gott als die unendliche Ganzheit zu verlieren und so das eigene Selbst gleichsam auszulöschen. Die Aufgabe der islamischen Musterkunst erfüllt sich damit letztlich in ihrer hinweisenden und hinlenkenden Funktion auf ein Höheres, Unsichtbares, von irdischen Bindungen Befreites – kurz: auf die unerforschliche und undarstellbare Transzendenz Allahs. Das einzelne Ornament dokumentiert die Teilhaftigkeit und Vorläufigkeit aller Welt-Dinge angesichts göttlicher Allmacht. Es dient der metaphorischen Verdeutlichung eines religiösen »Programms« und gewinnt so eine quasi »religionspädagogische« Bedeutung. Für diesen einzigartigen Vorgang sollte man einen eigenen Terminus bereit halten, der von vornherein die europäischen Gepflogenheiten ausschließt. Es gibt ihn nicht.« (Heinrich Lützeler: Die Moschee, nach: Frank Lothar Kroll, Das Ornament in der Kunsttheorie des 19. Jahrhunderts, Hildesheim 1987).

Künstlerische Techniken und Kunstgattungen

Die islamische Kunst war immer eine Kunst der Fläche. Sie kannte nie Vollplastiken wie die ägyptische oder die griechische Kunst und war auch nie auf »Bilder« konzentriert, die man irgendwo aufhängen kann. Ihr Thema war stets die Projektion der Unendlichkeitsvorstellung auf die Wände, Böden und Decken, die einen Raum oder ein Gebäude umschließen. Dabei haben sich werkstoffbezogene Kunsttechniken herausgebildet, die teilweise bis zur äußersten künstlerischen und handwerklichen Perfektion verfeinert worden sind.

Gewöhnlich bestehen diese verschiedenen Kunstgattungen getrennt nebeneinander, aber sie greifen ebenso oft auch ineinander und vermischen sich.

Bevorzugte Orte für solche »Dekorationen« sind die Stellen eines Hauses, an denen sich Privatwelt und öffentliche Welt begegnen: die Türen und Fensteröffnungen. Und selbstverständlich findet man die schönsten und kostbarsten Arbeiten vor allem in Moscheen oder Kuranhochschulen, etwa an deren Portalen, Kuppeln, Gebetsnischen und Predigtkanzeln. Aber weil es im Islam ja eine Trennung zwischen Religion und Zivilleben nicht gibt, können auch ganz alltägliche Gegenstände zu Trägern von »Kunst« werden: Textilien vor allem (Teppiche), Geschirr, Möbelstücke, Waffen, Bücher und in neuerer Zeit sogar Autos.

Ziegel- und Mauerwerkornamente
Die Themen Ordnung und Unendlichkeit lassen sich im Mauerwerk allein schon durch besondere Rhythmen in der Setzung der Mauersteine künstlerisch darstellen. In Persien, Mittelasien und anderen Ländern mit uralter Ziegelbautradition sind hier unter dem Einfluss des islamischen Denkens Mauerwerksmuster von höchstem ästhetischem Reiz entstanden.

Geometrische Flächenmuster
Aufgebaut aus höchst komplizierten Kreisteilungen, Drehungen und Spiegelungen geben sie in unzähligen Variationen als vom Bildhauer geschaffene Steinreliefs, als Fliesenmosaik, als Holz- und Stuckschnitzerei oder Metallgravur Zeugnis sowohl von virtuoser Handwerkskunst als auch von höchster mathematischer Kompetenz. Beim Versuch, die zugrunde liegenden Ordnungsmuster durch Nachzeichnen zu entschlüsseln, wird man in aller Regel ehrfürchtig scheitern. Aber gerade über diese Zugangsversuche begreift man, dass es sich hier um Kunst und nicht um bloße Verzierung handelt.
Vgl. Aufgabenblatt, s. S. 29 u. 30.

Abb. 8: Ziegelmuster am Minarett einer Moschee in Mittelanatolien, 13. Jahrhundert

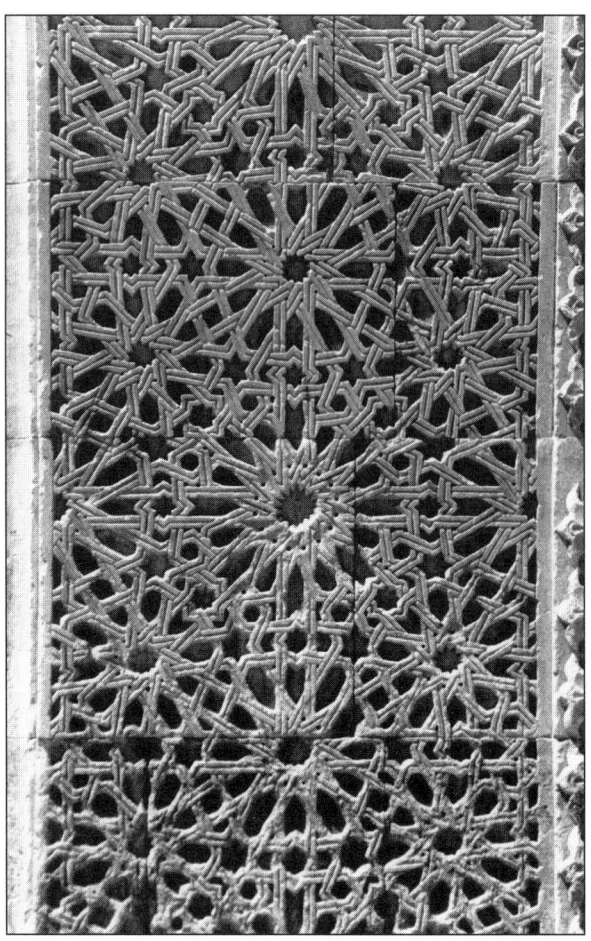

Abb. 9: Netzornament als Steinrelief

Abb. 10: Einfaches Netzmuster (Mittelanatolien, 13. Jahrhundert). Die Entschlüsselung dieses Ornaments ist Gegenstand der Aufgabe 2 zum Thema »Islamische Kunst«, s. S. 30.

Arabesken

Ihr wichtigstes Gestaltungselement ist eine stilisierte Blattform, die Gabelblattranke. Ähnlich wie beim geometrischen Flächenmuster wird auch sie mit den Mitteln der mathematischen Drehung und Spiegelung in ein kompliziertes rhythmisches Ordnungsgeflecht ohne Anfang und Ende verwoben. Insbesondere in der frühtürkischen Ära der Seldschuken (s. S. 190) in Anatolien sind hier hölzerne Reliefschnitzereien von äußerster Eleganz und Schönheit entstanden.

Abb. 11: Arabeskenschnitzerei, Türkei, 14. Jahrhundert

Kündekari

Das Wort satammt aus dem Persischen und heißt »Holzschnitzerei«, aber man meint damit eine spezielle Technik, mit der die oft sehr störenden Altersrisse im Holz vermieden werden. Größere geschnitzte Flächen werden dabei so in kleine Teile aufgelöst, dass diese den polygonalen Feldern zwischen den geometrischen Ornamentlinien entsprechen. Diese Linien selbst sind als schmale profilierte Leisten ausgebildet und durch ein Nut- und Federsystem mit den Feldteilen ohne Leim verbunden. Die einzelnen Teile der Gesamtfläche halten sich also gegenseitig und verkörpern damit mehr als jede andere Kunstform den Gemeinschaftscharakter der Schöpfung, wo Unterschiede zwischen Groß und Klein oder Tragen und Getragenwerden bedeutungslos sind.

Am häufigsten kann man diese im 12. und 13. Jahrhundert in Syrien, Anatolien und Ägypten entwickelten kunstvollen Schreinerarbeiten als Seitenverkleidungen älterer Predigtkanzeln finden, seltener auch an kostbaren Türen.

Die europäische Schreinerei hat zu keiner Zeit raffiniertere Techniken hervorgebracht.

Abb. 12: Kündekarifläche aus der Seitenverkleidung einer Predigtkanzel (Minbar)

Maschrabiya – »Haremsgitter«

Das Bedürfnis, den Privatbereich so nach außen abzugrenzen, dass zwar Ausblicke, nicht aber Einblicke möglich sind, ist in der gesamten islamischen Welt verbreitet. Die dazu verwendeten feinmaschigen Gitter sind in der Regel aus Holz gefertigt. In Nordafrika, in Ägypten und dem Maghreb, werden dabei fein gedrechselte Holzstäbe ohne Leim zusammengesteckt. In Südarabien, Mittelasien und Indien findet man eher Gitterschnitzereien. Es gibt solche Arbeiten nicht nur als Fenster (arab. »Schubak«), sondern auch als Raumteiler oder Front von Einbauschränken.

Abb. 13: Kündekaritechnik, Detail

Abb. 15: Maschrabiyafenster, Kairo, Außenansicht

Abb. 16: Maschrabiyafenster Innenansicht

Abb. 17: Maschrabiyadetail

Abb. 14: Kündekaritechnik, Schnittzeichnung

DREI EINSTIEGE IN DIE UNTERRICHTSEINHEIT

Abb. 18, 19: Kalligrafie wird in allen denkbaren Techniken gestaltet, z.B. als Stein- und Holzrelief.

Abb. 20: Die wichtigsten Schriftarten: Kufi, Naskhi und Nastaliq.

Kalligrafie

Sie genießt unter den islamischen Künsten das höchste Ansehen, denn sie ist der lesbare Niederschlag des gesprochenen Wortes, in welchem der Kuran geoffenbart wurde. Dass es gerade die arabische Sprache war, in der das Gotteswort »herabgesandt« wurde, zeichnet die dazugehörige Schrift nach Ansicht vieler Muslime gegenüber allen anderen aus. »Schönschreiber« oder Kalligrafen, also Leute, die sich mit der Ästhetik der Schrift beschäftigen, waren daher stets sehr angesehene Leute. Viele Kalifen haben diese Kunst selbst ausgeübt. Auch heute hat die Kalligrafie als Kunstgattung im Zusammenhang mit der Rückbesinnung auf die alten islamischen Werte wieder sehr an Ansehen gewonnen.

Aus der ältesten arabischen Schriftform, der etwas eckigen Kufi-Schrift (nach der Stadt Kufa im südöstlichen Irak) sind vielerlei Formen leichter schreib- und lesbarer Schriften abgeleitet. Am bekanntesten wurde die Naskhi-Schrift mit ihren eleganten runden Schwüngen. Sie wurde zur Grundlage der heutigen arabischen Druck- und Schreibschrift und vieler weiterer Kunstschriften.

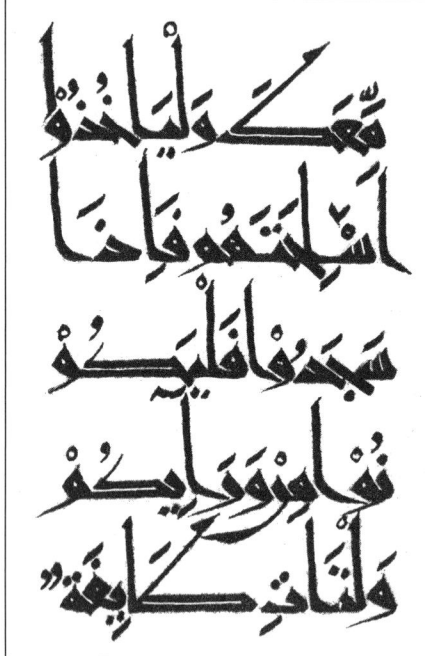

20.1 Kufi-Schrift

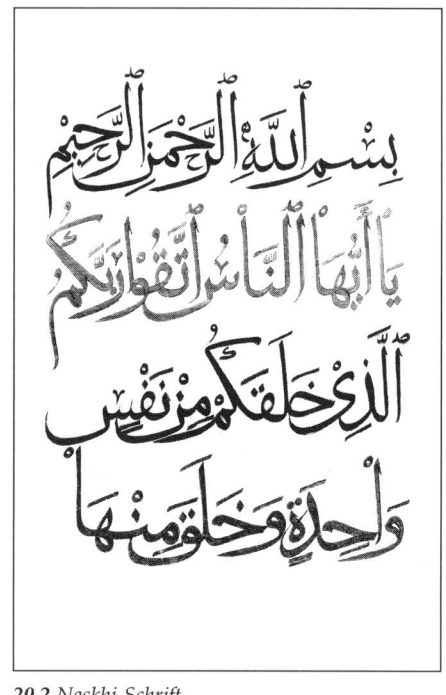

20.2 Naskhi-Schrift

20.3 Nastaliq-Schrift

Kunst auf Rädern
In vielen islamischen Ländern, ganz besonders in Pakistan, hat sich die künstlerische Gestaltung von Bussen, Taxis, vor allem aber von LKWs als sehr populäre eigenständige Kunstgattung entwickelt.

Didaktische Anregungen

Das Thema »Unendlichkeit« als Gegenstand von Kunstwerken ist für uns deshalb so fremd, weil wir uns noch nie damit befasst haben. Die unbeschreibliche Fülle von Möglichkeiten und der künstlerische Rang einzelner Arbeiten erschließt sich aber nur dem, der versucht, die komplizierten Ordnungsregeln des einen oder anderen Kunstwerkes zu entschlüsseln. Auch wenn Sie beim Versuch, eines der Muster exakt nachzuzeichnen bzw. einen Rapport zu ergänzen, vermutlich scheitern werden, ist diese Beschäftigung dennoch ein Gewinn, weil sie geradewegs in die Vorstellungswelt und in das von strengen Ordnungen beherrschte Denken der Muslime hineinführt. Allein aus diesem Grund sollten Sie unbedingt versuchen, wenigstens eines der geometrischen und der floralen Muster zu analysieren, d.h. das Aufbausystem zu entziffern. Wer sich mehr damit befassen möchte, wird in Bildbänden über islamische Kunst genügend Studienobjekte finden und mit etwas Geduld bald eine wunderbare Welt von komplexen Rhythmen, aber auch von Zahlen- und Formensymbolen kennen lernen, die unschwer als Metapher für Gottes wohlgeordnetes, aber letztlich nicht zu begreifendes Weltgefüge zu verstehen sind.

Abb. 21: Ein LKW in Pakistan

Hier einige »Sehhilfen«:
- Wo können Sie Punkte erkennen, die in Ausgestaltung und Einbindung mit anderen identisch sind?
- Versuchen Sie, diese Punkte miteinander durch gedachte optische Linien zu verbinden.
- Versuchen Sie, das Gitternetz zu analysieren, das sich aus diesen gedachten Linien bildet (Dreiecke, Vierecke etc.).
- Beobachten Sie, ob sich mehrere solcher Netze überlagern und welche rhythmischen Strukturen sich dabei bilden.
- Lokalisieren Sie die größeren und kleineren Knoten und ordnen Sie diese nach ihrer Hierarchie.
- Beobachten Sie bei geometrischen Mustern die Verläufe einzelner Linien und suchen Sie deren Regelmäßigkeit durch analoge Linienverläufe zu bestätigen.
- Suchen Sie nach anderen Ordnungskriterien, z.B. den Rhythmen von Farben oder (bei Arabesken) von Formen.

Bei der intensiven Beschäftigung mit einer größeren Zahl solcher islamischer Mustervarianten wird man zwangsläufig auf den Symbolgehalt flächiger Elementarfiguren stoßen, etwa auf die »sozialen« Eigenschaften von Dreieck und Viereck, Sechseck oder Achteck, die sich wie von selbst zu unendlichen Flächennetzen zusammenfügen. Man wird aber auch die nur auf sich selbst gerichteten Möglichkeiten des regelmäßigen Fünfecks entdecken, welches, ohne Zuhilfenahme anderer Figuren, nicht in ein unendliches Flächennetz eingebunden werden kann, sondern beim Aneinanderfügen als Dodekaeder quasi in sich selbst zurückkehrt.

Ausgerechnet dieses Fünfeck aber, mit seinem eingeschriebenen Fünfeckstern, verkörpert die Proportion des »Goldenen Schnittes« und ist damit zugleich das Symbol des Menschen* – sowie die Metapher der Widersetzlichkeit gegen göttliche Ordnungen ohne Anfang und Ende.

Es ist also nicht verwunderlich, dass die muslimischen Künstler sich besonders oft und intensiv mit dieser Figur und dem Problem ihrer Einbindung in ein flächiges Ordnungssystem beschäftigt haben.

Die Beschäftigung mit islamischer Kunst macht klar, dass diese eigentlich eine Auseinandersetzung mit der Mathematik ist, also mit der reinsten aller Wissenschaften. Nach Muhammads Ansicht war dies mindestens ebenso wertvoll wie das Gebet, was den hohen Rang erklärt, den alle Wissenschaften in der islamischen Kultur genossen haben. Der entscheidende Unterschied zur gängigen europäischen Wissenschaftsvorstellung liegt aber darin, dass hier das Wissen nicht vorrangig als Voraussetzung zu Problemlösungen oder als Zugang zu mehr Macht und Selbstverwirklichung gesehen wird, sondern dem besseren Gottesverständnis dienen soll. Im Kuran ist an vielen Stellen vom Wissen in diesem Sinne die Rede.

---

* Von der Proportion des »Goldenen Schnittes« spricht man, wenn sich zwei Strecken a und b zueinander so verhalten, dass die kleinere (a) zur größeren (b) im selben Verhältnis steht wie die größere (b) zur Summe aus a und b. Am menschlichen Körper ist diese Proportion sozusagen überall vorhanden z.B. durch die Lage der Gelenke an den Gliedmaßen. Viele Künstler, wie z.B. Leonardo, aber auch Philosophen wie Plato oder Mathematiker wie Johannes Kepler haben daher den Menschen in eine besondere Beziehung zur Figur des Fünfecks gebracht.

Aufgaben zum Thema »Islamische Kunst«

Aufgabe 1

Versuchen Sie, den geometrischen Aufbau des nebenstehenden Ziegelmusters zu analysieren und frei nachzuzeichnen bzw. zu erweitern.

Lösungsschritte zu Aufgabe 1

1. Wir erkennen, dass das Ganze auf einem Gitternetz aus gleichseitigen Dreiecken aufgebaut ist. In diesem Netz zeichnen wir die markanten Sechseckrosetten ein, wobei wir die Abstände durch Zählen der Dreiecksmaschen ermitteln. Das so entstandene große Dreieck enthält als Rapportfeld alle Elemente des Musters. Sein Zentrum ist das Mittlere der vier kleinen Dreiecke.

2. Wir ergänzen das Rapportfeld um die Z-Figuren und ermitteln zugleich die Lage weiterer Zentrumsdreiecke und Sechseckrosetten.

3. Vom ersten Rapportfeld ausgehend können wir jetzt die Lage weiterer Z-Figuren einzeichnen, wobei wir bald die Regeln ihres Zusammenspiels erkennen.

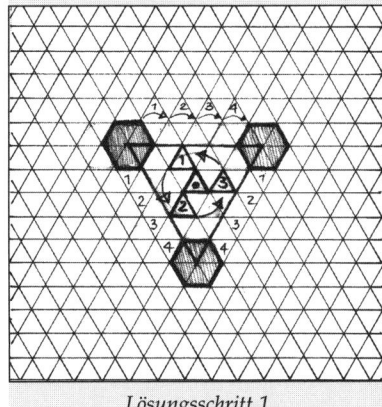

Lösungsschritt 1

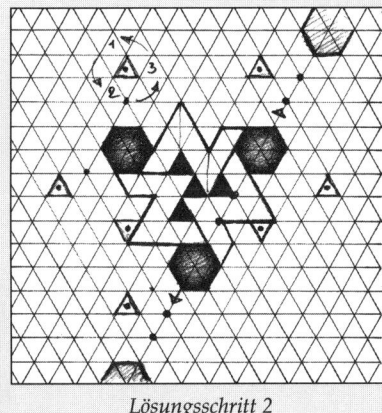

Lösungsschritt 2

Lösungsschritt 3

Aufgabe 2

Obwohl das nebenstehende Ornament wie ein Band aussieht, ist es in Wahrheit ein Fragment einer unendlichen flächigen Musteranlage.
Versuchen Sie, den Aufbau dieses Musters zu analysieren und zeichnen Sie einen so großen Ausschnitt daraus, dass man seinen unendlich fortsetzbaren flächigen Charakter erkennen kann.

Lösungsschritte zu Aufgabe 2

1. Wir verlängern alle Hauptlinien des Musterfeldes und beobachten, dass dabei ein Netz aus Sechecken bzw Sechsecksternen entsteht, welches sich leicht zu einem Gitter aus gleichseitigen Dreiecken erweitern lässt. Ferner beobachten wir, wie die in die Sechseckfelder eingeschriebenen Dreipassfiguren aufeinander bezogen sind.

2. Wir übertragen unsere Erkenntnisse auf ein erweitertes Gitternetz, indem wir überall dort Dreipassfiguren in die Sechseckfelder einzeichnen, wo die Richtungspfeile es verlangen. Das Ergebnis ist ein regelmäßiges Netz aus Sechsecksternen, die an Schneekristalle erinnern.

3. Ein Blick auf Schritt Nr. 1 zeigt uns, dass die Richtungspfeile auch angeben, wo jeweils die Dreipassfiguren miteinander zu einer Doppelfigur verbunden werden. Sobald wir diese Verbindungen hergestellt haben, ist das unendliche Gittermuster fertig. Der Geflechtcharakter entsteht, wenn wir uns beim Betrachten auf die großen eingekerbten Sechseckringe konzentrieren und bei jedem Kreuzungspunkt zweier Linien entscheiden, welche Linie unten und welche oben liegen soll. Diese Lage wechselt dabei konsequent von Punkt zu Punkt.

Lösungsschritt 1

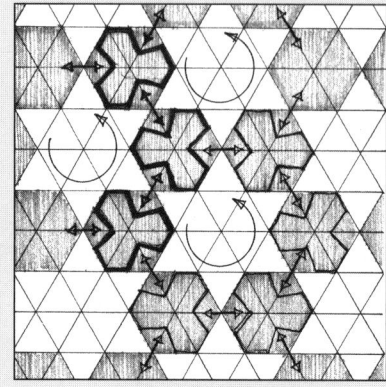

Lösungsschritt 2

Lösungsschritt 3

Einstieg 2: Musik im Islam

1. Vorschlag

Wer sich mit dieser Kunstgattung näher befasst, wird überrascht sein, von der gewaltigen Vielfalt an Formen, Klängen und Rhythmen. Deshalb kann man von einer »islamischen« Musik ebenso wenig sprechen wie von einer »christlichen«. Aber durchweg ist diese Musik von ähnlichen Urbildern geprägt wie die übrige islamische Kunst, also von Vorstellungen wie Ordnung und Unendlichkeit. Die moderne Pop-Musik hat dieses riesige Reservoir längst entdeckt, und die jüngste Musikgattung, die Weltmusik, wäre ohne dieses Erbe gar nicht denkbar.

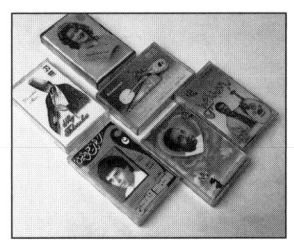

Abb. 22: Eine Auswahl von Musik-Kassetten zeitgenössischer arabischer Künstler

In Nordafrika gibt es Traditionen des Kurangesanges, und manche Orden der islamischen Mystik haben ihre eigene Instrumentalmusik entwickelt. Einige muslimische Gruppierungen, vor allem unter den Fundamentalisten, lehnen die Musik insgesamt als verwerflich und unreligiös rundweg ab, weil Muhammad angeblich kein Musikfreund gewesen sei. Die überwältigende Mehrheit der Muslime ist allerdings der Musik ebenso zugetan wie andere Menschen auch.

2. Vorschlag

Die Musik der Menschen ist der Schlüssel zum Innersten ihrer Seelen. Dies gilt nicht nur für die klassische Musik von Bach, Beethoven oder Mozart, es gilt auch für die konkrete Musik von Luigi Nono oder John Cage für alle Arten von Jazz, Rock, Pop oder Techno und natürlich auch für die vielerlei Musiken fremder Kulturkreise, etwa dem Islam.

Eine eigentliche islamische Musik gibt es dabei allerdings ebenso wenig wie eine christliche Musik, schon gar nicht angesichts der Überlieferung, wonach Muhammad kein Musikfreund gewesen sein soll. In Analogie zu dem gängigen Begriff »europäische Musik« könnte man aber sehr wohl von der Musik der islamischen Länder oder – etwas vereinfacht – von der »orientalischen Musik« sprechen. Im Zeitalter der akustischen Medien hat heute jeder eine wenigstens ungefähre Vorstellung davon. Aber das Urteil vieler Europäer über diese Musik ist wenig schmeichelhaft: Von monotonem Gejaule ist da die Rede und Meinungen, wonach es sich hier gar nicht um Musik im eigentlichen Sinne handele, sind gar nicht so selten. Es ist sehr ähnlich wie bei der muslimischen Kunst: Man findet keinen Zugang, solange man nicht bereit ist, die gewohnten eigenen Maßstäbe als ungeeignet aufzugeben. Bei der Musik bedeutet dies, die aus unseren eigenen Hörgewohnheiten abgeleiteten ästhetischen Muster nicht für absolut zu halten, denn die orientalische Musik hat ihre eigenen Gesetze und ist an Formen und Möglichkeiten nicht weniger vielfältig als die europäische – nur eben anders.

Wer sich näher damit beschäftigt, wird bald arabische Musik von persischer, türkischer oder indischer unterscheiden können und innerhalb dieser regionalen und ethnischen Verschiedenheiten nicht nur eine Fülle höchst manigfaltiger Musikgattungen entdecken, sondern auch Schritt für Schritt in deren eigene reizvolle Ästhetik eindringen.

Grob gesehen kann man für die gesamte orientalische Musik einige gemeinsame Merkmale und Unterschiede zu der uns gewohnten europäischen Musik feststellen, von denen die auffälligsten hier genannt sein sollen:

- Orientalische Musik ist auf einer eigenen Tonalität aufgebaut, d.h. die Intervallschritte zwischen den einzelnen Tönen sind andere als die der uns vertrauten Dur- und Molltonleitern.
- Orientalische Musik kennt keine polyphone Harmonie und damit auch nicht das Gestaltungsmittel des Kontrapunktes.
- Die Melodik der orientalischen Musik entspricht weniger einem fortschreitenden Thema als dem verweilenden Variieren einfacher Ton- und Klangmuster, so dass diese ein ungleich größeres Gewicht erhalten als in der klassischen europäischen Musik.
- Rhythmik spielt in dieser Musik eine besonders große Rolle. Sie ist das häufigste Strukturelement, und manche Musikgattungen bestehen überhaupt nur aus Rhythmus, wobei sich mehrere Rhythmen zu polyrhythmischen Mustern überlagern können, die an die geometrischen Geflechte muslimischer Ornamente erinnern.
- Die Musik der orientalischen Klassik kennt zwar strenge Aufbauregeln – aber ähnlich wie die islamische Ornamentik vermittelt fast jede orientalische Musik den Eindruck eines Ausschnittes aus einem unendlichen Klang- und Rhythmusgewebe.

Wer sich mit der Geschichte der europäischen Musik befasst hat, weiß, dass viele dieser Merkmale auch auf die Musik des europäischen Mittelalters zutreffen, etwa auf den Gregorianischen Choral oder die Musik der Minnesänger. Erst der mit der Renaissance eintretende Wandel unseres Weltbildes hat auch unsere Musik so verändert, dass sie sich zu dem entwickeln konnte, was wir heute im Ohr haben. Wer unsere Hörgewohnheiten aber nicht hat, erlebt die europäische Musik genau so fremd wie wir die orientalische. Ein türkischer Pianist und Interpret deutscher Klassik erzählte von seinen enormen Problemen, die er zu Beginn seines Studiums an einer deutschen Musikhochschule mit dem polyphonen Tonsatz gehabt hat. Nicht seine Begeisterung für diese fremde Musik sei der Grund für sein Pianistenstudium gewesen, sondern seine Neugier für das in seinen Ohren so Exotische.

Die orientalische Musik hat die europäische jedoch nicht erst in unserer Gegenwart und auch nicht nur auf dem Gebiet des Jazz beeinflusst. In der traditionellen spanischen Musik kann auch ein Laie, etwa beim Flamenco, das Arabische ohne Mühe heraushören. Und wer je eine Aufführung osmanischer Janitscharenmusik gehört oder vielmehr erlebt hat, der weiß plötzlich, wo viele der merkwürdigen und eigentlich unerklärlichen äußeren Details unserer alten preußischen Militärmusik ihren Ursprung haben: die große Trommel, das Becken aus Messing, der Stab des Tambourmajors und vor allem die langen Pferdeschwänze beim Glockenspiel. Aber diese Beziehungen sind noch längst nicht alles! Wer weiß schon, dass sehr viele unserer vertrauten Musikinstrumente eigentlich aus dem Orient stammen? Die Laute und die Gitarre sind direkte Abkömmlinge der arabischen *Ud*, dem Zupfinstrument mit dem großen Resonanzbauch, mit dem auch die türkische *Saz* und die persische *Tarr* verwandt sind. Auch unsere Streichinstrumente haben in der zwischen den Knien zu spielenden *Kemence* ihren Urahn, und Blasinstrumente wie die Querflöte sind verwandt mit der uralten orientalischen Rohrflöte *Ney*. Sogar die Oboe hat in der *Zurna*-Schalmei ihren orientalischen Vorläufer und das bayrisch-österreichische Hackbrett ist einer der vielen Abkömmlinge des persischen *Santur*, möglicherweise des ältesten Instruments überhaupt, bei dem die

Töne durch hammerartiges Anschlagen von Saiten erzeugt werden, wie wir das von unserem Klavier kennen.

Über das arabische Spanien, über die Kreuzzüge und über die Kontakte mit den Osmanen ist die orientalische Musik, wie vieles andere auch, nach Europa gelangt, wo sie nach den Bedürfnissen und Vorstellungsmustern unserer Kultur so umgeformt wurde, dass sie einen gänzlich anderen Charakter bekommen hat. Dabei sind aber die verwandtschaftlichen Beziehungen nicht nur bei den Instrumenten, sondern in unzähligen anderen Bereichen für den Kenner noch immer sichtbar oder hörbar geblieben, etwa in der Formenlehre.

Ebenso wie die europäische Musik kennt auch die orientalische Musik eine Fülle unterschiedlichster Formen: das Lied bei der Arbeit, Weisen zum Tanz bei Festlichkeiten aller Art bis zur klassischen meditativen Musik der Sufis, die man auch als Konzertveranstaltungen hören kann. Eine der christlichen Kirchenmusik vergleichbare Moschee-Musik gibt es allerdings nicht, wenn man einmal vom Gesang der Muezzine absieht, der nicht willkürlichen Eingebungen der Sänger folgt, sondern nach festen musikalischen Regeln abläuft. Gerade dieser Muezzingesang aber wird von vielen Orient-Touristen als »Gejaule« abqualifiziert, weil sie oft, ohne es zu wissen, nur als Voyeure unterwegs sind und sich nicht auf eine gänzlich andersartige Ästhetik einlassen möchten. Natürlich sind die Sänger des *Adhan* (Gebetsruf) nicht lauter Pavarottis und manch ein Muezzin hat nur eine mäßige Stimme und keine Gesangsausbildung. Aber wer den Chor der Muezzine zum Morgengebet, etwa in Damaskus, in Kairo, Sana'a oder anderswo auch nur einmal gehört hat, wird diesen vielstimmigen Lobgesang zur Ehre Allahs als ganz besonderes, wenn auch ungewohntes musikalisches Erlebnis nie mehr vergessen.

Eine Musiklektion in der Wüste

Seit sechs Stunden brettert unser Toyota-Jeep über die Piste von Marib ins Wadi Hadramaut am Rande der Arabischen Wüste Rub-al-Chali. Seit wir die berüchtigten Sanddünen des Ramlat-as-Sabatayn hinter uns gelassen haben, rumpelt unser Auto eintönig auf dem waschbrettharten Boden. Ali ist nicht nur ein geschickter Fahrer, sondern auch ein glänzender Unterhalter, und da ihm inzwischen die Themen ausgegangen sind, hat er eine Musik-Kassette eingelegt. Eine helle Jungmännerstimme singt begleitet von einem sehr komplizierten aber dennoch gleichförmigen Trommelrhythmus. Die Melodie bewegt sich mit vielen Schnörkeln eigentlich immer nur um einen einzigen Ton, der sich mit dem Motorengeräusch des Toyotas, der Einförmigkeit der Wüstenlandschaft und den immer gleichen Trommelfiguren zu einer gehörten, gesehenen und gefühlten Einheit verschmilzt.

Jürgen, unser junger Hobby-Rockstar aus Stuttgart, empfindet das aber offenbar als weniger angenehm, denn er motzt Ali laut und vernehmlich an, ob er denn außer dieser »Katze-auf-den-Schwanz-tret-Musik« nichts anderes anzubieten habe.

Ali ist höchst amüsiert über diesen bösen Vergleich und meint nur, die Hadramis fänden diese Musik so schön, dass wir sie demnächst vielleicht sogar bei einer Hochzeit im Original erleben könnten. Aber natürlich hat er auch anderes auf Lager. Das Handschuhfach des Toyota erweist sich als wahrer Selbstbedienungsladen in orientalischer Musik. Er wählt eine Kassette mit dem Konterfei einer unverschleierten arabischen Schönheit und meint, das würde uns bestimmt gefallen, denn die ägyptische Sängerin *Warda* (Rose) sei im ganzen Nahen Osten ein Schlagerstar. Die Dame singt mit weicher, manchmal schluchzender Stimme und das große Begleitorchester schluchzt mit. Es ist eine Musik fürs Herz, aber eigentlich genauso verschnörkelt und ähnlich gleichförmig wie die Hadramaut-Kassette, nur viel voluminöser. Laut Ali ist diese Schlagergattung mit dem Namen *Qasidah* bei der jungen Arabergeneration überall beliebt, vor allem, wenn es sich um *Layali* (Liebes)-Lieder handle. Und überhaupt seien fast alle orientalischen Schlager, die arabischen wie die persischen, nichts anderes als gesungene Gedichte. In Syrien nenne man das *Muwaschah* und sei sehr stolz darauf.

Manche seiner Landsleute – vor allem die Älteren – stünden aber eher auf reine Instrumentalmusik. *Taksim* nenne man sowas, und wenn wir es hören wollten, bitte sehr.

Natürlich wollen wir. Ali erklärt uns die wichtigsten Instrumente: die Laute *Ud*, die Flöte *Ney*, das hackbrettartige *Qanun* und die Trommel *Darbuka*. Es ist eine Art Improvisationsmusik, bei der sich die Instrumente in ihrer Führungsrolle abwechseln, dem alten, klassischen Jazz insoweit nicht ganz unähnlich.

Doch Ali entgeht es nicht, dass wir auch mit dieser Musik Probleme haben. Er meint, dies liege an der orientalischen Tonleiter, die, anders als die unsrige, auch Vierteltöne kenne, sodass die Musik in unseren Ohren oft falsch klinge. Ähnlich komisch, ja geradezu exotisch klinge aber in orientalischen Ohren die Mehrstimmigkeit bei unserer europäischen Musik.

Sicher habe der internationale Musikmarkt inzwischen manches vermischt, und so finde man viele europäische und amerikanische Pop-Elemente jetzt auch in der arabischen, türkischen und persischen Musik, doch das, was die Orientläden in Berlin, Köln oder Hamburg an so genannter *Arabesk-Musik* anzubieten hätten, habe mit wirklicher Orientmusik nur wenig zu tun und sei eigentlich nur ein etwas türkisierter oder arabisierter Pop-Verschnitt, den man inzwischen allerdings auch in Kairo, Damaskus oder Sana'a kaufen könne. Manche fänden das einfach schick.

Wir sind vollkommen platt über dieses Ausmaß an Information und natürlich neugierig, woher Ali das alles weiß. Der grinst nur über das ganze Gesicht und meint, er habe eben zu DDR-Zeiten anstatt Agrarwissenschaft in Leipzig lieber an der Berliner Musikhochschule das studiert, was man heute »Weltmusik« nennt ... Doch davon könne man ja im Jemen nicht leben. Und so chauffiere er eben jetzt Touristen durchs Land und erzähle ihnen bei Gelegenheit ein wenig von der Musik seines Kulturkreises.

Einstieg 3: Arabische Lehn- und Fremdwörter

Admiral Albatros
Nachdem die Sonne den Zenit überschritten hatte, erhoben sich Scheich Riskallah und sein Admiral von ihren kühlen Seidendamast-Matratzen. Es war ein wunderschöner Tag. Die Aprikosen-, Äpfel- und Zwetschgenbäume standen in voller Blüte, die Tamarinden wiegten sich im warmen Wind des Monsuns und spendeten ihren Schatten. Der Scheich schlüpfte in seine Jacke aus prächtigem Seidenbrokat und schlenderte in das Frauengemach, wo er um diese Tageszeit mit seiner Lieblingsfrau Limone zusammen Unmengen von Marzipan- und Mokkatörtchen verspeiste. Der Kaffee musste schwarz sein wie die Nacht und gewöhnlichen Zucker verschmähte der edle Herr, nur etwas Kandis durfte ins Tässchen. Wann sie denn endlich ihr Haar mit Henna färben

könne, quengelte die Schöne. »Ich lasse es umgehend besorgen!« ... und Admiral Albatros galoppierte schon nach Bagdad.

Kamele, Benzin, Silberschmuck und viele andere herrliche Sachen hätte er in seinen Koffer packen können, aber Henna? Wo, zum Teufel, Henna finden? Simsalabim! Schlank wie eine Gazelle stand sie unvermittelt vor ihm, Jasmin, die Mulattin, mit ihrem ebenholz-schwarzen Haar, den leuchtenden Ingweraugen und den verführerisch lava-roten Lippen. Er entbrannte in Liebe, ließ sich den Rücken mit reinem Alkohol massieren, den Wanst mit Sultaninen-Kuskus abfüllen und trank eine Unmenge Wein und Raki durcheinander.

Der Scheich und Limone warteten lange, sie warteten vergebens: Admiral Albatros war längst in den fernen Maghreb geflohen, mit Jasmin, dem vielen Geld für das kostbare Henna und mit auch nicht den geringsten Gewissensbissen. Er ließ sich das Amalgam aus seinen Zähnen kratzen und durch zwölf Karat Gold ersetzen. Sie aber, die Schöne, Kluge, macht jetzt mit ihren Liedern zur Gitarre den großen Reibach.

Aufgabe:
- Die Geschichte haben 9.-Klässlerinnen erfunden. Sie haben darin arabische Fremd- und Lehnwörter verwendet.
- Welche können Sie entdecken? Schlagen Sie dazu im DUDEN nach (Bände 1, 5 oder 7).

Wie arabische Begriffe in die europäischen Sprachen gelangten
Viele arabische Ausdrücke sind mit den Produkten zu uns gekommen, z.B. Kandis oder Bohnenkaffee: »bunn« heißt Beere, demzufolge sagen die Engländer »coffee-berry« und die Franzosen »baie de café«. Für deutsche Ohren klang »bunn« fast wie »Bohne« und so kamen wir zur Kaffee-*bohne*.

Einige Waren verraten, wo sie herstammen, z.B. Mokka, aus Mucha, der früher reichen Hafenstadt am Roten Meer. Oder Damast, ein feines, einfarbiges Tuch mit eingewebten Mustern, aus Damaskus.

Ziffer, Algebra oder Antimon: Bei solchen Begriffen ist es aber anders gelaufen.

Große Teile Spaniens waren im 8. Jahrhundert muslimisch geworden. Dort erreichte die maurische Kultur unter 'Abd ar-Rachman III. (912–961) ihren Höhepunkt. Alle Wissenschaften, die auf den orientalischen Akademien gepflegt wurden, fanden auch in Spanien freundliche Aufnahme. Córdoba war in den ersten Jahrhunderten der Hauptsitz der arabischen Gelehrsamkeit. Zur gleichen Zeit gab es nördlich der Pyrenäen und Alpen keine einzige Stadt mit mehr als tausend Einwohnern, keine befestigte Straße, keine Universität. Nur einige wenige Klöster waren als Refugien der Kultur des christlichen Abendlandes geblieben. Aber in Andalusien und im fernen Bagdad blühten Wissenschaften und Künste: Astronomie, Mathematik, botanische Studien, Medizin, Pharmakologie, Musik, Philosophie und vieles mehr lehrten hier wie dort die berühmtesten arabischen und jüdischen Gelehrten. Übrig geblieben sind die einmaligen Bauwerke. Verbrannt wurden, als die Spanier Andalusien eroberten, hunderttausende unschätzbar wertvoller Handschriften. Eine unglaubliche Barbarei! Geblieben sind aber auch die vielen Ausdrücke aus Wissenschaft und Kunst, die damals in unsere Sprachen gelangten.

Sizilien war lange Zeit ebenfalls arabisch. So konnten von dort, über Italien, auch Wörter zu uns gelangen; wiederum andere kamen über die Türkei.

Einige arabische Lehn- und Fremdwörter

Admiral	Damast	Kadi	Marzipan	Satin
Albatros	Diwan	Kaftan	Maske	Schach
Algebra	Ebenholz	Kaliber	Massieren	Scheich
Algorithmus	Elixier	Kalif	Matratze	Scherif (Sheriff)
Alkali, Kali	Emir, Amir	Kamel	(Schach-)matt	Simsalabim
Alkohol	Estragon	Kampfer	Merino(schaf)	Sirup
Alkoven	Fakir	Kandis	Minarett	Soda
Allah	Fanfare	Kaper	Mokka	Sofa
Algol	Fellache	Karaffe	Monsun	Sorbet
Almanach	Fes (Hut)	Karat	Moschee	Sultan
Amalgam	Gala	Karmesin(rot)	Mohair	Sultanine
Amulett	Gamasche	Kattun	Mufti	Sunna
Antimon	Gambit	Kebab	Mumie	Sure
Aprikose	Gaze	Koffer	Moslem	Talisman
Arabeske	Gazelle	Koran	Muselman	Talk (Speckstein)
Arrak, Raki	Giraffe	Konditor	Mütze	Tamarinde
Arsenal	Gitarre	Kümmel	Natron	Tambour
Artischocke	Hadschi	Kuppel	Orange	Tara
Atlas(seide)	Harem	Kuskus	Racket (engl.)	Tasse
Aubergine	Hasard(spiel)	Lack	Ramadan	Teakholz
Azur(blau), Lasur	Haschisch	Lärche	Rasse	Wadi
Baldachin	Havarie	Laute	Razzia	Watte
Beduine	Hidschra	Lava	Reibach	Wesir
Benzin	Henna	Lila(farben)	Risiko	Wismut
Berberitze	Imam	Limone	Safari	x-beliebig
Bohnenkaffee	Ingwer	Magazin	Safran	Zenit
Borretsch	Intarsie	Maghreb	Sahara	Zucker
Burnus	Islam	Makramee	Sahel	Zwetschge
Chemie	Jacke	Mameluck	Sahib	
Chiffon	Joppe	Mandoline	Sandelholz	
Chiffre, Ziffer	Kabel	Marabu	Sarazene	

»Simsalabim!« – der Ausruf beim Zaubern

Mit »bismillah ir-rahman ir-rahim!«, der Basmala, wird jede Kuransure (außer Sure 9) eröffnet. Viele gläubige Menschen sagen diesen Satz in allen möglichen Lebenssituationen: »Im Namen des barmherzigen und gnädigen Gottes!« (s. S. 38). Und dies wurde zum Zauberspruch verballhornt. Simsalabim! ertönt, wenn der Trick des Magiers gelingt. Hieraus antimuslimische Gesinnung abzuleiten, ist sicherlich falsch, denn der Zauberspruch vor dem Trick, Hokuspokus!, müsste dann als antichristlich interpretiert werden. Hokuspokus ist mit großer Sicherheit das »hoc est corpus« der Abendmahlsliturgie. Denn Latein verstanden die meisten Leute genauso wenig wie Arabisch!

Die Wege der einzelnen Ausdrücke ins Deutsche waren sehr unterschiedlich und müssten praktisch für jeden gesondert untersucht werden. Gelegentlich gibt es keine eindeutige Zuordnung zur arabischen Wurzel, weil auch eine Ableitung aus dem Jiddischen möglich ist.

Der Kuran

Vom rezitierten zum geschriebenen Kuran

Der Name »Kuran« leitet sich von dem arabischen Wort »qara'a« ab, was soviel bedeutet wie »hersagen«, »deklamieren« oder »rezitieren«. Muhammad empfing die göttliche Offenbarung also nicht in geschriebener Form, sondern als gesprochenen und gehörten Text, den er auf Geheiß des Erzengels Dschibrail (Gabriel) nachsprechen bzw. deklamieren sollte. Auch die Weitergabe unter seinen Gefährten und seinen ersten Nachfolgern geschah in rezitativer Form. Selbst als er unter dem dritten Kalifen Uthman zum Zwecke der Vermeidung von Zitatabweichungen endlich schriftlich fixiert wurde, war diese Schriftform nichts weiter als eine exakte Merkhilfe für einen allgemein bekannten Text. Es schien also unnötig, neben den wichtigen Konsonanten auch Schriftzeichen für kurze Zwischenvokale zu erfinden, weil die ja ohnehin jeder kannte. So besitzt die arabische Schrift bis heute neben einer Vielzahl von Konsonanten nur Zeichen für die drei langen Vokale a, i, und u. Die für den nichtarabischen Sprachschüler so wichtigen Vokalisierungszeichen für Kurzvokale wurden erst viel später eingeführt, und noch heute wird weitgehend auf sie verzichtet.

Obwohl der Kuran noch immer nicht nur gelesen, sondern nachgesprochen werden soll, hat die Schrift dennoch eine gleichsam sakrale Bedeutung erlangt, weil sie sozusagen die Garantie dafür ist, dass der Kuran bis heute korrekt rezitiert wird. Eine sakrale Schrift aber, mit der das Wort Gottes festgehalten wird, muss sich durch ihre grafische Qualität von trivialen Schriften unterscheiden: Sie wird zur Kalligrafie.

Abb. 23: Handgeschriebene Kuranseiten sind grafische Meisterwerke.

Über den Umgang mit dem Kuran

Auch wenn das geschriebene oder gar das gedruckte Gotteswort nicht den gleichen heiligen Charakter besitzt wie die rezitierte Kuransure, so hat der Kuran in Buchform doch einen unvergleichlich höheren Rang als ein gewöhnliches Buch oder Schriftstück. Man würde einen Kuran also niemals auf den möglicherweise unreinen Fußboden legen und auch nie mit einem anderen Buch zudecken. Zum Lesen des Kurans benutzt man eigene Buchständer, die in aufklappbarer Form und großer Stückzahl zu jeder Moscheeausstattung gehören. Zur Aufbewahrung kostbarer Kuranexemplare gibt es eigene, oft nicht minder kostbare Kuranbehältnisse.

Kuranständer

Die zusammenklappbaren Kuranleseständer, »Rahle« oder »Kursi al-Kuran« genannt, sind aus europäischer Sicht eine Kuriosität, weil sie grundsätzlich aus einem einzigen Holzstück hergestellt werden. Es gilt als respektlos, für solche Möbel das natürlich gewachsene Holz zunächst in Stücke zu zerschneiden, um es hernach in Form von Leisten und Brettern mit geeigneter Konstruktion und unter Zuhilfenahme von Leim wieder zu einem Gestell zusammenzubauen. Der sakrale Gegenstand Kuran verlangt eine angemessene Leseunterlage, die nicht Produkt eines profanen technologisch rationalisierten Fertigungsprozesses sein darf.

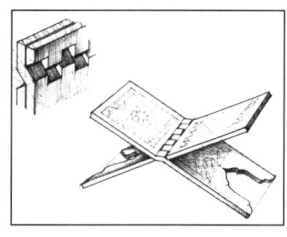

Abb. 24 u. 25: Kursi al-Kuran, »Stuhl des Kuran« oder Rahle nennt man die aufklappbaren Holzgestelle, auf die man das heilige Buch beim Lesen und Rezitieren legt, damit es nicht mit dem unreinen Boden in Berührung kommt. Sie sind traditionell gänzlich ohne Leim oder sonstige Verbindungsmittel nur aus einem einzigen Holzstück gefertigt und oft kunstvoll verziert.

Was verbindlich ist: Kuran und Sunna

Kuran

Die jetzt gültige Fassung ist im Wesentlichen unter Kalif 'Uthman (s. S. 86) erstellt worden. Sie enthält 114 *Suren* (Kapitel), die Verse werden *Ajat* genannt (Singular: *Aja*).

> Die erste Sure heißt al-Fatiha, »die Eröffnende«, sie ist kurz:
> *Im Namen Allahs, des Erbarmers, des Barmherzigen!*
> *Lob sei Allah dem Weltenherren,*
> *Dem Erbarmer, dem Barmherzigen,*
> *Dem König am Tag des Gerichts!*
> *Dir dienen wir und zu dir rufen um Hilfe wir;*
> *Leite uns den rechten Pfad,*
> *Den Pfad derer, denen du gnädig bist,*
> *Nicht derer, denen du zürnst, und nicht der Irrenden.*

Ab Sure 2 (286 Verse) sind die Suren in etwa ihrer Länge nach geordnet. Die allerkürzeste, Sure 108, besteht gerade aus drei kurzen Versen. Dieses Ordnungsprinzip war in der Antike üblich.

Alle Suren tragen einen Namen.

Bis auf Sure 9 werden sie mit der *Basmalah* eröffnet: »Im Namen Allahs, des Erbarmers, des Barmherzigen«.

Das Urbuch, der Urkuran, wird im Himmel aufbewahrt. Dieses Buch wurde auf die Erde hinabgesandt. Es hat 22 Jahre gedauert (610–632) bis der gesamten Kuran vollständig herabgesandt worden ist. Vermittler war der Erzengel Dschibrail (Gabriel), der Muhammad die einzelnen Offenbarungen vorsagte und ihn aufgefordert hat, diese zu rezitieren.

Verbindlich kann aus diesem Grunde nur die arabische Fassung sein. Die ist unantastbar, es darf keine Veränderung in der Formulierung des Wortlautes geben. Und weil der Inhalt das Wort Gottes ist, ist der Kuran jeglicher menschlicher Kritik entzogen.

Im Kuran finden die Muslime die ewig gültigen Bestimmungen und Sinngebungen des Lebens, des einzelnen Menschen, der Familie, des Staates und der gesamten Welt.

Diese Festlegungen müssen alle Kuraninterpreten respektieren.

Zu den Regeln der muslimischen Kuraninterpretation s. S. 97 »Die orthodoxen Rechtsschulen«.

Eine historisch-kritische Betrachtungsweise, wie sie sich seit der Aufklärung an der Heiligen Schrift der Christen, der Bibel, bewährt hat, ist für den Kuran untersagt (vgl. S. 5).

Sunna

Muhammad lebte inmitten der Urgemeinde, der Umma. In Medina versammelten die Menschen sich in seinem Haus und folgten seinen Anweisungen. Sie ließen sich von ihm ermahnen und aufmuntern. Oder er versuchte mit seinen Erklärungen Unklarheiten zu beseitigen. Muhammad war das große, traditionsstiftende Vorbild. Wie er die Glaubenden führte, wie er damals zum Vorbild für alle Muslime wurde, dies ist der Weg, die *Sunna*.

Überliefert sind diese Vorgänge in den *Hadithen*, den Reden, Erzählungen, Entscheidungen und Aussprüchen des Propheten. Es gibt über 600.000

Hadithe, davon werden aber nur sehr, sehr wenige als echt anerkannt. Denn für die Anerkennung der Überlieferungen wurden von den meisten Gelehrten und Sunnawissenschaftlern strenge Maßstäbe festgelegt:

Die Überlieferung darf nicht im Widerspruch zum Kuran stehen. Im Falle eines Widerspruchs gilt natürlich der Kuran.

Die Überlieferung muss von glaubhaften Personen stammen.

Bei Kettenüberlieferungen, was bedeutet, dass Inhalte von mehreren Personen nacheinander erzählt wurden, muss man die Glaubwürdigkeit aller dieser Personen und die historische Verbindung zwischen ihnen überprüfen und natürlich müssen auch die Inhalte der Überlieferung beurteilt werden.

Nasr Hamid Abu Zaid: Der Kuran

»Für den Kuran ist der Rezitationscharakter essentiell. Er muss gesprochen werden. Die Forderung ist in der sprachlichen Struktur des Kurans begründet und wird von ihm selbst explizit erhoben. Das erste Wort der 95. Sure, die Muslimen gewöhnlich als die erste Offenbarung gilt, heißt: »Rezitiere!« (iqra'). In dem Hadith, das zu dieser Offenbarung erzählt wird, fordert Gabriel den Propheten auf zu rezitieren. Er sagt iqra', und das heißt in diesem Fall: »Sprich mir nach!«, nicht etwa: »Lies!« oder »Lies vor!« Mohammed antwortet »Ma ana bi-qari' – Ich rezitiere nicht!« Der Satz bedeutet nicht, wie es später verstanden wurde, »Ich kann nicht lesen!« Er drückt aus, dass Mohammed nicht rezitieren wollte, und zwar aus Angst, wie aus dem Hadith selbst ersichtlich ist. Der Engel würgt den Propheten, bis dieser die Worte endlich nachspricht.

Der Kuran weist darauf hin, wie Mohammed den Text während der Offenbarung empfing und bewahrte. Er las nicht, sondern sprach ihn nach.

Wenn ich eine Kuranrezitation höre, erfahre ich einen einzigartigen Genuss. Wenn ich den Kuran aber als Wissenschaftler studiere, dann interessiert mich die Weltanschauung, die sich in ihm vermittelt. Wohl enthält der Kuran religiöse und juristische Bestimmungen, er enthält ethische Weisungen, moralische Richtlinien und philosophische Weisheiten, aber mich interessiert am allermeisten die Sicht des Kurans auf die Natur, den Menschen, die Schöpfung, die Existenz. In dieser Sicht ist jedes Wesen Teil eines Ganzen. Der Mensch gehört zu einer Familie, und die Familie gehört wiederum zu einer Gemeinschaft, und diese Gemeinschaft ist Teil einer Geschichte, und diese Geschichte ist Teil einer Kosmologie. Die Sonne, der Mond, die Sterne, die Meere, die Erde und die Berge sind nicht nur Elemente der Natur. Sie sind auch Zeichen Gottes. Gott spricht durch sie.«

Aus: Nasr Hamid Abu Zaid, Ein Leben für den Islam, Herder Verlag, Freiburg 1999, S. 126f.

Aufgabe:
Fassen Sie die Grundgedanken des Textes in eigene Worte.

Themen des Kuran

Nach der muslimischen Auffassung ist der Islam der letzte Ring in der Kette der drei abrahamischen Religionen Judentum, Christentum und Islam. Diese letzte Religion kennt natürlich die Erfolge und Misserfolge der vorherigen Religionen und versucht die göttliche Botschaft zur Vollendung zu bringen. Deshalb behandelt der Kuran einige Themen ausführlich, die in der Bibel entweder gar nicht vorhanden sind oder nur ganz am Rande erwähnt werden.

Der Kuran umfasst vier Themen-Bereiche:

1. *Die Erzählungen – al-Qassas*, wie man sie auch in der Bibel findet, z.B. die Geschichte der Schöpfung oder die Geburt Jesu. Solche Geschichten sind in den beiden Büchern ausführlich erzählt worden. Manchmal stimmen sie inhaltlich überein, manchmal weichen sie aber grundlegend voneinander ab.

2. *Die Pflichten – al-'Ibadat*: Die Regelung der Beziehungen zwischen dem Mensch und seinem Schöpfer. Der Kuran, als das Wort Gottes, erklärt den Weg zu Gott durch die Erfüllung der religiösen Pflichten (*Arkan*): Beten, Fasten, Almosen, Pilgern und als Voraussetzung aller dieser Pflichten die Anerkennung der Einheit Gottes. Die Regelung dieser Beziehung ist eine private Angelegenheit des Moslems und geht niemanden anderen etwas an. Dem Vernachlässigen oder Erfüllen dieser Pflichten entspricht Bestrafung oder Belohnung im zweiten Leben. Diese Art der Regelung finden wir in der Bibel nicht. Das Erlösungswerk vollbringt dort nicht der Mensch für sich selbst. »Ich weiß, dass mein Erlöser lebt!« (Hiob 19,25) sagt Hiob und meint damit Gott selbst. Gott erlöst die Menschen!

3. *Die Beziehungen – al-'Ilakat*: Der kuranische Text weist in vielen Stellen auf das Verhalten des Moslems seinen Mitmenschen gegenüber hin. Es handelt sich um alle Menschen, nahe und ferne, Fremde und Verwandte, Muslime und Nichtmuslime. Es wird von einem Muslim erwartet, diese Beziehungen im Sinne der islamischen Lehre und nach der Beschreibung des kuranischen Textes zu gestalten. Diese Beziehungen dürfen nicht gegen die Pflichten des Muslims verwirklicht werden. Der Kuran weist sehr klar darauf hin, dass auch den Eltern, obwohl er ihnen eine sehr hohe Stellung in der Familie einräumt, nicht gefolgt werden darf, wenn sie ihr Kind von der Erfüllung der religiösen Pflichten abhalten wollen.

4. *Die Geschäftsverträge – al-Mu'amalat*: Der vierte Bereich des kuranischen Textes befasst sich mit den Verträgen und Geschäften, die ein Muslim mit anderen Menschen abschließt. Diese Verträge umfassen z.B. Kaufen und Verkaufen, Urkunden (Heiratsurkunde, Eigentumsurkunde), Abmachungen, Rechtsgeschäfte …

Alle diese Bereiche, die im Laufe der Geschichte immer wichtiger geworden sind, werden im Kuran als Hilfe und Erleichterung des Menschenlebens verstanden.

Texte zur Kuraninterpretation

Fundamentalisten haften am Wortlaut ihrer heiligen Schriften
»Im Islam hat sich stärker noch als unter den verschiedenen Richtungen und Aufspaltungen protestantischen Christentums eine eigene theologische Lehre über den Rang der Schrift als Wort Gottes (Kalam Ullah) herausgebildet. Dies geschah in Auseinandersetzung der Orthodoxie mit der philosophischen Schule der Mu'taziliten. Sie propagierten erstmals um 730 die theologische Anschauung, der Kuran sei als geschaffenes Wort dem menschlichen Verstehen zugeordnet. Die Mu'taziliten schätzten die Fähigkeit des Menschen, logisch und widerspruchsfrei zu denken. Sie wurden Schüler der klassischen griechischen Philosophie und verstanden bald die Gedanken eines Aristoteles besser als dieser selbst. Ihre gezielte Naturbeobachtung führte zu neuen Wissenschaften. Dennoch kommen ihrer Überzeugung nach allein Gott Prädikate zu, unerschaffen, ewig und frei zu sein. Daher lästert Gott, wer von dem Kuran behauptet, er sei wesensgleich mit Gott, oder wer den Kuran zu einem metaphysischen Gesetzbuch erhebt.

Zwischen 813 n.Chr. und 842 n.Chr. galt die These vom Geschaffensein des Korans als offizielle Doktrin. Andersdenkende wurden gewaltsam zum Schweigen gebracht. Um 875 setzten sich die orthodoxen Sunniten durch und ächteten die mu'tazilitische Logik und Schriftauslegung. Als Folge dieses Machtwechsels gelten für den Kuran die gleichen Prädikate wie für Gott selbst: Ewig und unerschaffen. Damit wird die heilige Schrift der Muslime zu einer himmlischen, ganz und gar transzendenten Urkunde, die widerspruchslos Gehorsam beansprucht. So kommt es zu der islamischen Doktrin, dass der Kuran prinzipiell unübersetzbar ist. Vom Geist des Kuran kann gesagt werden, er sei der Geist des klassischen Arabisch und umgekehrt gilt das klassische Arabisch als die eine universale, heilige Sprache Gottes. Bis heute darf der Wortlaut der Offenbarungen, die Mohammed zuteil wurden, durch keine noch so vorsichtige, kritisch-geschichtliche Auslegung relativiert werden.

Fähigkeiten wie Einsicht, Verständnis und überlegte Handlungsfreiheit haben im Blick auf die Interpretation der Schrift für islamische wie christliche Fundamentalisten keine Bedeutung. Offenbar sichert es gerade in einer Zeit des Umbruchs die eigene Position, in schwarz-weiß Kategorien zu denken. Schriftgläubige aller Religionen und Bekenntnisse verschließen vor dem Kernproblem des Glaubens ihre Augen, weil sie ihre Antworten auf einen künstlichen Gegensatz gründen. Sie fordern, dass jeder, der wirklich gläubig ist, die Schrift uneingeschränkt als Gottes Wort gelten lässt. Das heißt dann im Umkehrschluss, wer Schriftworte in Zweifel zieht, steckt tief im Unglauben. So muss man fragen, ob es neben dem lebendigen Gott noch einen gleichberechtigten zweiten Gott in Buchform gibt? Wer seinen Glauben auf das Schriftwort gründet, muss sich fragen lassen, ob er nicht insgeheim den Monotheismus preisgegeben hat.«

Johann-Dietrich Thyen, Bibel und Kuran, © Böhlau Verlag, Köln ³2000, S. XXII–XXIV.

Ein Muslim zur Kuraninterpretation

»Für die Muslime ist der Prophet Mohammed nicht der Autor des Korans, sondern dessen erster Hörer. Damit ist er aber auch zugleich dessen erster Interpret. Sieht man einmal vom orthodoxen Korankommentar ab, bildeten sich in den folgenden Jahrhunderten im Wesentlichen drei hervorstechende Deutungsmuster heraus, die dem Akt der Interpretation eine entscheidende Bedeutung beimessen: die Interpretation der Scholastiker und unter ihnen insbesondere die Schule der Mu'taziliten, die Koranexegese der Mystiker und schließlich die schiitische Hermeneutik mit ihren zahlreichen Varianten, die mit der Mu'tazila einerseits und dem Sufismus andererseits häufig in Wechselbeziehung standen. Etwa seit dem 10. oder 11. Jahrhundert gewannen jedoch jene Interpreten zunehmend an Gewicht, die sich gar nicht als Interpreten verstanden, sondern auf der wortwörtlichen Bedeutung jedes Verses beharrten. Der Kuran sei das Wort Gottes, also sei jeder Buchstabe von Gott herabgesandt, und mithin gelte ausschließlich die wortwörtliche Bedeutung. Die Interpretation als solche wird ausdrücklich abgelehnt. So heißt es in einem berühmt gewordenen Satz des Rechtsgelehrten Ibn Hanbal, in dem es darum geht, dass Gott dem Koran zufolge auf seinem Thron sitzt, ist bekannt, das Wie ist unbekannt und darüber zu reden ist eine unzulässige Neuerung.

Die hanbalitisch oder, wie man sie auch nennt, salafitische Linie der Koranexegese blieb bis in die Neuzeit vorherrschend, und zwar vor allem in ihrer Ausgestaltung durch Ibn Taimiyya. Dieser auf seine Weise aufrichtige Gelehrte hatte sich vehement gegen die Scholastik, die Mystik sowie die Schia gewandt und eine schlichte Religiosität gefordert. Von den Herrschern seiner Zeit verlangte er, dass sämtliche ihrer Maßnahmen mit der Scharia in Einklang zu stehen hätten, weshalb er regelmäßig in Konflikt mit der Staatsmacht geriet. Er wurde mehrfach verhaftet und starb 1328 im Gefängnis von Damaskus. Man hatte ihm zum Schluss nicht einmal mehr Tinte und Papier gelassen. Ibn Taimiyyas Werke wurden durch seinen Nachfolger Ibn Qayyim al-Dschauziyya popularisiert und im 18. Jahrhundert von Abd al-Wahhab in eine ideologische Form gegossen, die wiederum Ibn Saud als Grundlage diente, um die Stämme der Arabischen Halbinsel zu vereinen und die saudische Vorherrschaft zu etablieren. Bis heute berufen sich alle Saudis offiziell auf die wahabitische Auslegung der Religion. Diese Linie der muslimischen Gelehrsamkeit, die man deshalb salafitische nennt, weil sie die Wahrheit in der Vergangenheit beziehungsweise bei den Altvordern sucht (von salaf, ›Vorfahre‹), wurde im Laufe der Jahrhunderte immer dominanter. Hingegen hatte die sufische Exegese vor allem zur Dichtung Zuflucht genommen. Nicht nur die Gedichte Ibn Arabis, sondern auch die Werke des großen mystischen Dichters Ibn al-Farid sind Resonanzen und Exegesen des Korans.«

Aus: Nasr Hamid Abu Zaid, Ein Leben mit dem Islam, Herder Verlag, Freiburg 1999, S. 103–105.

Kuran: Einige Lesehilfen
Fremd, sehr fremd erscheint jedem der Kuran, der ihn zum ersten Mal aufschlägt und darin liest.

Im Grunde sollte der Leser bereits vorab über den Kuran und die Grundzüge des Islam informiert sein, aber selbst wenn er sich darum bemüht hat, erscheint ihm die Lektüre nicht nur fremd; sein erstes Empfinden ist häufig: der Text ist zunächst schwer zugänglich, ja regelrecht abweisend! Das ändert sich aber grundlegend mit dem Hineinlesen. Den eigentlichen Genuss kann aber nur der empfinden, der einer Kuranrezitation in der arabischen Sprache folgen kann.

Was man nicht erwarten darf:
- Größere zusammenhängende Textpassagen.
- Ausladende Erzählungen.
- Gegliederte Lehrbuch-Kapitel.
- Unterschiedliche Textsorten und Stilarten.

Was man berücksichtigten soll:
- Es sind ausschließlich Rezitationen Muhammads.
- Der konkrete Anlass und die historische Situation werden selten genannt.
- Der Sprechende ist immer der Erzengel Dschibrail (Gabriel).

Friedrich Rückert und das Problem der Kuranübersetzung

Der Islam wendet sich an *alle* Menschen, denn zu Muhammad spricht Dschibrail: »... wir entsandten dich zur gesamten Menschheit als einen Freudenboten und Warner« (34,27). Deshalb muss es selbstverständlich sein, dass die heiligen Texte auch für alle zugänglich sind. Natürlich kann man den Kuran in jede beliebige Sprache übersetzen. Aber: ein in eine andere Sprache übersetzter Kuran ist nach Ansicht der Muslime eben nicht mehr *der* Kuran, wie genau sich der Übersetzer auch immer an das Original gehalten haben mag. Zum Wesen des wirklichen Kuran gehört die arabische Sprache.

Übersetzung eines anspruchsvollen Textes in eine fremde Sprache ist immer nur Annäherung und Kompromiss, weil in der anderen Sprache oft Bedeutungs- und Wortfelder unterschiedlich sind. Dabei ist dieses Problem bei so nahe verwandten Sprachen wie Deutsch, Englisch, Französisch, Italienisch oder Spanisch noch vergleichsweise gering. Zu Sprachen anderer Kulturkreise sind dagegen die Abstände mitunter so groß, dass selbst einfache Texte aus dem Alltagsleben oft nur annäherungsweise oder mit komplizierten Umschreibungen übersetzbar sind. Und auch dann bleiben – häufig genug – noch immer Missdeutungsmöglichkeiten bestehen.

Die Übersetzung poetischer Werke ist ungleich schwieriger. Der poetische Reiz, die sprachliche Schönheit der Worte, die mitschwingenden Gefühle können kaum in eine andere Sprache übertragen werden. Geniale Übersetzer, die sich in der einen wie in der anderen Sprache gleichermaßen zu Hause fühlen, schaffen von Texten, an denen ihnen gelegen ist, zuweilen Nachdichtungen, die dem Rang des Originals gleichkommen, sich dann aber oft mehr oder weniger weit vom wortgenauen Urtext entfernen.

Einer der ersten deutschen Kuranübersetzer sah sich vor eben dieses Problem gestellt: Friedrich Rückert (1788–1866), Professor für morgenländische Sprachen in Erlangen und Berlin. Als empfindsamer Dichter war er weithin bekannt: Die Gedichte *Du bist die Ruh* und *Mit vierzig Jahren* finden sich heute noch in Gedichtssammlungen. Aber auch zum Evangelischen Gesangbuch hat Rückert das Weihnachtslied *Dein König kommt in nidern Hüllen* (EG 14) beigetragen.

Rückert hatte nicht nur ein ausgeprägtes Gefühl für seine eigene deutsche Sprache, sondern auch für die von ihm als Hochschullehrer vermittelten orientalischen Sprachen Persisch und Arabisch. Und da die Sprache und die aus ihr entwickelten Formen der Dichtung in ganz besonderem Maße Ausdruck einer Kultur sind, war es für ihn ein dringendes Anliegen, aus der immensen Fülle der orientalischen Literatur wenigstens einige der bedeutendsten Werke so ins Deutsche zu übertragen, dass deren sprachlicher Reiz und die für das Persische und Arabische so typischen eigenen Versformen in der deutschen Version so weit wie möglich erhalten blieben. Zu erwähnen sind hier vor allem:
- seine Makamen des »Hariri« – *Makame* nennt man eine Erzählung in Strophenform, die mit witzigen Anspielungen durchsetzt ist, Hariri heißt »Seidenhändler« und ist hier der Name eines arabischen Dichters,
- seine Übersetzung des persischen Mystikers *Dschelaleddin Rumi* und
- seine Übertragungen der Werke des von Goethe so verehrten persischen Dichters Hafiz ins Deutsche.

Was Rückert mit diesen Nachdichtungen erreicht hat, ist kaum zu ermessen und wurde auch von Goethe in seinem West-Östlichen Divan nicht übertroffen. Auf sein größtes Wagnis ließ sich Rückert aber mit seinem Versuch ein, den Kuran, das herausragendste Werk der arabischen Literatur, in dieser Weise ins Deutsche zu übertragen.

Trotz allen Respektes vor der Autorität des Wortes hatte der Christ Rückert sicherlich ein unbefangeneres Verhältnis zum inhaltlichen Aspekt dieses Buches als ein gläubiger Muslim. Er kannte aber sehr wohl – ebenso wie ein gebildeter Orientale – den ganz außergewöhnlichen literarischen Rang des Kurans. Seinem Ziel, den Geist dieses Werkes in der Übersetzung sichtbar werden zu lassen, musste er manche verbale Exaktheiten opfern, so dass strenggläubige Muslime und Kuranwissenschaftler in Rückerts Werk *den* Kuran nicht wiedererkennen wollen oder können.

So brachte ihm diese Arbeit außer großer Anerkennung auch viel Kritik ein. Dennoch ist Rückerts Kuranübertragung bis heute etwas Besonderes geblieben, weil sie »den ästhetischen Reiz, die poetische Kraft und die sprachliche Schönheit des Originals erkennen lässt« (Annemarie Schimmel).

Natürlich sind der Rückert'schen Übersetzung des Kuran ins Deutsche noch viele andere gefolgt. Sie sind um größtmögliche inhaltliche Gewissenhaftigkeit bemüht. Dennoch – oder gerade deshalb – enthalten sie viele sprachliche Unklarheiten oder Missdeutungsmöglichkeiten, die in umständlichen Fußnoten oder Anmerkungen abgehandelt werden müssen und damit den Fluss des Textes erheblich stören.

Man kann es angesichts dieser Schwierigkeiten also schon verstehen, dass Muslime nur den arabischen Originaltext als *ihren* Kuran betrachten.

Zum Vergleich: Die Bibel

Wichtige Ergebnisse der historisch-kritischen Bibelauslegung
Die Entstehung der Bibel hat sehr lange gedauert. Zuerst sind viele Geschichten, Lieder, Gebete, Lebensregeln und verbindliche Weisungen mündlich von einer Generation zur nächsten weitergegeben und später, in verschiedenen Regionen des Vorderen Orients, gesammelt worden. Die unterschiedlichen Elemente sind in eine relative Chronologie eingefügt, erweitert, umgeschrieben, redaktionell bearbeitet und schließlich zu den biblischen Büchern zusammengefügt worden, die wir heute kennen.

Deshalb ist die Bibel kein Geschichtsbuch, sondern eine Texte-Sammlung, eine regelrechte Bibliothek, deren Entstehungszeitraum heute auf über mehr als 1000 Jahre geschätzt wird. Alle diese Bücher zusammen bilden den so genannten Kanon.

Der alttestamentliche Kanon
Kanon ist griechisch und bedeutet »Richtscheit« zur Herstellung ebener Flächen und seit Aristoteles auch »Richtschnur«, jene Schnur, die beim Bau von Mauern benötigt wird, nach der sich der Maurer zu richten hat, um zu einem gerade ausgerichteten Bauwerk zu kommen.

Um den hebräischen Kanon, den ersten Teil der Bibel, herum gibt es eine Reihe von Büchern, die in protestantischen Bibelausgaben nicht als kanonisch angesehen werden: 1. und 2. Makkabäer, Judit, Tobit, Jesus Sirach und das Buch der Weisheit. Auch das Neue Testament stellt eine Auswahl ur- und frühchristlicher Literatur dar.

Hier stoßen wir auf das Problem des biblischen Kanons, um den herum sich also noch viele nicht-kanonische Schriften lagern, der aber ohne diesen »Außenring« historisch nicht verstehbar ist.

Unter Kanon versteht man eine »Sammlung von Schriften, welche aufgrund bestimmter Kriterien für das Judentum und die christlichen Kirchen als verbindlich gelten«* und somit auch Abgrenzungen ermöglichen. Kanon bedeutet also eine literarische und ethische Norm. Der Prozess der Kanonisierung der alttestamentlichen Schriften ist rein literarisch heute kaum noch nachvollziehbar, vor allem für den Zeitraum zwischen dem sechsten und dem zweiten Jahrhundert vor Christus. Die religiöse Voraussetzung ist, dass Menschen im Auftrag und in der Legitimation Gottes sprachen und diese Worte als prophetische, priesterliche oder rechtliche Weisung gaben. Die geschichtliche Voraussetzung ist, dass Israels Identität immer wieder bedroht war und dass deswegen ein großes Bedürfnis nach Identitätserhalt über heilige Schriften bestand. Besonders einschneidend und auf den Prozess der Kanonbildung katalytisch einflussnehmend war die Eroberung Jerusalems im Jahre 587 v. Chr. und das Ende des Staates Juda unter babylonischer Fremdherrschaft. Die Bewältigung dieser politischen, religiösen und sozialen Katastrophe im Exil geschah durch den bewussten Rückgriff auf die normativen Texte der vorexilischen Zeit und deren Uminterpretation und Erweiterung auf die neue Situation. In der deuteronomistischen und chronistischen Schule wurden die alten Texte geschichtstheologisch interpretiert; die Rechtsüberlieferung wurde

---
* Siehe Artikel Bibel I (Die Entstehung des Alten Testaments als Kanon) von Gunther Wanke, in: TRE 6, 1980, S. 1–8.

entsprechend von der exilisch-priesterlichen Tradition bearbeitet. »Damit rückte die gesamte Überlieferung in das Zentrum des Glaubens der Israeliten. Die Erfahrung der identitätsbewahrenden Funktion der Überlieferung war der Ansatz zur Kanonisierung der Tradition, und das nunmehr unverzichtbare Interesse an ihrer Sicherung der entscheidende Anstoß zu ihrer endgültigen Verschriftlichung.«* In der persischen Zeit verpflichtete Esra die Heimkehrer auf die Tora, die fortan Symbol für die Identität des jüdischen Volkes war. Eschatologische Kreise suchten die Identität in der prophetischen Überlieferung, die nun auch schriftlich fixiert wurde sowie in der Erwartung einer endzeitlich anbrechenden Gottesherrschaft. Diese beiden Linien im Kanonisierungsprozess brachten die spätere Einteilung des Ersten Testaments in Tora, Propheten und Schriften mit sich.

Auf der Synode von Jamnia (in Israel, südliche Küstenebene) legten – nach der Meinung vieler Forscher – schließlich im Jahr 90 n.Chr. 72 berühmte rabbinische Gelehrte den Kanon so fest, wie er bis zum heutigen Tag gilt.

Im Judentum
Im rabbinischen Judentum gibt es den Begriff Kanon nicht, dort wird von *kitbe qodesch* gesprochen (heilige Schriften). Als Kriterium für die Kanonizität gilt: Es muss klar sein, dass die Schriften aus der Zeit der Propheten und von inspirierten Schriftstellern stammen (22 Bücher); ihr Wortlaut ist festgelegt, und ihnen kommt der Charakter der Heiligkeit zu: Originalität, Inspiration und Heiligkeit sind also rabbinische Kriterien des Kanons, dem somit Offenbarungsqualität zukommt. »Er wird als Quelle aller Einsichten verstanden, die sich auf Leben und Existenz der Menschen im Angesicht Gottes beziehen, und zwar sowohl was den Ermöglichungsgrund solcher Existenz ... als auch was die Gestaltung solcher Existenz ... betrifft. Damit kommt dem Kanon zunächst eine indikativische und eine normative Funktion zu.«**

Das Neue Testament
Die Phase der mündlichen Überlieferung der Jesus-Worte und Berichte erstreckte sich über drei bis vier Jahrzehnte, bis zu ihrer Verschriftlichung in den synoptischen Evangelien. Diese Jahre waren für die junge Christenheit prägend, und die besonderen Verhältnisse dieser Zeit haben auch die Jesusüberlieferung geprägt. Historisch-kritische Forschung, insbesondere Form- und Traditionsgeschichte, versuchen dies zu erhellen. Einerseits, wenn es bei den Einzelüberlieferungen gelingt, den »Sitz im Leben« der Urgemeinden zu bestimmen, erweitert sich die Kenntnis über diese Gruppierungen, und zum andern wird klarer, was der historische Jesus wirklich gesagt und gewollt hat.

Die ersten schriftlichen Dokumente der jungen Christenheit sind die Briefe des Apostels Paulus.

Die Entstehung des neutestamentlichen Kanons erstreckte sich über mehrere Jahrhunderte und der Versuch, die Auswahl und damit die Anzahl der christlichen Schriften der Bibel endgültig festzulegen, war mit erheblichen Schwierigkeiten verbunden. Als man sich an diese Arbeit machte, war der zeitliche Abstand zum neutestamentlichen Geschehen eigentlich schon viel zu groß geworden. So konnte nicht ausbleiben, dass einzelne Bücher des Neuen

---
* Ebd., S. 3.
** Ebd., S. 2.

Testaments in der Kritik blieben. So urteilte Martin Luther zum Beispiel über den Jakobusbrief, er sei eine »recht stroherne Epistel«.

Reformation
Die Reformatoren des 16. Jahrhunderts betonten gegen die Auslegungstradition der alten und mittelalterlichen Kirche, dass die Bibel als Schrift Gottes Wort sei. Es begann die Suche nach dem, was man den »inneren Kanon« nennt, nämlich nach der »Biblischen Theologie«. Diese Aufgabe ist eine doppelte: einmal muss die Bibel als Produkt konkreter Menschen in Zeit und Raum verstanden werden, andererseits ist sie als Gottes Wort zu verstehen, d.h. als eine erzählte Geschichte menschlicher Erfahrungen mit Gott bzw. im Umgang mit Transzendenz. Deswegen ist die Bibel für Christen Heilige Schrift, die ausgelegt werden *muss* für die jeweilige Zeitgenossenschaft.

Fundamentalismus
Dieses Wort ist für viele, die diese Einstellung teilen, nicht negativ besetzt. Sie wissen ihren Glauben auf festem Grund aufgebaut, und zum soliden Gebäude gehört eben ein starkes Fundament, die Bibel.

Die Bibel ist für sie verbal inspiriert, also vom Heiligen Geist Wort für Wort den Propheten und Evangelisten eingegeben. Die Bibel irrt nirgendwo und nie. Irrtümer und Fehler beinhaltet sie nicht, es ist der menschliche, sündige Verstand, der zur wahren Erkenntnis unfähig ist. Historisch-kritische Forschung wird deshalb als Sünde bezeichnet.

Aus dieser Einstellung erwächst häufig eine strikte Ablehnung anderer Religionen, verbunden mit einem ausgeprägten Sendungsbewusstsein, das eigene Gedankengut, die eigenen Wertvorstellungen zu verbreiten.

Allahu akbar!

Der Satz, den man im Orient am häufigsten hört: Allahu akbar! Jeder Adhan, also jeder Gebetsruf, beginnt damit. Es ist aber auch der Satz, der im Deutschen wohl am häufigsten falsch wiedergegeben wird, denn richtig übersetzt lautet er: Gott ist größer! ... und nicht: »Gott ist groß«, wie die meisten Leute meinen. Gott ist größer als alle Sorgen, alle Freuden, größer als alles, was Menschen widerfahren kann. Es gibt nur einen Gott und nur eine Welt, die aber gehört Allah. »Allah« ist nicht die besondere Bezeichnung oder der Name des Gottes der Muslime. Allah ist Gott der Juden, Christen und Muslime gleichermaßen! Wenn man den Ausdruck wörtlich ins Deutsche übersetzt, so heißt er: der Gott, also mit Artikel.

Vor kaum mehr als sechzig Jahren lebten die Angehörigen der drei Religionen in meist friedlicher Koexistenz in fast allen großen Städten des Orients. Und diese Angehörigen der drei monotheistischen Religionen beteten gleichzeitig zum selben Gott und respektieren, dass jeder dies auf seine Weise tut.

Noch heute kann man in Jerusalems Altstadt und auch in Damaskus fast gleichzeitig die Kirchenglocken läuten hören und den Muazzin vernehmen, der den Muslimen das Allahu akbar zuruft. Und in den engen Gassen eilen gläubige Juden in die Synagoge.

Aber in den meisten großen Städten leben heute keine Juden mehr und nur noch verschwindend kleine christliche Minderheiten: ein Ergebnis von entsetzlichen Verfolgungen und Vertreibungen, die im letzten Jahrhundert über die Menschen gekommen sind.

Abb. 26: Blick auf die große Moschee von Sana'a

Abb. 27: »walidatu allah«

Mutter Gottes – Walidatu Allah

Wenn arabische Christen in ihrer Muttersprache singen, beten oder predigen, sagen sie, wenn sie von Gott reden, »Allah«. Als Beispiel hierfür dient das abgedruckte Ave-Maria aus der christlich-arabischen Kirche in Homs (Syrien), der Marienkirche Om al-Zenar:

> Gegrüßet seist Du, Maria,
> voll der Gnade,
> der Herr ist mit Dir.
> Du bist gebenedeit unter den Frauen,
> und gebenedeit ist die Frucht Deines Leibes, Jesus.
> Heilige Maria, *Mutter Gottes*,
> bitte für uns Sünder jetzt und in der Stunde unseres Todes. Amen.

Abb. 28: Aus einem Flyer der Kirche Om al-Zenar

Aufgabe:
1. Recherchieren Sie im Internet zu »Om al-Zenar«.
2. Zeigen Sie, welche Aussagen des »Ave Maria« orthodoxe Muslime anstößig finden. Begründen Sie Ihre Darlegungen.

Die Gebetsanrede Rabb 'Isa (Jesua') – Herr Jesus

»Petrus sagte zu Jesus: *Rabbi*, es ist gut, dass wir hier sind. Wir wollen drei Hütten bauen ...« (Markus 9,5).

Man sprach Aramäisch, aber die Kultsprache war immer noch das alte Hebräisch der Bibel; und »Rabbi« ist hebräisch.

Jüngerinnen und Jünger, Menschen, die ihn kannten und achteten, aber auch jene, die ihn kannten und auf Distanz zu ihm gegangen waren, alle redeten sie Jesus mit »Rabbi« an; dies ist die Anrede der anerkannten Schriftgelehrten der jüdischen Gemeinschaft bis zum heutigen Tag. Des Rabbiners wichtigste Aufgabe ist das Lehren, die Auslegung der Tora, was im Bet Knesset, dem Haus der Versammlung, geschieht. Griechisch Sprechende nannten diesen Ort »Synagoge«.

Im Neuen Testament, das in Griechisch verfasst ist, steht deshalb z.B. auch: Jesus und seine frisch berufenen Jünger »kamen nach Kapernaum. Am folgenden Sabbat ging er in die Synagoge und lehrte« (Markus 1,21).

In den Evangelien wird für das hebräische »Rabbi« häufig die griechische Anrede »didaskale!« verwendet, »Lehrer!«, und in den gängigen Übersetzungen liest man an diesen Stellen »Meister!«

Der hebräische Ausdruck Rabbi besteht aus zwei Wörtern:
☐ *Rabb*, Lehrer, Meister, immer mit der Konnotation »groß, Größe« und
☐ dem langen – *i* – am Ende. Dieses Suffix ist ein Possessivpronomen: »mein«.
Die genaue Übersetzung lautet deshalb: »Mein Lehrer!«, »Mein Meister!«.

Arabisch und Hebräisch sind eng miteinander verwandte semitische Sprachen. Sehr viele Wörter stammen aus der selben Sprachwurzel, klingen gleich und besitzen in vielen Fällen identische Bedeutungen.

Wenn arabische Christen beten, sprechen sie sehr häufig die Wörter »rabb 'isa« oder »rabb jesua'«. Deshalb liegt die Annahme nahe, dass sie, wenn sie Jesus so anreden, an das oben Erklärte denken, an Jesus, der die Menschen gelehrt hat. Sicher schwingt das häufig mit.

Aber das Eigentliche wird oft vergessen oder unterschlagen. Arabische Christen sind Mitglieder uralter Kirchen. Diese sind viel älter als die Kirchen der Reformation, so alt, wie die Römisch Katholische Kirche – und genauso ehrwürdig.

In diesen Kirchen wurde das Christentum entscheidend mitgeprägt, und viele ihrer Mitglieder dort sind stolz auf ihre große Vergangenheit, in der die zentralen Aussagen über Jesus erarbeitet wurden, die bis heute das Fundament des Glaubens bilden.

Wer war er, dieser *Rabb* aus Nazareth, fragten sich damals die Menschen, und jene, die an seiner Göttlichkeit nicht zweifelten, beteten: »Sohn Gottes!«. Sie suchten nach Ausdrücken, die seine Bedeutung aus der Bibel ableiten konnten, und nannten ihn Messias, ins Griechische übersetzt *Christos*, der zum König Gesalbte. Sie nannten ihn Heiland wegen seiner rettenden Liebe, die sie verspürt hatten, und fanden noch einige Titel mehr, denn darüber waren sie sich im Klaren: ein einziger Titel kann das Geheimnis Jesu nicht in Worte fassen.

Und für Größe und Mächtigkeit stand das Wort »kyrios«, »Herr«, wie die Griechen ihre Könige ehrfürchtig ansprachen, was zur gängigsten Gebetsanrede der Christenheit wurde.

»My Lord« klingt es deshalb im Englischen, »Mon Seigneur« bei den Franzosen, Deutsche sprechen: »Herr Jesus« und die Araber »rabb 'isa«.

»Man sollte bei euch die Geschichte der christlichen Dogmen ein wenig besser studieren, auch ein bisschen besser arabisch sollten man lernen, dann würden schon die Feinheiten dieser Zusammenhänge sich erschließen«, meinte mein Freund Audeh Rantisi, der Pfarrer aus Ramallah, als ich ihn nach *rabb 'isa*, der Gebetsanrede, fragte.

Also: »Rabb 'isa« ist eindeutig eine christliche Redewendung. Muslime, auch wenn sie Jesus sehr hoch achten, können sie nicht verwenden.

Gott – Allah

»Gott ist das Licht der Himmel und der Erde« (24, 35).

Die Gotteslehre ist Zentrum muslimischer Theologie. Hier einige ihrer wichtigsten Aussagen:

Gott ist der Eine, der Einzige
»Ich bekenne, es gibt keinen Gott außer Gott.
Und ich bekenne, dass Muhammad Gottes Gesandter ist.«
Er ist der eine, einzige, nur diese Aussage macht das Glaubensbekenntnis, die *Schahada*, über Gott. Es ist die wichtigste Aussage und sie wendet sich vor allem gegen den Polytheismus.
Aber auch die Christen mit ihrer Trinitätslehre – »polytheismusverdächtig!« – sind nach dem Kuran nicht über alle Zweifel erhaben: »Wahrlich, ungläubig sind, die da sprechen: ›Siehe, Allah ist ein dritter von drei‹. Aber es gibt keinen Gott, nur einen einigen Gott« (5,77). Denn: »Nicht ist der Messias (Jesus), der Sohn der Maria, etwas anderes als ein Gesandter« (5,79).

Gott ist der Ewige
Sure 112 erweitert die Aussage der Einzigkeit:
»Sprich: Er ist der eine Gott, der ewige Gott;
Er zeugt nicht und wird nicht gezeugt,
Und keiner ist ihm gleich.«

Gott ist der Schöpfer und Erhalter
In sechs Tagen hat Gott die Himmel und die Erde erschaffen.
»Erschaffen hat Allah die Himmel und die Erde in Wahrheit« (11,7). Auch die Menschen sind seine Geschöpfe (23,12). Und alles, was ihnen das Leben ermöglicht und erhält, ist sein Geschenk (16,82f). Die erste und wichtigste Reaktion der Menschen darauf, sagt der Kuran, ist die Dankbarkeit: »(Gott) gab euch Gehör und Gesicht und Herzen, auf dass ihr dankbar wäret« (16,80).

Gott ist der Allmächtige
»Sprich: Uns wird nur das treffen, was Gott für uns bestimmt hat« (9,51). Dieser Glaube an die allumfassende Vorherbestimmung Gottes hat große Auswirkungen auf die Lebensführung der Muslime und findet in der besonderen Anthropologie der muslimischen Theologen und Philosophen seine Ausformung (s. S. 141).
Gott zeigt verschiedene Wege und der Mensch soll bestimmen, welcher für ihn der richtige ist. Damit will Gott den Menschen die Möglichkeit eröffnen, selbst zu entscheiden. Er setzt sie dabei nicht unter Druck: »Wer Gutes tut, tut es zu seinem eigenen Vorteil. Und wer Böses tut, tut es zu seinem eigenen Schaden. Und dein Herr tut den Dienern kein Unrecht« (41,46).

Gott ist der Richter
Beim Jüngsten Gericht werden alle Menschen vor ihrem Richter erscheinen. Dann werden sie beurteilt werden nach dem, was über sie im Buch geschrie-

ben steht. Die Engel unterstützen Gott bei der Vorbereitung und Durchführung des Gerichts. Sie werden auch die Urteile vollstrecken (82,10–19).

Ein Hauptanliegen muslimischer Theologie ist, Gottes Transzendenz zu betonen und möglichst alle Anthopomorphismen zu vermeiden. Aus diesem Grunde wird Gott auch nicht »Vater« genannt und auch nicht »Liebe«.
Gott ist undefinierbar, denn er ist überall (2,115).

Gottes 99 schönste Namen

Abb. 29: *Gottes 99 schönste Namen*

Zur Analyse dieser Namen Gottes kann man sich an folgender unvollständiger Gruppierung orientieren:
7 bezeichnen die Einheit und Absolutheit Gottes.
5 beziehen sich auf seine Schöpfertätigkeit.
36 bezeichnen seine Macht und Souveränität.
4 bezeichnen seine Rolle als sittliche Norm und als Richter.
5 beziehen sich auf seine Strenge und Strafe.
24 beziehen sich auf seine Barmherzigkeit und Gnade.
Hier nun die Liste der schönsten Namen Gottes:

GOTT
Der Erbarmer, der Barmherzige.
Der König, der Heilige, der Inbegriff des Friedens.
Der Stifter der Sicherheit, der alles fest in der Hand hat.
Der Gewaltige, der Stolze.
Der Schöpfer, der Erschaffer, der Bildner (59,22–24).
Der voller Vergebung ist (38,66; 39,5; 40,42 …).
Der bezwingende Macht besitzt (12,39; 13,16; 14,48 …).
Der Freigiebige (3,8; 38,9.35), der Unterhalt beschert (51,58).
Der wahrhaft richtet, der Bescheid weiß (34,26).
Der bemessen zuteilt, der großzügig zuteilt (2,245).
Der niedrig macht, der erhöht (56,3).

Der Macht verleiht, der erniedrigt (3,26).
Der alles hört, der alles sieht (17,1; 40,20.56 …).
Der Richter, der Gerechte.
Der Feinfühlige, der Kenntnis von allem hat (6,103; 21,63 …).
Der Langmütige (3,105 …), der Majestätische (2,255).
Der voller Vergebung ist, der sich erkenntlich zeigt (35,30.34; 42,11 …).
Der Hocherhabene, der Große.
Der Hüter (11,57; 34,21), der alle Dinge umsorgt und überwacht (4,85), der abrechnet (4,6.68; 33,39).
Der Erhabene, der Ehrwürdige (55,27.78).
Der Wächter, der bereit ist zu erhören (11,61).
Der alles umfasst, der Weise (4,130).
Der Liebevolle (11,90; 85,14), der der Ehre würdig ist (11,73).
Der wiedererweckt.
Der Zeuge, der Wahrhaftige, der Sachwalter.
Der Starke, der Feste.
Der Freund, der des Lobes würdig ist, der (alles) erfasst.
Der (die Schöpfung) am Anfang macht, der (sie) wiederholt (85,13; 10,4.34 …).
Der lebendig macht, der sterben lässt (3,156; 15,23 …).
Der Lebendige, der Beständige (3,2).
Der ins Dasein ruft, der Hochgelobte.
Der Eine, der Undurchdringliche (112,2).
Der Mächtige, der Allmächtige.
Der (die Dinge) vorausschickt, der (sie) zurückstellt.
Der Erste, der Letzte, der Sichtbare, der Verborgene (57,3).
Der Schutzherr (13,11).
Der Transzendente (13,9).
Der Gütige.
Der sich gnädig zuwendet (2,37.54.128 …).
Der sich rächt (32,22; 43,41 …).
Der voller Verzeihung ist (4,43.99.149 …), der Mitleid hat (2,143; 24,20 …).
Der über die Königsherrschaft verfügt (3,26).
Der Erhabenheit und Ehrwürdigkeit besitzt (55,27.78).
Der gerecht handelt, der versammelt.
Der auf niemanden angewiesen ist (2,263; 10,68 …), der reich macht.
Der (die Dinge) abwehrt (oder: Der Schutz gewährt).
Der Schaden bringt, der Nutzen bringt.
Das Licht, der rechtleitet.
Der Schöpfer ohnegleichen (2,117; 6,101).
Der Bestand hat, der alles erbt (15,23).
Der den rechten Weg weist (oder: Der zum rechten Wandel führt).
Der voller Geduld ist.

Übersetzung aus A.Th. Khoury, Der Islam, Freiburg ⁵1998, S. 111f.

Misbaha

Abb. 30: Misbaha

Die Misbaha baumelt am Rückspiegel des vorbeischleichenden Taxis. Der Alte am Straßenrand, der den Verkehr beobachtet, er hält eine in seiner Hand und der fremde Herr, am Tischchen neben mir, zieht seine gerade aus der Jackentasche. 33 Kugeln aus Olivenholz sind aufgereiht auf diesen Rosenkranz und eine größere dazu. Wenn der Muslim diese größere zwischen den Fingern hält, murmelt er oder betet ganz leise: »Ja Allah!« »Ja« ist Anrede, ins Deutsche in diesem Zusammenhang nicht übersetzbar. Und dann folgt mit jeder der 33 Kugeln einer der »schönsten Namen«. Wer die nicht auswendig, in der richtigen Reihenfolge kennt, murmelt »Allahu akbar« oder spricht leise die Basmala und meint damit den entsprechenden Namen. Drei Mal hintereinander wird er die Misbaha-Perlen durch seine Hand gleiten lassen, bis alle 99 Namen gebetet sind. Eigentlich sind es keine Namen. Es sind Prädikate, also Eigenschaften Gottes, die sich im Kuran über viele Suren verstreut finden. ... und ich entdecke mich dabei, wie ich mit meinem Tässchen spiele, in dem der Kaffee so wundervoll nach Kardamom duftet.

Abb. 31: Zu allen Zeiten der islamischen Geschichte haben Kalligrafen den Namen Allahs als wichtigstes Thema ihrer Kunst verstanden. Die Übersetzung der Kalligrafie lautet: Es gibt keinen Gott außer Gott, Er ist der Wahrhaftige, der Aufrichtige, der Bezwinger.

GOTT – ALLAH

DIE PROPHETEN

Gott hat die Welt erschaffen: »Erschaffen hat Allah die Himmel und die Erde in Wahrheit; siehe hierin ist ein Zeichen für die Gläubigen.« (25,43)

Die Menschen sind seine bevorzugten Geschöpfe: »… wir zeichneten die Kinder Adams aus und trugen sie zu Land und Meer und versorgten sie mit guten Dingen und bevorzugten sie hoch vor vielen unserer Geschöpfe.« (17,72)

»Bin ich nicht euer Herr?« fragt Gott in der Sure 7,142, und die Menschen antworten: »Ja, wir bezeugen es!« – damit ist der Islam von Anfang an in die Menschen hineingegeben und der Gehorsam wird zur Pflicht. Die Menschen könnten den Willen Gottes einhalten, wenn sie sich nicht verführen lassen würden. Aber sie lassen sich immer wieder ablenken vom Guten. Deshalb schickt Gott in alle Völker Propheten, um die Menschen immer wieder aufs Neue an seinen Willen zu erinnern: »… es gibt kein Volk, in dem nicht ein Warner gelebt hätte.« (35,22) Alle diese Warner erleben Ähnliches: sie finden kein Gehör, sie werden angefeindet, verfolgt, müssen leiden, sind am Ende durch Gottes Hilfe erfolgreich, denn sie erhalten die Erlaubnis, Zeichen und Wunder zu tun, als Beweis für die Göttlichkeit ihrer Botschaft.

Viele Propheten sind gesandt worden. Die größten, wichtigsten sechs waren Adam, Noah, Abraham, Moses, Jesus und Muhammad, mit dem Gott seinen Willen endgültig besiegelte (33,40).

Der Terminus »Prophet« ist im Islam anders definiert als im Christentum. Die biblischen Gestalten Adam, Noah, Abraham, Moses und Jesus zählen nach dem christlichen Allgemeinverständnis und nach der christlichen Theologie nicht zu den Propheten. Propheten waren z.B. Elia, Amos, Jeremia oder Hesekiel.

Die historisch-kritische Betrachtungsweise des Kuran ist im Islam weithin unbekannt – oder verboten. Deshalb sind alle islamischen Propheten für die Muslime historische Personen. Und wenn die biblischen Traditionen und die des Kuran nicht übereinstimmen, sind grundsätzlich die kuranischen richtig.

Exkurs: Zur biblischen Prophetie

Prophetie ist nicht nur ein israelitisches, sondern ein altorientalisches Phänomen im Bereich des kleinasiatischen, syrisch-phönizischen oder israelitischen Raumes. In der israelitischen Geschichte ist das Auftreten der Prophetie mit dem Erstarken der Stadtkultur verbunden, die ihrerseits eine Verbindung zur Institution des Königtums erkennen lässt, denn die ersten Propheten treten in der Zeit Davids und der Davidsdynastie auf. Meist waren diese Personen Ekstatiker und wurden Nabi genannt.

Propheten und Prophetinnen sind Menschen, die von Gott durch eine göttliche Offenbarung berufen worden sind, Gottes Wort auszulegen und in bestimmten gesellschaftlichen und kultischen Kontexten mit Bezug auf die Tora kritisch gegen gesellschaftliche Missstände Stellung zu nehmen. Die Prophetin oder der Prophet werden zu einer Art Sprachrohr Gottes und bleiben so an Gottes Wort unmittelbar gebunden (Jer 1,7.11.19; Sach 1,1ff). Die kritische Botschaft des Wortes Gottes ist gegen Einzelne oder die ganze israelitische Gesellschaft gerichtet. Das prophetische Wort muss jedoch nicht nur kritisieren, sondern kann auch ermutigen, trösten, Heil ansagen, ist aber immer Ansage des Wortes Gottes in eine konkrete bestimmte gesellschaftliche Situation und an bestimmte Adressaten gerichtet, also keineswegs zeitlos. Neben der direkten Wortoffenbarung kann sich das Wort Gottes auch in Träumen, Visionen, Auditionen mitteilen (Num 12,6; Dan 1,17; Joel 3,1; Gen 46,2; Dan 2,19; 7,1; Sach 1,7ff; 1.Kön 22,19–23; Jes 1,1; Jer 1,11–19; Ez 37,1–14; Am 7,1–9; 8,1–3;). Oft kommen zum Wort auch symbolische Zeichenhandlungen, die das Wort versinnbildlichen.

Der Auftrag der Prophetinnen und Propheten besteht darin, neben der Torawirklichkeit auch bestimme konkrete Weisungen für das jetzt geforderte Handeln und Entscheiden zu geben. Die von Gott berufenen Prophetinnen und Propheten unterscheiden sich von so genannten »Berufspropheten« an Heiligtümern und Königshäusern durch ihre unmittelbare Bindung an Gott immer aufgrund einer erfahrenen Berufung (Jes 6; Jer 1,4ff; Ez 1f; Hos 1,2ff; Am 3,3–8); sie sind somit nicht instrumentalisierbar für die jeweiligen Interessen gesellschaftlicher Eliten oder der jeweiligen Könige und deren Politik. Die echten Propheten sehen die Unvereinbarkeit gesellschaftlicher Unterdrückungszustände und Unfreiheit mit dem Wort Gottes.

Der Übergang zur so genannten Schriftprophetie wird durch Micha ben Jimla aufgezeigt (1.Kön 22), was sich dann bei Jesaja, Jeremia, Ezechiel und den zwölf so genannten Kleinen Propheten fortsetzt.

Bemerkenswert sind die literarischen Gattungen der Prophetenliteratur wie die Botenformel oder die Wort-Ereignisformel, Scheltreden, Unheilsankündigungen, Droh-, Mahn- und Gerichtsworte. Die Schriftpropheten sind keine Ekstatiker mehr, sondern nüchtern agierende, politisch hellwache Personen. Das Eintreffen bestimmter angesagter Unheilszustände als Gericht Gottes unterscheidet wahre von falscher Prophetie. Die Umkehraufforderung zu toragemäßem Handeln ist in der Regel kein Befürworten bestimmter ritueller oder kultischer Praktiken, sondern eminent religions-, ideologie- und kultkritisch (Hos 11,1–11).

Die nachexilischen Propheten künden dann nach der gesellschaftlichen Katastrophe neues Heil an (Deuterojesaja). Das neue Heil wird vor allem in der Rückkehr aus dem babylonischen Exil gesehen; die Botschaft von Gottes Liebe und Zuwendung, Trost und Ermunterung steht im Vordergrund. Auch sprachlich erweitert sich das prophetische Schriftgut um allegorische Dichtung (Ez 16) oder Seelsorgebriefe wie bei Jer 29 u.a.

Das Neue Testament sieht in der Prophetie eine Gabe des Heiligen Geistes. Die einzige prophetische Schrift des Neuen Testaments ist die Offenbarung des Johannes. Eine besondere prophetische Gestalt im Neuen Testament ist Johannes der Täufer, an dessen Verkündigung Jesu Auftritt und Botschaft anknüpft (Lk 3,10–14; Mt 11,2–6).

Die Botschaft Jesu hat aber mit der Verkündigung des kommenden Reiches Gottes einen anderen theologischen Akzent als die Endzeitreden Johannes des Täufers.

Im zeitgenössischen Judentum wird Jesus als Prophet wahrgenommen (Mt 16,14; Mt 5,17; Lk 16,29.31). Prophetisches, messianisches und apokalyptisches Selbstbewusstsein lassen sich bei Jesus nicht scharf voneinander trennen (Apg 3,22).

Übrigens: Die Bibel kennt auch berühmte Prophetinnen
- ☐ Miriam, Moses Schwester (Ex 15,20);
- ☐ Debora, mutiger und entschlossener als die Männer (Ri 4,4);
- ☐ die Frau des Propheten Jesaja (Jes 8,3);
- ☐ Hulda (2.Kön 22,14–20);
- ☐ Noadja Neh (6,14)
- ☐ und im Neuen Testament Elisabeth, die Mutter von Johannes dem Täufer und Jesu Tante (Lk 1,5ff.36).

Adam – Adem

Adam ist der Vater aller Menschen.

> Gott
> … erschuf ihn aus Erde; dann sagte er zu ihm: »Sei!«, und er war (3,52).
> … hat alle Engel aufgefordert, Adam zu ehren: »… fallet anbetend vor ihm nieder!« Und niederfielen alle die Engel insgesamt (2.32), obwohl sie sich eigentlich nur vor Gott niederwerfen sollten.
> … hat seine Sonderstellung weiter ausgebaut, indem er den Adam vieles gelehrt hat, was die Engel nicht wussten (2,31).
> … hat noch einen weiteren Schritt getan, um Adam seine Liebe zu zeigen, indem er ihn und seine Frau im Paradies wohnen ließ (2,33).

Der Kuran erwähnt Eva (arab. Hawa) nicht namentlich, auch nicht die zwei Söhne Adams. Die Geschichte des Brudermordes erzählt der Kuran in 5,30–35.

Die Vertreibung Adams und Evas aus dem Paradies soll als Lehre verstanden werden, dass Gott gegenüber dem Menschen immer gnädig und barmherzig ist, wenn der Mensch seinen Fehler erkannt hat und ihn korrigieren möchte (2,34–36).

Viele Quellen meinen, dass Adam in Indien gelebt habe, von wo er später auswanderte.

Zu seinem Sterbeort und seinem Grab gibt es zalreiche Legenden.

Adam wird im Kuran an 25 Stellen erwähnt.

Noah – Nuh

Gott spricht: »Siehe, er war einer unserer gläubigen Diener« (17,3).

Sein Auftrag lautete: »… ich komme zu euch als ein offenkundiger Warner, dass ihr keinen anbetet außer Allah, siehe, ich fürchte für euch die Strafe, eines schmerzlichen Tages!« (11,27f.) Doch die Leute glauben ihm nicht, er wird verlacht und erhält schließlich den Auftrag: »… baue dir die Arche vor unseren Augen und nach unserer Offenbarung und sprich mir nicht weiter von den Ungerechten; siehe, sie sollen ertrinken« (11,39).

In seinem Schiff soll Noah auch paarweise Tiere mitnehmen. Dann kommt die Flut: »… in Wogen gleich Bergen« (11,44) ertrank alles Leben, auch einer seiner Söhne (11,45).

Mit dem Vater wurden aber drei Söhne gerettet: »und machten seine Nachkommenschaft zu den (einzigen) Überlebenden« (37,75). Die Muslime glauben, dass diese drei Söhne Sam, Ham und Yafith heißen. Von Sam stammen die Araber und die Juden, von Ham die Afrikaner und von Yafith die Römer ab.

Noah soll im Gebiet des irakischen Ortes Kufa gelebt haben. Über den Ort seines Grabes erzählt man Unterschiedliches.

Die Sure 71 trägt den Namen »Noah«. Noah wird im Kuran an 43 Stellen erwähnt.

Abraham – Ibrahim

Sein Leben nach dem Kuran

Abraham hat in der Stadt Ur, im Südirak, mit seiner Familie gelebt. Er wurde von Gott beauftragt, sein Volk aufzurufen, an den einen einzigen Gott zu glauben und mit der Verehrung der Bildwerke aufzuhören (21,52–73 und 26,69–89). Sogar sein Vater, Azar, hat die Botschaft abgelehnt. Der Streit mit seinem Vater hat ihn veranlasst, seine Heimatstadt Ur zu verlassen und in »das Land, das Wir für die Weltenbewohner gesegnet haben« (21,71) auszuwandern. Nur seine Frau Sara, sein Neffe Lut und dessen Frau haben ihn auf dieser Reise begleitet. Über Babylon und Haran, im Süden der heutigen Türkei, wanderte er dann ins Land Scham (Damaskus und Umgebung) weiter.

Aber wegen der Dürre dort in Scham musste Abraham mit seiner Frau Sara nach Ägypten weiterziehen. Er wollte mit dieser Reise auch die Verbreitung der Glaubens-Botschaft bei den Pharaonen in Ägypten verbinden. Dort hat er seine zweite Frau Hagar geheiratet, und nach der Geburt des Sohnes Ismail sind die zwei mit ihrem Sohn in die Stadt Mekka gezogen, wo er Gottes Befehl vernahm, seinen Sohn Ismail zu opfern.

Obwohl der Name Ismail im kuranischen Text der Opferungsgeschichte 37,100–111 nicht vorkommt, gehen die Muslime davon aus, dass diese mit Ismail verbunden ist, weil Abraham in Mekka nur seinen ältesten Sohn Ismail bei sich hatte.

Wenn die Muslime ihr Pilgerfest feiern, schlachten sie Schafe als Erinnerung an die Opferungsgeschichte. Deshalb heißt das Fest auch Opferfest, 'id al-adha.

Abraham und sein Sohn Ismail haben danach in Mekka die Kaaba erbaut (2,119–121), und Hagar fand nach langem Suchen Wasser: die heilige Quelle Zam-Zam.

Später kehrte Abraham alleine nach Ägypten zurück, wo ihm seine Frau Sara den zweiten Sohn, Isaak schenkte (6,84).

In Hebron, al-Chalil, in Palästina, liegt Abraham begraben.

Nicht nur die kuranische Sure 14, die den Namen »Ibrahim« trägt, sondern noch mehr als 50 Stellen im Kuran erwähnen ihn.

Mekka wird Wallfahrtsort

Nach muslimischer Überlieferung gehen die Pilgerfahrten nach Mekka auf Ibrahim und seine Familie zurück: Denn hier wurde Ismail und seine Mutter Hagar vom Erzengel Dschibrail (Gabriel) durch die aus dem Boden geschlagene Quelle Zam-Zam vor dem Verdursten errettet.

Und an dieser Stelle haben später Ibrahim und Ismail, beim schon lange davor verehrten heiligen schwarzen Stein, die Kaaba errichtet.

Abb. 32: Berg Ararat
Nach Genesis 8,4 »ließ sich die Arche nieder auf das Gebirge Ararat«. Nach muslimischer Tradition war das jedoch der Syphan Dag am Van-See. Aber auch im Irak, in der Gegend von Kufa, zeigt man Reste der Arche in einem Brunnen.

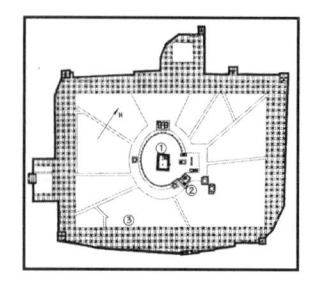

Abb.: 33: Die große Moschee in Mekka
1. Kaaba mit dem schwarzen Stein
2. Der Brunnnen Zam Zam
3. Arkadenumgang

»Abraham« in der Bibelwissenschaft

Wissenschaftlicher Theologie dienen die alten biblischen Texte nicht als Beleg bereits feststehender Lehrmeinungen. Umgekehrt: Die alten Texte sollen das sagen können, was die Menschen, die sie vor langer Zeit geschrieben haben, mitteilen wollten. Die Theologie versucht für uns heute die alten Aussagen verständlich zu machen und ist offen, sich selbst in Frage stellen zu lassen.

Eine Biografie Abrahams zu verfassen ist wegen der besonderen Art der Quellen, die zur Verfügung stehen, unmöglich, denn die Texte der Genesis sind Literatur, zusammengestellt von Unbekannten, die bei ihrer Arbeit wenig Interesse an Harmonisierung der einzelnen Überlieferungsstücke zeigten.

So ist ein wichtiger erster Arbeitsschritt der, die Redeformen der Abrahmsgeschichten genau zu bestimmen: Bei den Vätergeschichten der Genesis (Gen 12ff – aber nicht bei den Josephsgeschichten!) handelt es sich hauptsächlich um kurze Sagen und kleinere Sagenkränze; und die Wahrheit dieser Geschichten ist die Wahrheit der Sage, nicht die der Geschichtsschreibung. Sagen, Sagenkränze sind ursprünglich gesprochenes, erzähltes Wort. Dabei ist auszugehen von dem, was im Alten Testament »Wort« ist: ein personaler Vorgang, zu dem das Sprechen wie das Hören gehört – etwas von einer Person (dem Redenden) zu einer Person (dem Hörenden) Geschehendes. Aus diesem Charakter des Wortes ergeben sich drei Fragen:

»Wer redet?«
Wenn die Väter-Sagen erzählt wurden, kam die Gotteserfahrung der Familie, des Stammes oder des Volkes zur Sprache und man sprach also von sich selbst, wenn man Abraham, Isaak oder Jakob sagte. Man erinnerte sich vor allem an den Bund, den Gott mit dem Volk geschlossen hatte, an seinen Segen und daran, dass das Land sein Geschenk war. Die zentralen Aussagen finden sich in Genesis 12 und 15.

»Zu wem redet er?«
Zu Menschen, die dabei sind, den Bund aufzukündigen, denen deshalb der Verlust des Landes droht, oder zu solchen, die bereits alles verloren haben. Alle großen Propheten haben Bündnistreue angemahnt, alle ohne Erfolg. Das Ende war die Zerstörung des Tempels und die Vertreibung aus Jerusalem in die Verbannung nach Babylonien.

»Was geschieht in diesem Reden?«
Erstens, der Versuch, die Menschen, die noch im Lande lebten, zur Besinnung zu bringen: »Durch dich sollen alle Geschlechter der Erde Segen erlangen!« – lautet der Auftrag an Abraham in Genesis 12. Zur Besinnung bringen: im Hinblick auf die eigenen Mitbürger, denn die Taten und Worte vieler waren alles andere als Segen, was von Amos bis Jeremia jeder Prophet anklagt. Zur Besinnung bringen im Hinblick auf die Völker der Erde, was besonders Jesaja in seinen großen Friedensvisionen (Jes 2,1–5) anmahnte.

Zum anderen der Versuch, die Verbannten zu trösten: Eure Geschichte mit Gott ist nicht am Ende! Er ist ja nicht untreu geworden! Für dieses Geschehen zwischen Gott und Israel steht »Abraham«.

Literatur:
Claus Westermann, Grundformen prophetischer Rede, München 1960, S. 66.
M. Görg / B. Lang, Neues Bibellexikon, Band I, Sp. 14–21 (P. Weimar), Zürich 1991.

Abraham im Neuen Testament

Den Autoren des Neuen Testaments ist Abraham auch sehr wichtig. Der Apostel Paulus sieht da aber ein Problem: Was ist mit den vielen Christen Kleinasiens oder Griechenlands, die nicht Juden sind, die nicht Abrahams Kinder sind? Stehen sie außerhalb des Bundes, außerhalb des Segens? Im Römerbrief, Kapitel 11, versucht Paulus die Frage mit einem Bild zu lösen: »… wenn du als Zweig vom wilden Ölbaum in den edlen Ölbaum eingepfropft wurdest …« Der Zweig vom wilden Ölbaum, das sind die vielen Heidenchristen, der edle Ölbaum ist uraltes Symbol für Israel. Wenn dies geschieht, dann gilt: »… die Wurzel trägt dich!« Kein Christ steht außerhalb. Im Hebräerbrief gehören die Väter zur »Wolke von Zeugen« (12,1), die mit ihrem großen Glauben auf Jesus, »den Urheber und Vollender des Glaubens« (12,2) hingewiesen haben.

**Abrahamgeschichten in der Bibel /
Die wichtigsten Themen und Abraham-Orte**
Das Buch Genesis bietet mehrere Abrahamstraditionen. In den anderen großen Überlieferungskomplexen der Bibel kommen Abraham und seine Familie jedoch nur selten vor.

GENESIS
11,27ff: Abrahams Großfamilie stammt aus Ur in Chaldäa und wandert nach Haran. Abrahams Frau Sarai ist unfruchtbar.
12,1ff: Abrahams und Lots Familie ziehen auf Gottes Befehl hin (Gott: »… in ein Land das ich dir zeigen werde«) nach Kanaan, nach Sichem, Bethel: Segnung und Verheißung, dass aus Abraham ein großes Volk entstehen wird, zum Segen aller Völker der Erde und von dort aus in den Negev (Südland) weiter.
12,10ff: Abraham und Sara in Ägypten: die Gefährdung der Ahnfrau.
13–14: Wieder im Negev, von dort aus nach Bethel; Trennung von Lot – dieser zieht in den Jordangraben, wohin ihm Abraham wiederholt zu Hilfe eilt (Sodom und Gomorra).
13,15: Verheißung des Landes Kanaan für Abraham und seine Nachkommen.
15: Abrahams Glaube: »Abraham glaubte dem Herrn, und das rechnete er ihm zur Gerechtigkeit«.
15,18: Bundesschluss zwischen Gott und Abraham.
16,3f: Nach zehn Jahren in Kanaan wird Saras Magd Hagar von Abraham schwanger und flieht. Hagars Errettung am »Brunnen des Lebendigen, der mich sieht« bei Kadesch (Sinai).
17: Ausweitung des Bundes auf Abrahams Nachfahren; Beschneidung als Bundeszeichen.
18: Bei Mamre. Verheißung des Sohnes Isaak.
20: Im Negev bei Abimelech.
21,1f: Isaaks Geburt.
21,8ff: Hagars und Ismaels Vertreibung in die Wüste bei Beerscheba; Ismael wird Jäger in der Wüste Paran.
22: Isaak soll auf einem Berg in Morija (Jerusalem) auf Gottes Befehl hin geopfert werden, aber unmittelbar vor der Opferung befiehlt der Engel des Herrn: »Lege deine Hand nicht an den Knaben!«

DIE PROPHETEN

und: »Weil du solches getan hast und hast deinen einzigen Sohn nicht verschont, will ich dein Geschlecht segnen!«.
Abraham lebt bei Beerscheba.
23: Saras Tod, Begräbnis in der Höhle Machpela in Hebron.
25: Auch Abraham wird in Hebron von seinen Söhnen Isaak und Ismael begraben.

In der Bibel werden die »Erzväter«, Abraham, Isaak und Jakob als Kleinvieh-Nomaden geschildert. Den großen Schaf- und Ziegenherden bieten während der Regenzeit die Randgebiete der Wüsten genügend Nahrung und Wasser. In der Trockenzeit werden die Herden ins Kulturland getrieben, über die abgeernteten Felder der Bauern. Durch diesen jährlichen Weidewechsel kam es gelegentlich auch zu Konflikten, wobei es meistens um das kostbare, knappe Wasser ging. Aber auch von anderern Ursachen wird berichtet (vgl. Gen 32).

Abrahamlandschaften

Abb. 34: Das »Südland«. In der Negev-Wüste südlich von Beerseba

Abb. 35: Uralte Terrassen zwischen Sichem und Bethel

Er ist Ibrahim

Es war bei Bir-Zeit, nördlich von Ramallah. Hier gibt es noch reichlich unverbautes Land, alle Hügel sind terrassiert für Ölbäume und Reben. Durch diese Landschaft, unterhalb der Straße, zieht ein hagerer alter Mann, mit Kafia und Dschallabija gekleidet.

Ein Bus hatte angehalten, die Leute wollen sich die Beine vertreten. Eine Dame aus Deutschland ist gefesselt vom Anblick des vorbeigehenden Hirten und seiner Tiere. »Genau so stelle ich mir Abraham vor!« ruft sie laut und will photographieren.

»Tun Sie es nicht!« ... sagt eine sympathische Stimme in akzentfreiem Deutsch. Die Stimme gehörte einem gut gekleideten Herrn mittleren Alters. »Er weiß, wie ärmlich er daherkommt. Er ist Ibrahim, ich bin Ibrahim – doch wir sind es nicht. Uns fehlt Ibrahims Glaube und wenn wir den hätten, dann kämen wir nicht so daher!«

»Fragen Sie jetzt bitte nicht, ob ich Fundamentalist bin, bei Ihnen in Deutschland bin ich das immer gefragt worden. Ich bin ganz einfach gläubiger Muslim!« ... Sprach's, stieg in sein Auto und fuhr Richtung Bir-Zeit-Universität.

Aufgabe:
Erklären Sie diese Episode.
Gehen Sie dabei auf deren historischen, politischen, gesellschaftlichen und religiösen Hintergrund ein.

Abrahams, Ibrahims Wanderwege

Die Wanderwege, wie sie in jüdisch-christlicher und muslimischer Überlieferung geschildert sind, stimmen nur teilweise überein.

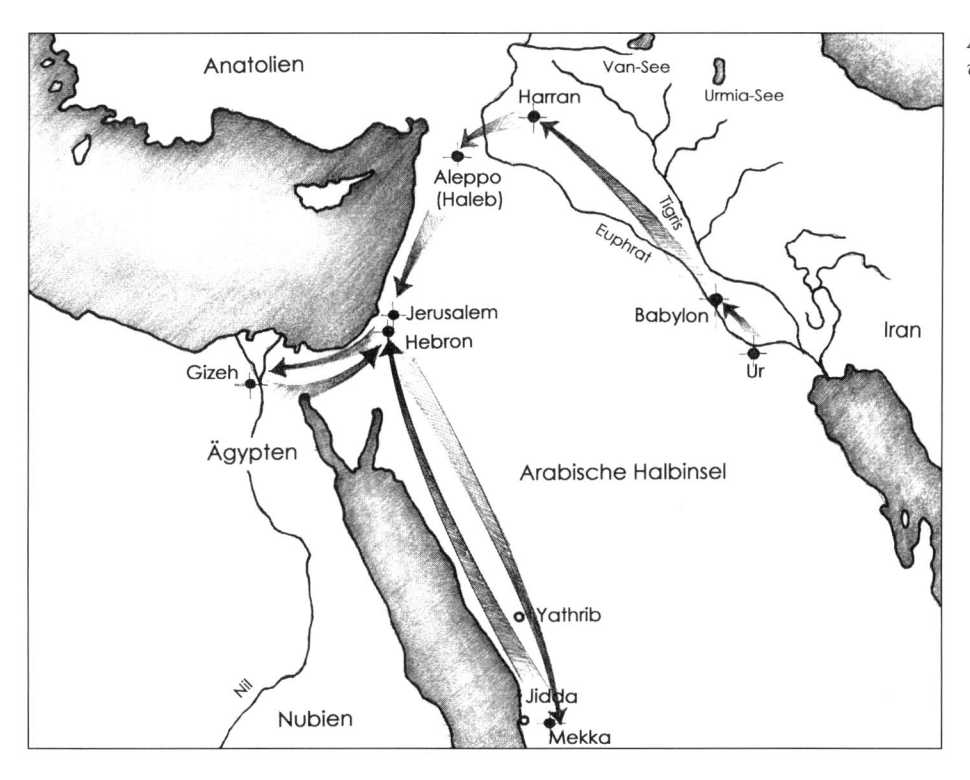

Abb. 36: Abrahams Wanderwege

Abb. 37: Abraham in lokaler Überlieferung. Im Teich vor der Abd-ar-Rahman-Moschee in Urfa schwimmen unzählige Karpfen. Nach der Legende haben sie sich aus den Funken des Feuers gebildet, in dem Abraham verbrannt werden sollte, weil er seinem einen und einzigen Gott nicht abschwören wollte.

Die abrahamitischen Religionen – *al-adian al-ibrahimia*
Ibrahim al chalil, Ibrahim, der Freund Gottes, ist einer der Ehrennamen.

Ibrahim gilt als der religiöse Vater aller Anhänger der Religionen Judentum, Christentum und Islam, der so genannten abrahamitischen Religionen. »Sprich: Wir glauben an Allah und was auf uns herabgesandt ward, und was herabgesandt ward auf Abraham und Ismael und Isaak und Jakob und die Stämme, und was gegeben ward Moses und Jesus und den Propheten von ihrem Herrn; wir machen keinen Unterschied zwischen einem von ihnen, und ihm sind wir ergeben« (3,78).

Deshalb hat Muhammad häufig wiederholt, dass er selbst mit dem Islam immer nur die Lehre Abrahams/Ibrahims fortsetzen wolle (42,11).

Ibrahim al-hanif*: Ibrahim war schon lange Zeit vor dem Islam eine bekannte Figur auf der arabischen Halbinsel. Man kannte ihn als den ersten Hanifen, was »Monotheist« bedeutet, damit war er der Gründer des Monotheismus überhaupt (26,69–85). Auch seine Frau Hagar und ihr Sohn Ismail wurden von den Arabern verehrt. Ismail ist für die Araber der Vater aller ihrer Stämme.

Al-adian al-ibrahimia, also die abrahmischen Religionen – was bewirkt die Identifizierung mit Abraham/Ibrahim? Sich berechtigt fühlen zum Streit und Hass gegeneinaner, zum Haben-Wollen und Wegnehmen? Oder aufgefordert sein zum Aufeinander-Hören, miteinander die großen Probleme dieser Welt anzupacken?

Liberale Juden, Christen und Muslime sind der Meinung, dass die alten Texte der Bibel und des Kuran keinen Anlass zur Polarisierung bieten. Wer den dort aufgezeigten Weg einschlägt, der hat sich auf den Weg des Friedens begeben.

Aber: Das ursprünglich so positive Verhältnis Muhammads zu Juden und Christen trübte sich im Laufe der Jahre in Medina ein. Zunächst verfügte er die Änderung der Gebetsrichtung von Jerusalem nach Mekka und endlich: »Abraham war weder Jude noch Christ; vielmehr war er lauteren Glaubens, ein Muslim, und keiner derer, die Gott Gefährten geben. Siehe diejenigen Menschen, die Abraham am nächsten stehen, sind wahrlich jene, die ihm folgen, und das sind der Prophet und die Gläubigen« (3,60f).

Abrahams Monotheismus begründe nach dieser Kuransure die Differenz zu Judentum und Christentum, interpretieren einige christliche und muslimische Gelehrte. Andere sind der Meinung, dass das Wort »Muslim« in 3,60, abgeleitet vom Verbalstamm *slm*, nicht »Angehöriger der islamischen Religion nach der Offenbarung durch Muhammad«, sondern einfach »Gottergebener« bedeute. Eine grundsätzliche Änderung der Einstellung Muhammads zu den beiden anderen monotheistischen Religionen gäbe es nicht.

Für den interreligiösen Dialog, wie er im Abendland geführt wird, sind die dargelegten Gedanken in den letzten Jahren immer wichtiger geworden. Im Nahen Osten, dort, wo sich Abrahams Kinder und Erben gegenüberstehen, sind solche Stimmen so gut wie nicht vernehmbar.

---

* *Hanif*, im Plural *al-ahnaf* oder *al-hunafa*: In der arabischen Wüste lebten schon in der vorislamischen Zeit Menschen, die, im Gegensatz zum allgemein verbreiteten Polytheismus, an einen einzigen Gott glaubten. Deren Monotheismus ist durch den Einfluss griechischer Philosophie geprägt, nicht durch Übernahme einer der beiden Offenbarungsreligionen, dem Judentum oder dem Christentum.

Moses – Musa

Gesprächspartner Gottes
Mose sah in der Wüste ein Feuer; er verließ seine Sippe, und als er das Feuer erreichte, »... wurde er gerufen: Mose! Siehe, ich bin dein Herr; darum ziehe deine Schuhe aus ... ich habe dich erwählt, und höre, was dir geoffenbart wird!« Deshalb trägt Mose den Beinamen »Gesprächpartner Gottes« – kalimullah (20,11ff).

Führer des Volkes
Mose und sein Bruder Aaron erhielten den Auftrag: »Gehet hin zum (Pharao) und sprecht: Siehe, wir sind die Abgesandten deines Herrn: deshalb entsende mit uns die Kinder Israel und peinige sie nicht!« (20,49).

Der Kuran spricht in dieser Sure von den Plagen, der Flucht durchs Meer – aber auch ganz ausführlich, wie Mose versucht hat, den Glauben an den einen, einzigen Gott zu verbreiten, und welch große Schwierigkeiten damit verbunden waren.

Aaron ist vor seinem Bruder Mose gestorben und wurde im Sinai begraben.

Moses durfte noch vor seinem Tod, vom Berg Nebo aus, über den Jordan hinüber das versprochene Land sehen. Sein Grab aber liegt auf der westlichen Seite des Jordantals, denn Sultan Saladin träumte, dass Allah Moses Gebeine in die Gegend von Jericho gebracht hatte, wo der große Herrscher einen Kenotaph und später Sultan Baibars darüber eine prächtige Moschee erbauen ließ. Zehntausende Pilger besuchen jährlich diese Stätte, die den Namen Nabi Musa (Prophet Mose) trägt.

Empfänger und Verkünder der Tora
(Gott) sprach: »Oh Mose, siehe, ich habe dich erwählt vor den Menschen durch meine Sendung und meine Zwiesprache. So nimm, was ich dir gegeben, und sei einer der Dankbaren«. Und wir schrieben für ihn auf die Tafeln eine Ermahnung in Betreff aller Dinge und eine Erklärung für alle Dinge. »Und so nimm sie an mit Kräften und befiehl deinem Volke, das Schönste in ihnen anzunehmen« (7,141f).

Gott hat Mose erwählt, den Menschen die Tora zu bringen: dies ist die höchste Auszeichnung. Und deshalb wird Mose von den Muslimen so hoch geehrt. Im Kuran wird Moses an 136 Stellen erwähnt.

Jesus – 'Isa

Die muslimische »Weihnachtsgeschichte« aus Sure 19 »Maria«
»Und gedenke im Buche der Maria. Da sie sich von ihren Angehörigen an einen Ort gen Aufgang zurückzog und sich vor ihnen verschleierte, da sandten wir unseren Geist zu ihr, und er erschien ihr als vollkommener Mann.

Sie sprach: ›Siehe, ich nehme meine Zuflucht vor dir zum Erbarmer.‹

Er sprach: ›Ich bin nur ein Gesandter von deinem Herrn, um dir einen reinen Knaben zu bescheren.‹

Sie sprach: ›Woher soll mir ein Knabe werden, wo mich kein Mann berührt hat und ich keine Dirne bin?‹

Er sprach: ›Also sei's! Gesprochen hat dein Herr: ‚Das ist mir ein Leichtes'; und wir wollen ihn zu einem Zeichen für die Menschen machen und einer Barmherzigkeit von uns. Und es ist eine beschlossene Sache.‹

Und so empfing sie ihn und zog sich mit ihm an einen entlegenen Ort zurück. Und es überkamen sie die Wehen an dem Stamm einer Palme.

Sie sprach: ›O dass ich zuvor gestorben und vergessen und verschollen wäre!‹

Und es rief jemand unter ihr: ›Bekümmere dich nicht; dein Herr hat unter dir ein Bächlein fließen lassen; und schüttle nur den Stamm des Palmbaums zu dir, so werden frische reife Datteln auf dich fallen. So iss und trink und sei kühlen Auges.‹

Und sie brachte ihn zu ihrem Volk, ihn tragend. Sie sprachen: ›O Maria, fürwahr, du hast ein sonderbares Ding getan!‹ Und sie deutete auf ihn. Sie sprachen: ›Wie sollen wir mit ihm, einem Kind in der Wiege, reden?‹

Er (Jesus) sprach: ›Siehe, ich bin Allahs Diener. Gegeben hat er mir das Buch, und er machte mich zum Propheten. Und er machte mich gesegnet, wo immer ich bin, und befahl mir Gebet und Almosen, solange ich lebe. Und Liebe zu meiner Mutter; und Frieden auf den Tag meiner Geburt und den Tag, da ich sterbe und den Tag, da ich erweckt werde zum Leben!‹

Dies ist Jesus, der Sohn der Maria – das Wort der Wahrheit, das sie bezweifeln.

Nicht steht es Allah an, einen Sohn zu zeugen. Preis Ihm! Wenn er ein Ding beschließt, so spricht er nur zu ihm: ›Sei!‹ und es ist.

Und siehe, Allah ist mein Herr und euer Herr; so dienet ihm; dies ist der rechte Weg« (19,16–37).

Aufgabe:
Vergleichen Sie diese Darstellung mit der Weihnachtsgeschichte in Lk 2.

Jesu Leben und Auftrag
Beim Vergleich der biblischen Weihnachtsgeschichten (Mt 1,18ff, Lk 2,1ff) mit der Sure 19 fällt als Erstes auf, dass im Kuran eine ganz andere Geschichte erzählt wird, dass in dieser Josef nicht vorkommt, dass aber an der Jungfrauengeburt ausdrücklich festgehalten wird.

Jesu Auftrag formuliert der Kuran in 43,63: »Ich (Jesus) bin mit der Weisheit zu euch gekommen und um euch etwas von dem zu erklären, worüber ihr uneins seid. So fürchtet Allah und gehorchet mir.«

Über sein Leben wird sehr wenig berichtet. »… als du die Blinden und Aussätzigen mit meiner Erlaubnis heiltest und die Toten herauskommen ließest …« (5,110) erinnert z.B. an Markus 10,46ff, den Blinden vor Jericho, die Aussätzigen sind ein Anklang an Lukas 17, wo von zehn Geheilten nur einer sich dankbar zeigt, und an das »Lazarus, komm heraus!« aus Johannes 11.

Sehr interessant ist aber, was unmittelbar vor dieser eben zitierten Kuranstelle steht: »… als du aus Ton mit meiner Erlaubnis die Gestalt eines Vogels erschufst und in sie hineinhauchtest und sie ein Vogel ward mit meiner Erlaubnis.« Diese Geschichte findet sich nicht in einem Evangelium der Bibel, wohl aber in den »Kindheitserzählungen des Thomas«.

Dort kann man lesen, dass der fünfjährige Jesusknabe am Sabbat Lehmspatzen knetete.

Zwölf solche Vögel und ausgerechnet am Sabbat! Da ist es Vaterpflicht einzuschreiten und solches Tun zu unterbinden. Doch die Zurechtweisung durch den Vater Josef irritiert den Fünfjährigen überhaupt nicht: »Jesus aber klatschte in die Hände und schrie den Sperlingen zu: ›Fort mit euch!‹ Die Sperlinge öffneten ihre Flügel und flogen mit Geschrei davon.«

Diese Kindheitserzählungen sind bei der Festschreibung des neutestamentlichen Kanons nicht berücksichtigt worden.

Exkurs: Apokryphen, Kanon

Nun stellt sich die Frage, wie Muhammad an diese christlich apokryphen Traditionen kam.

Die Antwort der orthodoxen muslimischen Theologen fällt einfach aus: Durch göttliche Offenbarung. Diese Geschichte ist ein Teil der Göttlichen Botschaft, die an Muhammad herabgesandt worden ist.

Die Geschichtsforscher haben folgende Erklärung: Sicher ist, dass Muhammad als junger Mensch in Syrien war. Und vermutlich hat er als Mitglied einer arabischen Karawane mit der einfachen Bevölkerung, die größtenteils Mitglieder monophysitischer Kirchengemeinden waren, Kontakt aufgenommen und nicht mit den Griechisch sprechenden Vertretern der Reichskirche.

In den ersten hundert Jahren nach dem Tod Jesu ist eine Fülle von Briefen, Evangelien, Apokalypsen und anderen Texten verfasst worden. Die frühe Kirche hat sich auf 28 »Bücher« geeinigt, die seither den Kanon des Neuen Testaments bilden. »Kanon« ist Griechisch und bedeutet »Richtscheit«, »Richtschnur« – wie man sie beim Bau von Mauerwerk benutzt hat.

Apokryphen sind die vielen restlichen Schriften, die keine Aufnahme ins Neue Testament fanden. »Apokryph« ist ebenfalls griechisch und bedeutet »verborgen, heimlich«.

Byzantinische Reichskirche, syrische Nationalkirchen In Syrien spaltete sich um 483 n.Chr. die chaldäisch-nestorianische Kirche ab, welche in den kommenden Jahrhunderten über Persien hinaus bis nach China große Bedeutung erlangen sollte. Es folgte die Nationalkirche der Jakobiten (syrisch-monophysitische Kirche, gegründet um 560 n.Chr. von Jakob Baradai).

»Monophysitisch« bezieht sich auf Jesus Christus und meint, dass dieser nur eine »Natur« habe, nämlich die göttliche.

Diese Kirche steht im Gegensatz zur byzantinischen Reichskirche und Rom, die sich in lang hinziehenden, heftig geführten und äußerst komplizierten Auseinandersetzungen auf »wahrer Mensch und wahrer Gott« geeinigt hatten. Aber bei diesen Streitigkeiten war es auch immer um Macht und Einfluss der Patriarchen in Alexandria, Antiochia, Konstantinopel und dem Papst gegangen.

Solchem Einfluss entzog sich die nicht hellenistische Bevölkerung Syriens durch die Gründung einer eigenen Nationalkirche.

Jesu Leiden und Sterben und sein Wirken in der Endzeit

Das Scheitern eines Propheten, seine Hinrichtung am Kreuz, ist für Muslime nicht denkbar. Darum gilt für viele die biblische Botschaft als Fälschung, und der Kuran sagt dazu: »Sie (die Ungläubigen) haben ihn (Jesus) aber nicht getötet, und sie haben ihn nicht gekreuzigt, sondern es erschien ihnen eine ihm ähnliche Gestalt« (4,157f), die sie für Jesus hielten und die dann an seiner Statt gekreuzigt wurde.

Jesus selbst ist in den Himmel gefahren (3,48). Dort wird er verweilen bis ans Ende der Zeit und seine Wiederkunft ist Zeichen dafür, dass das Endgericht bevorsteht. Manche Muslime meinen: Er wird vierzig Jahre lang von Jerusalem aus über alle Menschen herrschen, ihnen Recht, Gerechtigkeit und Frieden bringen. Und wird zuletzt eines natürlichen Todes sterben und in Medina beigesetzt werden, neben dem Propheten Muhammad und den Kalifen.

Jesu Bedeutung

Als Beiname verwendet die muslimische Literatur für Jesus den arabischen Begriff *'isa ruh-ullah,* »Jesus, die Seele Gottes«.

Er ist das Zeichen Gottes und dessen Barmherzigkeit (19,21).

Und als Wichtigstes: »Und (Gott) wird (Jesus) lehren das Buch und die Weisheit und die Thora und das Evangelium und wird ihn entsenden zu den Kindern Israel« (3,43).

Jesus ist der Lehrer des Evangeliums. Deshalb wird er von den Muslimen hoch geehrt. Der fromme Muslim darf den Namen Jesu oder seiner Mutter Maria und den der anderen Propheten nicht aussprechen, ohne den Segenswunsch »Friede sei über ihm« hinzuzufügen.

Aber: Der Islam kennt keinen Erlöser, keinen Mittler zwischen Mensch und Gott, auch keine Priester und keine Sakramente. Der Kreuzestod Jesu hat keine Heilsbedeutung. Am Tag des Gerichts steht jeder Mensch ganz allein vor Gott, seinem Richter, und nur das, was sich dann im Buch über ihn geschrieben findet, seine guten und schlechten Taten, ist entscheidend, ob sich für ihn die Tür zum Paradies öffnen wird.

Abb. 38: 'Isa-Minarett, Umayyaden-Moschee in Damaskus. Seinen Namen erhielt dieses Minarett wegen der Vorstellung, dass Jesus nach seiner endzeitlichen Wiederkunft die Gläubigen von hier aus zum Gebet rufen wird.

Mohammed – Muhammad

Geburt und Namensgebung

Ein arabischer Sippenführer wurde gefragt: »Warum gebt ihr euren Sklaven die feinsten Namen wie Leuchte, Perle oder Der Gesegnete, aber euren Söhne die härtesten Namen wie Fels, Donner oder Der Bittere?« Der Sippenführer antwortete: »Die Namen unserer Sklaven sind für uns, aber die Namen unserer Söhne sind für unsere Feinde!«

Im Arabischen ist der Name mit der Person verbunden. Er soll auf eine oder mehrere Eigenschaften des Namensträgers hinweisen. Deshalb ist die Namensgebung in der arabischen Welt eine wichtige Angelegenheit und muss sorgfältig überlegt werden.

Um das Jahr 570 n.Chr. gebar in Mekka Aamina bint Wahab einen Sohn. Ihr Mann Abdallah war kurz vor der Geburt verstorben und deshalb musste der Großvater Abdalmuttalib, Abdullahs Vater, einen Namen für den Neugeborenen auswählen. Dass er sich für den Namen Muhammad entschieden hat, ist in der gesamten islamischen Welt, zu allen Zeiten, als Glück und Segen empfunden worden. Denn, zunächst ist jeder Name eine Ableitung der Wortwurzel. Der Name Muhammad stammt aber aus der Wurzel *hmd* und die bedeutet »loben«. Und weil Muhammad der Name des Propheten ist, sind die Namen mit der Wurzel *hmd* sehr häufig in der islamischen Welt. Und jeder (es existieren auch die jeweils weiblichen Formen), der Muhammad, Ahmad, Mahmud,

Hamid, Hamdan usw. genannt wurde, trägt sein Leben lang zum Lob Gottes bei und zur Verehrung Muhammads.

Familie und Beruf
Muhammads Vater Abdullah gehörte zur Familie Banu Haschim und diese zum Beduinenstamm der Quraisch. Er starb, wie erwähnt, vor der Geburt seines Sohnes. Da dieser mit sechs Jahren auch seine Mutter Aamina bint Wahab verlor, wurde er zunächst von seinem Großvater und später von seinem Onkel Abu Talib, Alis Vater, aufgenommen und erzogen. Teil dieser Erziehung war ein mehrjähriger Aufenthalt als Hütejunge bei den Beduinen seines Stammes.

Mit zwölf Jahren durfte er seinen Onkel auf Geschäftsreisen nach Damaskus begleiten, wo er nicht nur das Karawanengeschäft kennen lernte, sondern auch in Kontakt mit dem syrischen Christentum kam (s. S. 67).

Der gute Ruf, den er sich bei diesen Reisen als Karawanenführer erworben hatte, veranlasste die reiche Kaufmannswitwe Chadidscha dazu, ihm ihre Geschäfte anzuvertrauen und ihn später sogar zu heiraten. Aus dieser Ehe ging die Tochter Fatima hervor, die spätere Ehefrau von Abu Talibs Sohn Ali.

Abb. 39: Kalligraphie »Muhammad«

Bosra
Bosra ist heute ein unbedeutender Flecken im Hauran, im Süden Syriens. Doch eindrucksvolle Ruinen aus römisch-byzantinischer und früher muslimischer Zeit zeigen, dass diese Stadt als Grenzstadt für den Handel mit Arabien außerordentlich wichtig war. Schon sehr früh gab es hier einen Bischofssitz, und bereits kurz nach 300 n.Chr. residierte hier ein Metropolit der byzantinischen Reichskirche. An den Ruinen kann man erkennen, dass damals in einer prächtigen, mächtigen Kathedrale viele wohlhabende Menschen die Gottesdienste mit ihrer griechischen Liturgie und griechischen Predigt besucht haben.

Die einfache Bevölkerung, die kaum Griechisch verstand, konnte und wollte mit den ihrer Meinung nach spitzfindigen theologischen Auseinandersetzungen und den Verbindungen der Kirche mit den Reichen und Mächtigen im Lande wenig oder gar nichts anfangen. Sie pflegten ihre eigenen Traditionen.

So kam es im Laufe der Zeit, später auch durchaus begünstigt durch muslimische Herrscher, zur Abspaltung monophysitischer Kirchen,* die bis auf den heutigen Tag existieren.

Als junger Mensch war Muhammad mit Karawanen seines Onkels Abu Talib nach Syrien gereist. Nach einer Legende habe in Bosra der schlichte Mönch Bahira beobachtet, dass eine schattenspendende Wolke immer genau über einem Mitglied der Karawane am Himmel weiterzog. An diesem wunderbaren Zeichen habe er erkannt, was aus diesem Knaben, den die Wolke so schützt, einst werden sollte. Bahira habe dann den jungen Muhammad in die Lehren der Christen eingeführt.

Abb. 40: Bahira-Basilika in Bosra.
Wenn Muhammad in Bosra war, hat er diese schlichte byzantinische Kirche gesehen. Und wenn die Legende einen historischen Kern besitzt, hat er hier den Mönch Bahira getroffen.

Als sicher kann gelten, dass Muhammad in Syrien war. Und sicherlich hat er als Mitglied einer arabischen Karawane mit den einfachen Menschen Kontakt aufgenommen und nicht mit den griechisch sprechenden Vertretern der Reichskirche.

---

* Kern dieser Glaubensrichtung ist die Auffassung, dass Jesus nur eine, nämlich die göttliche Gestalt (mono-physis = eine Gestalt, ein Leib) angenommen hat. Im Unterschied dazu glauben römisch-katholische, orthodoxe und protestantische Kirchen an Jesu göttliche *und* menschliche Qualität (»wahrer Mensch *und* wahrer Gott«).

DIE PROPHETEN

Die Berufung
Die durch seine Geschäftsreisen möglich gewordene kritische Beobachtung sowohl seiner Landsleute wie der Angehörigen anderer Kulturkreise dürfte für ihn Anstoß gewesen sein, über die Lebenszusammenhänge und den Ursprung der Schöpfung nachzudenken und sich dazu immer wieder meditierend in die Einsamkeit einer Höhle am Berg Hira bei Mekka zurückzuziehen. Im Alter von vierzig Jahren erhielt er dort zum ersten Mal die göttliche Botschaft durch den Engel Dschibrail.

Sure 96 ist die erste Offenbarung, die Muhammad empfing. Wie auch in allen anderen Suren ist hier der Erzengel Dschibrail der Sprecher.

Im Namen Allahs, des Erbarmers, des Barmherzigen!
1. Rezitiere! Im Namen deines Herrn, der erschuf,
2. erschuf den Menschen aus geronnenem Blut.
3. Rezitiere! denn dein Herr ist allgütig,
4. der die Feder gelehrt,
5. gelehrt den Menschen, was er nicht gewusst.
6. Fürwahr! Siehe, der Mensch ist wahrlich frevelhaft,
7. wenn er sich in Reichtum sieht.
8. Siehe zu deinem Herrn ist die Rückkehr.

Nachdem seine Ehefrau Chadidscha sofort von der Ernsthaftigkeit dieser Botschaft überzeugt war und somit zur ersten Muslima wurde, versuchte sich Muhammad auch anderen Mitgliedern seiner Familie und seines Stammes mitzuteilen, dort allerdings ohne Erfolg. In Muhammads Botschaft waren Ideen enthalten, die bei diesen Handelsleuten wie sozialer Sprengstoff wirken mussten: Befreiung von Sklaven, Ehrlichkeit und Gerechtigkeit im Geschäftsleben, vor allem aber der Glaube an den einen und einzigen Gott Abrahams.

Die Auswanderung – *al-hidschra*
Obwohl Muhammad mit seiner neuen Lehre in Mekka nicht nur auf Ablehnung stieß, sondern auch eine kleine Anhängerschaft gewinnen konnte, war er doch schon bald massivster Anfeindung und Gewalt durch die Bevölkerungsmehrheit ausgesetzt, sodass er sich genötigt sah, wenigstens seine Jüngerschaft durch Flucht nach Äthiopien in Sicherheit zu bringen, wo dem Vernehmen nach ein gerechter christlicher König regiere, der an den einen Gott Abrahams glaube. Die islamische Geschichte verzeichnet diese Aktion, an der Muhammad selbst nicht beteiligt war, als erste oder kleine Hidschra (Auswanderung).

Nach dem Tod seiner Frau Chadidscha und seines Onkels Abu Talib war im Jahr 622 der Druck auf ihn und seine Anhänger durch den Quraisch-Stamm in Mekka enorm gewachsen. Quraisch trachtete nach Muhammads Leben. Daher beschloss er, die Stadt zu verlassen und die ihm in Yathrib, dem heutigen Medina, angebotene Funktion eines Schlichters oder Vermittlers zu übernehmen. Denn die Bewohner Yathribs hatten von der kleinen muslimischen Gemeinde in ihrer Stadt von Muhammad gehört und waren zu der Ansicht gelangt, dass er ihnen beistehen und helfen könne.

Muhammad hat sich dafür entschieden, zunächst seine Anhängerschaft in Mekka zurückzulassen, damit er sich auf dem langen Weg durch die Wüste besser verstecken und den Mordabsichten Quraischs entkommen konnte. Nur sein Freund Abu Bakr (der erste Nachfolger, Kalif) durfte ihn begleiten. Mit seinem Neffen und späteren Schwiegersohn Ali wurde verabredet, dass dieser in seinem Bett schlafe und später die Wertsachen, die einige Leute Muhammad anvertraut hatten, an ihre Eigentümer zurückgibt und ihm dann folge.

Heimlich, mitten in der Nacht, hat Muhammad die Stadt Mekka verlassen und den gefährlichen Marsch Richtung Medina in Angriff genommen. Dazu existieren in der islamischen Tradition zahlreiche Erzählungen.

Der Prophet hatte geahnt, dass er sein Ziel, die Stadt Medina, nicht erreichen konnte, ohne sich unterwegs zu verstecken, weil seine Verfolger ihn einholen würden. Er sah eine Höhle und versteckte sich in ihr. Da kam eine Spinne und spann ein Spinnennetz über den ganzen Eingang. Gleich danach kam eine Taube, legte ihre Eier und brütete sie aus. Nach kurzer Zeit standen die Verfolger vor der Höhle, weil man die Spuren bis dahin sehen konnte. Sie waren ratlos. Sie konnten sich das Verschwinden des Propheten nicht erklären. Der einzige mögliche Ort, an dem er sich befinden konnte, war diese Höhle. In ihr konnte er aber unmöglich sein, da hätte er das Spinnennetz zerstören und die Eier der Taube zertreten müssen. Und die Taube hätte auch ihre Eier nicht so friedlich ausbrüten können. Nur dadurch wurde der Prophet gerettet.

Da mit dieser »Auswanderung« ein völlig neues Kapitel im Leben Mohammeds begann, ist das Datum dieser Großen Hidschra zugleich auch der Beginn der islamischen Zeitrechnung.

Muhammad in Medina

Muhammad sollte Schlichter und Vermittler in Medina werden, weil es dort zwischen den ansässigen Stämmen größte Differenzen gab im Hinblick auf die verschiedenen wirtschaftlichen Ansprüche und Interessen. Muhammad konnte die Verhandlungen mit den verfeindeten Parteien erfolgreich gestalten. Im »Pakt von Medina« wurde zwischen allen Bürgern der Stadt vereinbart, dass sie alle für die Verwaltung und die Sicherheit der Stadt gleichermaßen verantwortlich sind.

Aber die Ruhe währte nicht sehr lange. Neue, zum Teil auch blutige Auseinandersetzungen brachen auf, in die auch Leute aus den Reihen der Einwanderer verwickelt waren.

Als Sanktion für den Bruch des Pakts erfolgte die Ausweisung und strengste Bestrafung dreier Stämme aus Medina.

Es ist strittig, ob dieser Vorgang einen religiösen Hintergrund hatte. Sicher ist, die drei bestraften Beduinenstämme hatten den jüdischen Glauben angenommen und waren nicht willens, Muslime zu werden. Belegt ist auch, dass in diesem Zusammenhang von Muhammad die Gebetsrichtung von Jerusalem nach Mekka geändert wurde. Und sicher ist auch, dass Hassprediger bis auf den heutigen Tag ihren Antisemitismus und Antijudaismus von diesen Vorgängen ableiten und sich durch den Kuran und die Geschichte gerechtfertigt und aufgerufen fühlen. Auf der anderen Seite betonen die ernsthaften friedfertigen Gelehrten des Islam überdeutlich, dass dieser Konflikt keine inhaltliche Veränderung des islamischen Glaubens und des Verhälnisses zum Judentum und zur Botschaft Moses verursacht habe. Die grausam-harten Bestrafungen waren in jener Zeit in Arabien Teil des Rechts.

Die erste Moschee

In Medina angekommen hat Muhammad sich nicht, wie man annehmen könnte, um das Mieten, den Kauf oder das Erbauen eines Gebäudes gekümmert, in dem sich die muslimische Gemeinde, die 'Umma, versammeln sollte. Er lud sie vielmehr alle zu sich nach Hause ein, in sein eigenes »Haus«.

Es war ein typisch arabisches Haus. Von außen sieht man nur Mauer, viel Mauer, und ein Tor. Wenn sich das Tor öffnet, betritt man das *Haram* (s. S. 106). Aber man steht wieder vor einer Mauer, die den Einblick von außen in das dahinter Liegende verhindert. Der Besucher wendet sich dann zur Seite und gelangt in einen rechteckigen Hof. Um diesen Hof herum stehen die eigentlichen Häuser.

An der Südseite bot eine offene Halle Schutz vor der sengenden Sonne. Hier versammelte sich die Gemeinde zum Gebet, zu den Predigten und vernahm ehrfürchtig die immer neuen Aussprüche Muhammads, aus denen schließlich große Teile des Kurans, so wie wir ihn kennen, entstanden (s. S. 38). So wurde Muhammads Haus in Medina zur Urform, zum Prototypen, der Moschee.

Über den einzelnen Suren steht verzeichnet, wo sie zuerst gesprochen wurden, z.B.: Sure 1 – »Geoffenbart zu Mekka«, Sure 2 »Geoffenbart zu Medina« usw.

In jeder Moschee steht an markanter Stelle, z.B. neben dem *Mihrab* (s. S. 120), das Wort Allah und Muhammad. Denn noch immer lädt der Prophet zu sich ein, in jede Moschee. Und jene, die sich versammeln, sind zu ihm, zu Muhammad, gekommen. Als Zeichen dafür, dass eigentlich er der wirklich Einladende ist, steht der aktuelle Imam bei seiner Predigt in den meisten Regionen nie auf der obersten Stufe des *Minbars* (s. S. 120): die gehört Muhammad alleine.

Religion und Staat – *din wadaula*

Zum Amt des Propheten, des 'Imams der 'Umma, waren in Medina weitere Aufgabenbereiche hinzugekommen.

Aus Muhammads Sorge um das Gemeinwohl der von innen und außen bedrohten Stadt erwuchs die Notwendigkeit, politische Entscheidungen zu treffen. Zu dieser Aufgabe hinzu kam die Rechtsprechung und die Aufsicht über den Vollzug der gefällten Urteile. Dabei richtete sich alles nach den göttlichen Offenbarungen (s. S. 40 Themen des Kuran).

Diese besondere Art der Zuordnung von Religion und Staat jener Jahre in Medina sind für den Islam von grundlegender Bedeutung und bis heute Gegenstand sich auch ausschließender Interpretationen über die Zuordnung von Politik und Religion (s. S. 99/100, 164ff, 172).

Rückkehr nach Mekka

Acht Jahre nach der Hidschra und nach vielen missglückten Versuchen Quraischs, die neue Gemeinde in Medina zu zerstören, hat Muhammad im Jahre 630 die Stadt Mekka einnehmen können. Damit wurde die islamische Religion auf der arabischen Halbinsel gefestigt.

Als Muhammad mit seinen Kämpfern die Stadt Mekka erreichte, hat er den Befehl erteilt, keine Gewalt gegen die Menschen einzusetzen und keine Schäden in der Stadt zu verursachen. Und als er in die Stadt, ohne auf Widerstand der anderen Seite zu treffen, einmarschierte, haben die siegreichen Muslime diese Befehle peinlich genau befolgt. Vielleicht ist die Eroberung Mekkas die einzige Eroberung in der Geschichte, die friedlich und ohne Plünderungen vonstatten gegangen ist.

Tod und Begräbnis

Völlig unerwartet starb Muhammad im Jahre 632 in Medina, kurz nach seiner Rückkehr von der Pilgerfahrt nach Mekka (s. S. 91).

Aus klimatischen Gründen haben die Bewohner der arabischen Halbinsel, damals wie heute, die Beerdigung der Toten noch am gleichen Tag vollzogen. Da aber die Bestattung eine Angelegenheit der Familie und der nahe stehenden Personen ist, war die Familie Banu Haschim mit der Bestattung Muhammads beschäftigt, als sich zur selben Zeit die anderen Muslime versammelten, um den Nachfolger Muhammads zu wählen. An dieser Wahl konnten sich die Haschimiten und andere Gefährten des Propheten nicht beteiligen, und so wurde Ali, Muhammads Schwiegersohn, Fatimas Ehemann, auf diese Weise ausgebootet. Gewählt wurde Abu Bakr.

Alle Schiiten betrachten diese Wahl bis zum heutigen Tage als ungültig, weil Ali nicht dabei sein konnte. Und viele Historiker sehen in diesen Vorgängen den Beginn der Spaltung der muslimischen Gemeinde, also der 'Umma, in Sunniten und Schiiten.

Muhammads Grabstätte in Medina gilt bei den Muslimen in aller Welt als einer der ehrenvollsten Orte überhaupt, und der Besuch dieser Grabstätte ist Teil der Pilgerrituale (s. S. 90).

Muhammads Stammbaum

Abb. 41: Muhammads Stammbaum

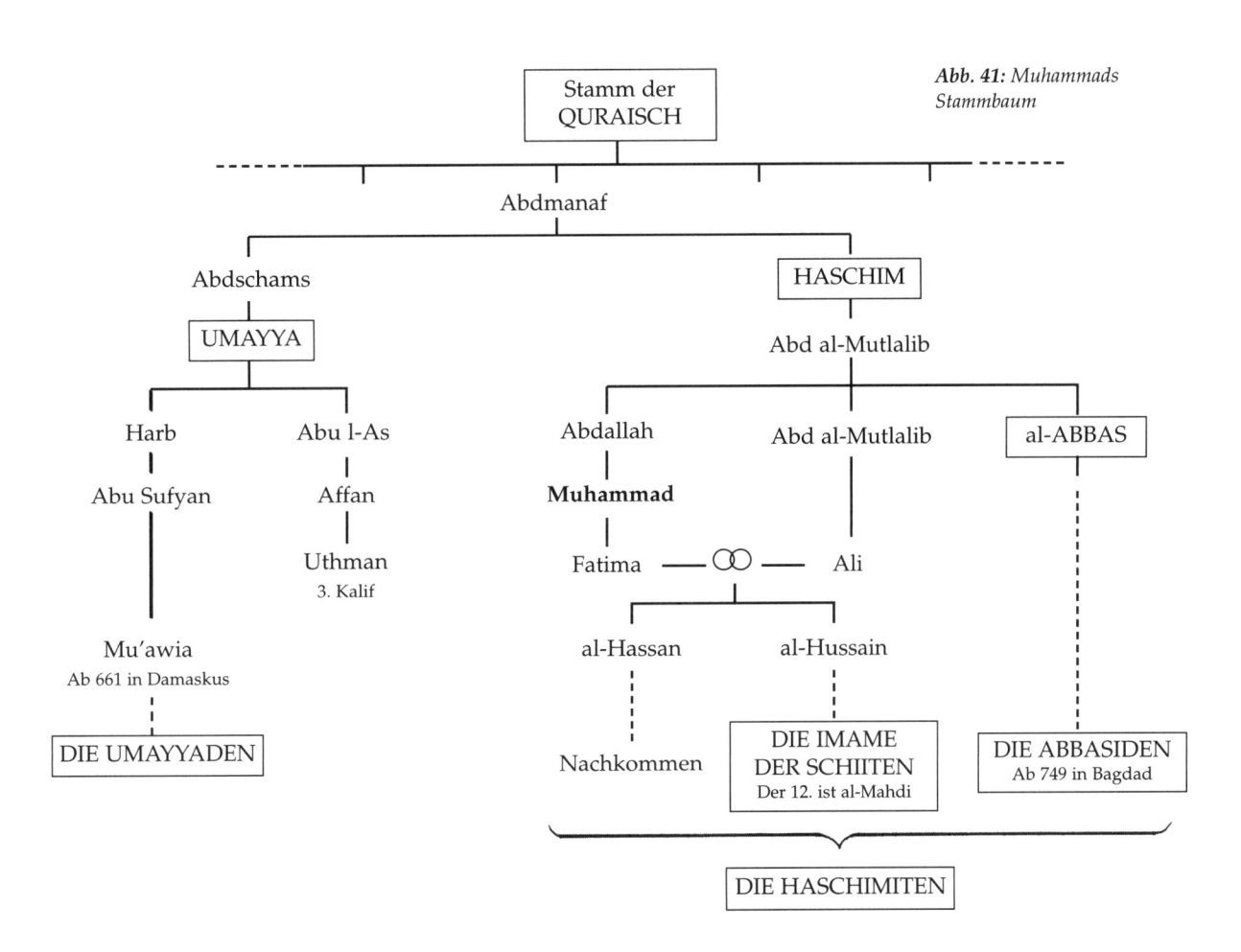

```
                    Stamm der
                    QURAISCH
           ┌───────────┼───────────┬─────────┐
                    Abdmanaf
           ┌───────────────────────┐
        Abdschams                HASCHIM
           │                        │
        UMAYYA                 Abd al-Mutlalib
     ┌─────┴─────┐          ┌──────┼──────────┐
    Harb      Abu l-As   Abdallah  Abd al-Mutlalib   al-ABBAS
     │           │           │           │              │
  Abu Sufyan   Affan     Muhammad        │              │
     │           │           │           │              │
     │        Uthman      Fatima ──∞── Ali              │
     │        3. Kalif        │                         │
     │                  ┌─────┴─────┐                   │
  Mu'awia            al-Hassan  al-Hussain              │
  Ab 661 in                │         │                  │
  Damaskus                 │         │                  │
     │                     │         │                  │
  DIE UMAYYADEN      Nachkommen  DIE IMAME        DIE ABBASIDEN
                                DER SCHIITEN      Ab 749 in Bagdad
                                Der 12. ist al-Mahdi

                         └──────────DIE HASCHIMITEN──────────┘
```

DIE PROPHETEN

Beduinen verstehen

Ibn Chaldun

Ibn Chaldun, der auch in Europa höchst angesehene Geschichtsphilosoph aus dem 14. Jahrhundert (er lebte und lehrte in Tunis, Granada und Kairo), hat in der »Muqaddima«, der berühmten Einleitung zu seinem umfassenden Werk über die Geschichte der arabischen Völker, sehr eingehend die Rolle der Nomaden als wichtige kulturelle Kraft gewürdigt. Auch wenn sie in ihrem nahezu besitzlosen Milieu urbane Kulturelemente wie Architektur, Kunst, Handwerk, Handel, Wohlstand und Luxus nicht hervorzubringen vermögen und für die städtischen Gesellschaften sowie die sesshaften dörflichen Bauern eine ständige Bedrohung darstellen, waren sie für den dauerhaften Fortbestand der arabisch-islamischen Gesamtkultur dennoch existenziell notwendig. Nur in ihrer rigiden Lebenswelt bleiben nämlich immaterielle Güter und Werte wie Ehre, Treue, Tapferkeit, Ausdauer und andere soziale Tugenden aller Art als lebensbestimmende Elemente bewahrt, während in der eher materialistisch geprägten Welt des urbanen Milieus allzu leicht die gegenteiligen, sozial destruktiven Haltungen gedeihen, wie Geiz, Missgunst, Bequemlichkeit und Lüge.

Ohne das Wechselspiel zwischen diesen beiden Wertwelten, also die periodisch wiederkehrende Durchmischen der städtischen Kultur durch kriegerische Einfälle nomadischer Stämme oder Völker, wie in der arabischen Geschichte wiederholt geschehen, ist für Ibn Chaldun eine Gesamtkultur wie die des Islam auf Dauer nicht überlebensfähig.

Zum Verständnis des Islam ist also die Beschäftigung mit der Welt der Beduinen unerlässlich.

Klärung des Begriffs »Beduine«

Badawi (Singular), *Badu* (Plural) ist der arabische Ausdruck für die Nomaden der Steppen und Wüsten. Mit dem Begriff *Beduine* kennzeichnet man vor allem die Nomaden des vorderorientalischen Kulturraums. Deren Lebensform ist uralt. Sie wird bereits in akkadischen Quellen genannt und im Alten Testament beschrieben. In den Abrahamgeschichten (ab Genesis 11,27) sind die »Väter« (Abraham, Isaak, Jakob) selbst Beduinen, und in der Gideonstradition (ab Richter 6) wird der Kampf einiger sesshaft gewordener Israelstämme gegen Beduinenstämme geschildert.

Drei Komponenten der Beduinenkultur

Die Beduinen der arabischen Halbinsel zu verstehen ist deshalb so wichtig, weil ihre Sprache die Sprache des Kurans und damit des arabischen Großreiches wurde, weil also der Islam aus ihrer Mitte stammt und die Kenntnis über ihre Ansichten und Verhaltensweisen viel zu seinem Verständnis beiträgt.

Ali al-Wardi war der bedeutendste Soziologe des Iraks. Er schrieb: »Nach meiner Ansicht besteht die Beduinenkultur aus drei Komponenten: Stammeszugehörigkeitsgefühl, Kriegerische Beutezüge und Ritterlichkeit (*muru'a*).

Der Beduine will erstens mit der Stärke seines Stammes, zweitens mit der Kraft seiner Persönlichkeit siegen und drittens will er sich dem anderen überlegen fühlen, d.h. er will *muru'a* besitzen ... Der Beduine will rauben, aber nicht beraubt werden, Angreifer, nicht Angegriffener, Schenker, nicht Beschenkter sein.« (Ali Al-Wardi, Soziologie des Nomadentums, Darmstadt 1972, S. 60f)

Freiwillig unterwirft sich ein Beduine nie und niemandem – auch nicht dem Stammesführer. Er arbeitet mit diesem zusammen, er achtet ihn, aber auch nur so lange, wie dieser seine Führungsaufgaben ernst nimmt und dabei erfolgreich ist. Meinungsverschiedenheiten werden offen ausgetragen, Heimtücke ist dem Beduinen fremd.

Auch die Frauen zeigen dieses stolze Selbstbewusstsein offen. Sie verschleiern sich nie.

Zur Soziologie der Beduinen

Aus Ali Al-Wardis »Soziologie des Nomadentums« (Darmstadt 1972) hier einige Zitate zu besonders typischen nomadischen Verhaltensmustern:

Demokratische Strukturen

»... dass der Beduine nicht gewohnt ist, sich irgendeinem Menschen, wer er auch sein mag, zu unterwerfen. Die Beduinen achten ihre Stammesführer und arbeiten mit ihnen zusammen, aber sie gehorchen ihnen nicht blindlings, wie es die Städter gegenüber ihren Herrschern getan haben und noch tun – und das kann man freilich auch als eine Art Demokratie bezeichnen.

Der Beduine tritt seinem Stammesführer offen gegenüber, setzt sich mit ihm zusammen und unterhält sich mit ihm ungezwungen und ohne übertrieben höflich zu sein. Er nennt den Stammesführer bei seinem (Vor-)Namen ... oder er redet ihn, besonders in unserer Zeit, mit ›Ya mahfuz‹ (›Schützer‹) oder ›Ya tawil al-'umr‹ (›der lang leben Sollende‹) an, und oft begegnet man ihm mit rauhen Worten und heftiger Kritik«.

Vom Alltag

»Obwohl sich der Beduine in der Wüste nur sehr wenig um die Sauberkeit seines Körpers, seiner Nahrung und seiner Wohnstätte kümmert, kommen in der Wüste nur sehr selten Krankheiten vor. Der Grund hierfür ist, dass die Beduinen in Wanderzelten leben, sich nur kurze Zeit an einem Ort aufhalten und dass der Boden, über den sie gehen, rein und der Sonne und dem Wind ausgesetzt ist. Die Wüste ist kein günstiges Milieu für Mikroben und Mikroorganismen und es kommt daher nur äußerst selten vor, dass sich unter den Beduinen Epidemien oder Infektionskrankheiten ausbreiten.

Man kann durchaus behaupten, dass der Beduine nicht gewohnt ist, sich zu waschen und sich um die Hygiene Sorgen zu machen und dass er gar nicht einsieht, warum sie wichtig sein soll. Wasser zum Waschen und zum Reinigen zu verschwenden, würde ihn nur überraschen und vielleicht empören. Als einmal ein Städter in einer Versammlung von Beduinen erzählte, dass er im Jahr ein- oder zweimal bade, staunten die Anwesenden sehr und fragten: ›Bist du denn eine Ente?‹

Die Beduinen gehen gewöhnlich barfuß und waschen ihre Kleider nicht, sondern ziehen sie an, bis sie abgetragen sind. Sie waschen auch weder ihre Töpfe und ihr Geschirr, noch ihre Hände, nachdem sie gegessen haben und manche Beduinen reinigen sich ihre Hände nach dem Essen entweder an ihrem Bart oder an dem Vorhang ihres Zeltes. Dr. John van Nees erzählt von

Abb. 42: Beduinen am Rande der großen innerarabischen Wüste Rub al-Chali (jemenitische Provinz Hadramaut). Für arabische Beduinen sind Waffen Symbol der Unabhängigkeit. Sobald ein Mann alt genug ist, Leben zu zeugen, steht es auch in seiner Macht, Leben zu nehmen. Der LKW hat auch hier das Kamel längst ersetzt.

einem Städter, der einen Beduinen besuchte und der ihm in einem sauberen Gefäß Milch anbot. Als der Städter im nächsten Jahr wieder zu den Beduinen kam und der Beduine ihm Milch in einem dreckigen Gefäß anbot, fragte er, warum er das tue. Der Beduine sagte darauf hin: ›Unser Hund, der immer die Metallgefäße ausgeleckt und sie sauber gemacht hat, ist leider Gottes gestorben.‹

Die Beduinen benutzen keine Toiletten und ekeln sich sogar vor ihnen. Sie hocken sich dafür hin und entleeren sich auf den Boden im Freien ... Sie speien aus und putzen sich die Nase mit den Fingern, wie es ihnen passt. Man sagt, dass sich einige Beduinen, die einen Städter sahen, wie er sich mit dem Taschentuch die Nase putzte, eingebildet haben, er bewahre das im Taschentuch auf, um es als Medikament gegen irgendwelche Krankheiten zu benutzen.

Eine Geschichte: Ein Beduinen-Scheich erhob Weggebühren von denjenigen Karawanen, die durch sein Territorium nach Mekka zogen. Ausgenommen von diesen Abgaben waren aber Beduinen. Eines Tages kam ein Städter, der den beduinischen Dialekt sehr gut sprach, durch sein Gebiet und behauptete, um die Weggebühren nicht entrichten zu müssen, er sei ein Beduine. Der Scheich war misstrauisch und wollte ihn prüfen. Er bot ihm Datteln an und der Mann aß und legte die Kerne neben sich hin, statt sie, wie es die Beduinen tun, in hohem Bogen weit von sich zu spucken. Darauf verlangte der Scheich sofort die fälligen Weggebühren.« (s. S. 250f)

Ein Beduinenmärchen aus vorislamischer Zeit

Die Geschichte von dem Araberfürsten und seinem Sohne Dijab

Da war einmal ein Araberfürst, dem gar keine Kinder geboren wurden. Eines Tages ging er hinaus unter freien Himmel und sprach: »Mein Gott, wenn du mir einen Sohn schenkst, werde ich mein Leben lang nie mehr einen Raubzug machen.«

Nun vergingen einige Monate, da ward seine Gattin guter Hoffnung, und sie brachte einen Knaben zur Welt, der so schön war wie der Mond. Der Fürst nannte seinen Sohn Dijab und blieb von nun an bei seinem Araberstamme, ohne fortzuziehen, weder zum Raubzug noch zur Plünderung; er erzog den Knaben, und der Knabe wuchs heran, bis er zwanzig Jahre alt war.

Eines Tages nun – o Herr, der du uns zuhörst! – hub der Sachwalter des Fürsten an und sprach zu ihm: »O Fürst, du hast geschworen, du wollest nie mehr auf Raub ausziehen; aber du kennst ja die Sitten der Araber, dass sie immer Raubzüge machen. Und wenn wir keine Raubzüge unternehmen, so geraten wir in schlechten Ruf bei den Araberstämmen.« Darauf erwiderte er: »Tut, was ihr wollt! Zieht hin auf Raub!« Doch der Sachwalter fuhr fort: »Nein, das geht nicht an. Wir müssen den Sohn unseres Fürsten mit uns nehmen.«

Als nun der Fürst dies hörte, wa er außer sich und sprach: »Dieser mein Sohn ist das einzige Kind, das ich habe. Wie kann ich ihn mit euch ziehen lassen?« Da sagte der Sachwalter: »Fürchte nichts! Es geschieht nur wegen der Ehre. Ich werde nicht zulassen, dass dein Sohn mit uns in den Kampf zieht; ich werde auf ihn achten und ihn vom Kampfe fernhalten.« Da war der Fürst beruhigt, so dass er seinen Sohn mit ihnen schickte, indem er dem Sachwalter einschärfte, auf ihn zu achten. Der versprach es; und dann ruhten sie jene Nacht hindurch. Am nächsten Morgen saßen sie auf und zogen von dannen;

immer weiter ritten sie dahin, bis sie von ihrem Stamme etwa drei Tage entfernt waren. Da sprach der Sachwalter zu Dijab: »Junger Mann!« Jener antwortete ihm: »Was wünschest du, Oheim?« Und der Sachwalter fuhr fort: »Schau, der Größte eines Volkes ist sein Diener.« Da sagte Dijab: »Gut, lieber Oheim! Was gibt es denn für einen Dienst, den ich leisten könnte?« »Siehe«, antwortete ihm der Sachwalter, »wir wollen auf Raub ausgehen. Bleib du, bitte hier, und backe Brot und halt es bereit, wenn wir zurückkommen, damit wir es fertig vorfinden.« »Das will ich tun«, sagte Dijab, während die anderen weiter ritten. Alsdann – o Herr, der du uns zuhörst! – buk Dijab einen Brotlaib, der für seine Leute genügte, den versteckte er in der Erde, und darauf bestieg er sein Ross und ritt weiter, sieben Stunden lang. Nun buk er wieder einen Laib und vergrub ihn unter dem Sand in der Erde. Bald darauf kamen seine Stammesgenossen, die mit ihrem Zuge Erfolg gehabt hatten, und sprachen zu ihm: »O Dijab, was machst du hier?« Er antwortete ihnen: »Ich wollte euch einholen; aber da ihr nun gekommen seid, habt ihr mich hier getroffen.« Darauf sagten sie: »Das ist gut. Wir sind hungrig.« »Seht«, erwiderte er, »da ist das Brot fertig.« Mit diesen Worten gab er ihnen den Laib, und sie aßen ihn. Dann saßen sie wieder auf, und nachdem sie etwa sieben Stunden geritten waren, sprachen sie zu ihm: »O Dijab, wir haben Hunger.« »Sofort!« erwiderte er ihnen; als er sich aber umschaute, entdeckte er, dass an der Stelle, an der er den Brotlaib vergraben hatte, Zelte aufgeschlagen waren. Da sagte er zu seinen Arabern: »Verlasset mich! Ich werde euch bald das Brot bringen.« Dann machte Dijab sich auf und setzte sich neben den Zelten nieder, bis es dunkel wurde. Nun schlich er zwischen den Zelten umher, um zu suchen; er schaute um sich und bemerkte, dass an der Stelle, an der sein Brotlaib lag, ein Prunkzelt aufgeschlagen war. In dies Prunkzelt ging er hinein, und da sah er, wie drinnen die Tochter des Fürsten schlief, und der Brotlaib war zufällig gerade unter dem Lager, auf dem die Tochter schlief. Dijab sagte sich: »Ich möchte wohl das Lager fortziehen und das Brot herausholen.« Und er trat näher, fasste das Lager an und begann zu ziehen. Da wachte die Tochter auf und wollte schreien und rufen: »Ein Dieb!« Doch Dijab sprach zu ihr: »Um Gottes willen, ich bin kein Dieb. Ich bin nur gekommen, um ein Brot zu holen, das ich hier unter deinem Lager vergraben habe.« Darauf sagte sie: »Schau her, wenn da ein Brot ist, so will ich dir gestatten, es zu nehmen, und du kannst gehen; wenn sich aber nichts findet, so muss ich meinem Vater sagen, dass er dich tötet.« Da grub Dijab an der Stelle, an der er das Brot verborgen hatte, und fand es. Als nun die Tochter sah, dass die Worte Dijabs keine Lüge waren, gab sie ihm noch etwas Butter zu dem Brote und sprach zu ihm: »Auf, geh an deine Arbeit!« Aber dann dachte sie daran, dass ihr Vater Löcher gegraben hatte wegen der Diebe; und so sprach sie zu ihm: »O Dijab, warte, damit ich dich bis draußen vor die Zelte geleite!« Und sie fasste ihn bei der Hand, um ihn bis vor die Zelte zu führen. Während sie aber mit ihm dahinschritt, sah sie plötzlich, wie er in eine Grube fiel; darum eilte sie in ihr Zelt, holte einen Strick und kehrte zu Dijab zurück, um ihn aus der Grube heraufzuziehen. Als sie wieder bei ihm war, ließ sie ihm den Strick hinunter; er fasste das untere Ende des Seiles, während sie ganz langsam zu ziehen begann, bis er auf halber Höhe der Grube ankam. Da stürzte plötzlich etwas Erde unter ihren Füßen ab, und sie fiel mit ihm hinunter. Was sollte sie nun machen? Die beiden blieben in der Grube.

Jetzt wendet sich die Erzählung und die Rede zu dem Vater der Jungfrau! Der hatte die Gewohnheit, jeden Tag hinzugehen und die Grube zu besuchen, um zu schauen, ob ein Dieb hineingefallen sei. Doch wie er an jenem Tag dorthin ging, fand er einen Jüngling mit seiner Tochter. Was sollte er nun tun, um nicht ins Gerede zu kommen? Er sprach zu seinen Arabern: »Auf, wir marschieren, ihr Araber!«

Sofort brachen die Araber ihre Zelte ab und zogen weiter, etwa zwei Stunden von ihrer Lagerstätte. Und als sie sich niedergelassen hatten, ließ der Fürst seinen Sklaven kommen und sprach zu ihm: »Masrur!« »Jawohl, mein Gebieter!« antwortete jener; und der Fürst fuhr fort: »Du kennst die Stätte, an der wir gelagert haben. Geh dorthin, und dort wirst du mitten in der Grube meine Tochter mit einem Jüngling finden. Nimm Brennholz mit und verbrenne die beiden!« Der Sklave erwiderte: »Gern! Zu Befehl!« Und der Fürst fügte noch hinzu: »Hüte dich, dass meine Tochter dich dort überlistet! Ich schlage dir sonst den Kopf ab! Du musst sie verbrennen, und hüte dich, irgend jemandem etwas zu sagen.« »Ich gehorche«, sagte Masrur, holte alsbald das Pferd seines Herrn, nahm auch das Schwert seines Herrn und ritt fort. Wie er an die Grube herantrat, sagte Masrur zu der Tochter des Fürsten: »Dein Vater ist von hier fortgezogen, und er hat mich gesandt, damit ich dich verbrenne und den, der bei dir ist.« »Ist dir so wenig an mir gelegen, o Masrur, sintemalen ich dich doch liebe und du mich liebst seit langer Zeit?« »Jawohl!« »Nein! Hol du mich zuerst herauf, dann wollen wir beide, ich und du, den da verbrennen, und hernach wollen wir zu einem dieser Araberstämme gehen.« »Gern«, sagte der Sklave, ließ ein Seil hinab und zog die Jungfrau herauf. Als sie oben war, sprach sie zu ihm: »Auf, geh, hol du das Brennholz; lass mich es in die Grube tun, damit wir ihn verbrennen!« Darauf begann er Brennholz zu holen und hin und her zu laufen, während sie das Holz in die Grube hineinwarf und zu Dijab sagte: »Schichte das Holz unter deinen Füßen auf!« Schließlich aber ward Masrur müde von dem vielen Holz-Schleppen; da sagte die Tochter des Fürsten zu ihm: »Leg doch deine Waffen ab, dann wird dir leichter!« So legte er denn seine Sachen ab, darunter auch das Schwert, indes sie immer mehr Holz hinabwarf, bis Dijab heraufkam. Wie er nun oben war, verbarg er sich hinter dem Rosse, nahm das Schwert in die Hand und wartete, bis Masrur wiederkam. Dann erhob er sich und traf ihn mit dem Schwerte in die Mitte und hieb ihn in zwei Teile. Darauf nahm Dijab die Tochter des Fürsten, hob sie hinter sich aufs Ross und ritt zu seinen Arabern. Als sie ihn erblickten, sprachen sie: »Wo bist du gewesen, Dijab? Du hast unsere Gedanken um dich besorgt gemacht! Und woher bringst du die, die hinter dir reitet?« Da erzählte er ihnen alles, was geschehen war. Danach machten sie sich wieder auf und kehrten zu ihrem Fürsten zurück. Als der sah, dass Dijab wohlbehalten zurückgekehrt war, küsste er ihn auf die Stirn und fragte ihn: »Wie war der Raubzug?« Sein Sohn Dijab erzählte ihm alles, was geschehen war; darüber verwunderte sich sein Vater.

Von nun an blieben die beiden zusammen, und der Fürst ließ seinen Sohn nie mehr auf einen Raubzug ausreiten. Eines Tages aber, als der Fürst in seinem Zelte saß, trat sein Sohn zu ihm herein und sprach zu ihm: »Lieber Vater, ich möchte mich mit der Jungfrau vermählen, die ich mit mir gebracht habe.« »Gern«, erwiderte der Vater, ging zu der Jungfrau und sprach zu ihr: »Mein Sohn möchte dich zur Frau nehmen.« »Das mag geschehen«, erwiderte sie, »aber ich wünsche meine Morgengabe.« »Worin besteht deine Morgengabe?« »Vierzig Kamelinnen und vierzig Sklavinnen und vierzig Schafe und vierzighundert Goldstücke für mich, und vierzig Kamelhengste und vierzig Rosse für meinen Vater.« Als der Fürst nun diese Worte aus dem Munde der Jungfrau vernahm, wusste er, dass sie eine Jungfrau von edler Abkunft war, zumal sie auch an ihren Vater dachte, und er sagte sich: »Diese steht meinem Sohne Dijab wohl an.« Alsbald ließ er den Prediger kommen und vermählte seinen Sohn mit dieser Jungfrau, nachdem er alles herbeigeschafft hatte, was sie verlangte. Dann sandte er zu ihrem Vater Kunde von allem, was geschehen war, vom Anfang bis zum Ende. Als nun ihr Vater erfuhr, dass der Jüngling, der mit seiner Tochter in der Grube gewesen war, der Sohn eines Fürsten war, ward er von höchster Freude erfüllt; und er stieg zu Ross mit seinen Leuten. Wie sie bei dem Fürsten, dem Vater Dijabs, ankamen, beglückwünschten sie ihn zu der Tochter; er selbst nahm seine Kamele und seine Pferde in Empfang und blieb noch einige Tage dort. Dann aber machte er sich auf den Weg und kehrte zu seinem Stamme zurück. Und sie lebten in Freuden und in Herrlichkeit – Gott gebe allen Zuhörern eine schöne Zeit.

> Ich habe erzählt die Geschichte mein
> Und legte sie dir in die Tasche hinein.
> Daus, daus – die Geschichte ist aus!

Aus: Michael Kurzer, Weisheit der Araber, Würzburg 1995 (Übersetzung von Enno Littmann).

Letztes Lied eines Beduinen

> Keine Rede ist besser:
> Gott ist der einzige Gott!
> Zwischen Paradies und Hölle
> Ist der Weg dünner als ein Haar.
> Es gibt welche, die hinüberfliegen
> Wie der flügelstarke Falke;
> Es gibt solche, die angstvoll weinen
> Aus Furcht vor dem drohenden Feuer;
> Es gibt, die in die Hölle stürzen
> Und des Paradieses Tor nicht erreichen:
> Das sind, die ihren Kindern fluchen
> Und ihnen ihren Segen entziehen,
> Oder die, welche die Gesetze nicht halten;
> Wie müde werden sie und wie lange währet ihre Pein!
> Es sind uns aber auferlegt fünf:
> Das erste: es ist nur ein Gott,
> Das zweite: die Türe des Fastens,
> Das dritte: das Gebet,
> Das vierte: der Zehnte vom Gut,
> Das fünfte: die Hedschazfahrt. –
> Keine Rede ist besser:
> Gott ist der einzige Gott!

Aus: Michael Kurzer, Weisheit der Araber, Würzburg 1995, S. 56.

Abu Hamid –
Unterwegs in Israel und Palästina

Weiß er, warum wir lachen? Er freut sich. Unser Lachen treibt ihn zu immer exotischer klingenden Darbietungen. Jetzt ist Muhammad bei Pink Floyd angelangt, meine Augen tränen, ich kann kaum noch atmen! Und immer noch singt er. Weiß er, dass in unserem Lachen auch ein wenig ein Lachen über ihn steckt? Darüber, dass er alle unsere Melodien voll Inbrunst so völlig entstellt herausschmettert? Wir mögen ihn, unseren Busfahrer, den immer heiteren, zu allen Extratouren bereiten Muhammad. Ich denke, sie haben ihn richtig gern, meine Schülerinnen und Schüler, richtig lieb gewonnen auf unserer nun schon mehrere Tage dauernden Rundfahrt durch Galiläa. Angefangen hat es mit Umm Kulthum, der Sängerin aus Ägypten. Immer wieder dieselbe Kassette, dieselben, in unseren Ohren so entnervenden Tonfolgen und dazu sein Gesang. Dass sie auch Musik dabeihätten, wagte ein Mutiger am zweiten Tag sich vor. Sofort hinein damit! Und so entwickelte sich dieses extraordinäre Musikerlebnis. »We don't need no education ...«: wir lachen und singen.

Arabische Busfahrer in Palästina sind nicht krankenversichert, haben keinerlei Altersvorsorge, ja nicht einmal Lohn beziehen sie von ihrer Gesellschaft. Sie dürfen fahren und ihr Einkommen besteht aus dem, was sie an Trinkgeldern erhalten. Deshalb ist es überhaupt nicht selbstverständlich, dass da einer, wie unser Muhammad, so fröhlich Gymnasiasten aus Freiburg durch die Gegend chauffiert. Was ist von denen schon zu erwarten? Jede andere Reisegesellschaft wäre lukrativer. Später erklärte mir mein Freund Re'uven, dass er schon vor Beginn der Fahrt mit Muhammad ein Gespräch über diese Angelegenheit geführt hatte, wobei es auch einen kräftigen Vorschuss bar auf die Hand gab.

Re'uven stammte aus Jerusalem und war bisher bei allen meinen Reisen ins Heilige Land als Reiseleiter dabei. Er meinte, noch eine Nacht in der Jugendherberge in Tiberias würde meine Nerven gänzlich ruinieren. Es sei jetzt eine weitere Schulklasse aus Haifa angekommen und die Kinder in seinem Land seien halt ein wenig lebhaft: »Ich schicke unseren Busfahrer, dich und deinen Kollegen für eine Nacht nach Maagan, dort ist es ruhig, ihr könnt für morgen Kräfte sammeln!«

Der Kibbuz Maagan hatte damals noch nicht sein wunderschönes Gästehaus, es standen sehr einfach ausgestattete kleine Wohnwagen unter alten Bäumen am Ufer des Sees Genezareth. Für Gäste war ein kleiner Speiseraum eingerichtet. Außer uns dreien waren aber keine weiteren Gäste da. Und so langweilte sich der junge Mann, der zum Bedienen eingeteilt war, deutlich erkennbar. Deshalb begann er zu erzählen: von Kanada, wo er seine Kindheit und Jugend verbracht hatte, vom Wehrdienst in Israel und dass er sich überhaupt noch nicht sicher sei, ob er im Kibbuz für immer bleiben möchte. Nur ich hörte zu. Denn mein Kollege, frisch verliebt, pflegte seinen Trennungsschmerz, er war in Gedanken ganz weit weg. Auch Muhammad beteiligte sich mit keiner Silbe, obwohl er recht gut Englisch konnte ... Sein Gesicht zeigte nicht die geringste Regung. Er war beim Kaffee und seinen Zigaretten angelangt, wir beim Rotwein vom Karmel. Kaum wahrnehmbar, ein Aufleuchten in seinen Augen. Ich schaue dort hin, wo er hinblickt und entdecke den kleinen Gecko mit dem blutigen Schwanzstummel am Rahmen des geöffneten Fensters. Eine blitzschnelle Handbewegung: er hält das Tierchen zwischen Daumen und Zeigefinger und ich denke: jetzt macht er es kaputt! Viel zu oft hatte ich schon beobachten müssen, wie, ohne Regung zu zeigen, in diesen Ländern Menschen Tiere gequält und getötet haben. Überaus behutsam, mit einem liebevollen Lächeln das winzige, zappelnde Wesen betrachtend, trägt er es hinaus ins Freie. Als Muhammad wieder bei mir sitzt, meint er, dass der Gecko sich in Zukunft vor der Katze besser in Acht nehmen würde. Und fügt hinzu, mit diesem Lächeln in den Augen: »Du hast gemeint, ich töte ihn. Wir Beduinen lieben die Tiere und sind barmherzig«. Ein ganz anderer Mensch sitzt vor mir, einer der mit Händen, Augen, Mund redet, alles an ihm ist in Bewegung geraten, alles erzählt. Inzwischen habe ich auch den Grund dieser Veränderung bemerkt: aus dem Nebenzimmer tönt das Geräusch von TV-Fußball, dorthin hat sich der Kanadier zurückgezogen. Muhammad erinnert sich an den Negev: durch seine tiefen Schluchten und über die weiten Höhen ist seit Menschengedenken seine Sippe gezogen. Frei waren sie, reich und jeder war für den anderen da. Der Negev ist jetzt militärisches Sperrgebiet. Alle Beduinen mussten die Gegend verlassen. Seine eigene Familie lebt in einem winzigen Betonhaus, viele Familien wohnen da, in dieser Ansiedlung im Nordosten von Jerusalem. Und es kämen immer mehr jüdische Einwanderer aus Kanada, Russland, Argentinien und vor allem aus den Vereinigten Staaten von Amerika, was er ganz besonders nachdrücklich betont. Die Geschichte des Zionismus mit aller Leidenschaft vorgetragen, die Geschichte der jüdischen Einwanderung aus der Sicht der Negevbeduinen! »Du musst meine Söhne sehen!« unterbricht er abrupt seinen Redefluss und wird im selben Augenblick selbst unterbrochen: der Kanadier war hereingestürzt und fuchtelte mit einer pechschwarzen Maschinenpistole wild herum. Muhammad versteinert. Ich sage dem jungen Mann, dass ich Pazifist sei und er deshalb das blöde Ding weglegen soll. Daraufhin meint dieser, dass er im Grunde auch Pazifist sei, aber die Syrer hätten etwas gegen Pazifismus, ich soll das den Syrern sagen! – was ich ihm auf der Stelle verspreche. Und dass wir bezahlen möchten, füge ich schnell hinzu. Ich kann mich nicht erinnern, je einen absurderen Dialog geführt zu haben.

Der folgende Tag: eine mittelschwere Wanderung durch ein Seitental des Jordangrabens! Re'uven, während des Wanderns: »Für heute Abend sind wir alle bei Muhammad eingeladen!« Später, am Nachmittag, gab es noch die Besichtigung des Tall as-Sultan, den Obsteinkauf auf dem kleinen Markt in Jericho, und danach fuhr der Bus hinauf nach Jerusalem.

Da waren sie, die vielen kleinen Betonwürfelchen. Lieblos in die kahle Wüste hineingeworfen. Beulen der Landschaft, Elend der Menschen. Türen waren ausgehängt und dienten als Tische. Sitzkissen lagen rings herum, wir sollen uns hinsetzen und, müde wie wir waren, kamen wir dieser Aufforderung gerne nach. Wir waren nicht allein. Viele, viele Leute um uns herum! Vorn Kinder, unzählig viele Kinder. Dann, etwas mehr Abstand wahrend, die Großen. Es gab Wasser, Tee und Berge von arabischem Gebäck. Und dieses Gebäck ist sündhaft teuer! Ich überschlug ganz grob, was das alles gekostet haben mag, und erschrak. Mehr als die Hälfte der Trinkgelder, die er von uns erwarten konnte, hatte er für uns ausgegeben! Der Appetit war mir vergangen. Wie es bei uns so üblich ist, fallen meine Schülerinnen und Schüler, ausgehungert wie sie waren, mit Heißhunger über die herrlichen Stückchen her. Die Berge schwinden im Nu! Re'uven zupft mich am Ärmel: »Sag ihnen, sie müssen sofort aufhören zu essen! Sie dürfen auf keinen Fall alles verzehren, es wäre eine große Schande für Muhammad, es würde bedeuten, dass er arm ist, dass er seine Gäste nicht ausreichend bewirten kann!« Es war nicht ganz einfach, die Mahlzeit zu stoppen. Es gab ein Gemurre und ein Machtwort.

Dann der Höhepunkt: die Vorstellung der Söhne. Vier oder fünf Büblein mussten sich vor mich hinstellen, ihre Namen wurden verkündet, gemerkt habe ich mir nur den des ältesten Sohnes: Hamid.

Abu Hamid, verkünde ich laut und deutlich vernehmbar: du hast prächtige Söhne!

Stolz richtet er sich auf, doch sein Gesicht wird ernst. Ich habe ein Problem, meint er, meine Frau kann nicht mehr, kann keine Kinder mehr kriegen, schau sie dir doch an! Ich muss mich nach einer neuen, einer jungen umsehen. Und er ruft sie in den Kreis hinein und sie kommt. Ich kann es nicht fassen, hier steht seine Frau vor mir, klein, abgeschafft, abgemagert, Haut und Knochen nur, seine Frau, die ihm mindestens zehn Kinder geschenkt hatte, und ich, der Fremde, soll sie taxieren wie man ein altes Fahrrad taxiert. Mir ist das peinlich, sehr peinlich, weit weg von hier will ich sein, im Erdboden möchte ich versinken und ich höre mich sagen: »Prächtige Söhne hast du von ihr!«

Weiß er, wie entwürdigend ich diese Szene finde? Er weiß es sicher nicht. Seine Frau steht noch immer da und sie erweckt nicht den Eindruck einer, die gerade etwas Schreckliches erlebt, eher gelangweilt, denke ich, steht sie da. Sie wissen es beide nicht, wie ich mich jetzt fühle. Auch nicht die Herumstehenden. Auch nicht die Schülerinnen und Schüler, die lenkt ihr Hunger ab. Mein Kollege? Danach fragen müsste man ihn einmal. Nur Re'uven hat sicher alles mitbekommen, er drängt zum Aufbruch.

Am folgenden Morgen erschien Abu Hamid mit einer dick bandagierten rechten Hand. Er habe sich an einer zerbrochenen Flasche verletzt. Gegen Mittag musste Re'uven den Bus übernehmen, am nächsten Tag erschien ein anderer Fahrer.

Abu Hamid habe ich nie mehr getroffen. Bei jedem der folgenden Besuche in Israel und Palästina habe ich mich nach ihm erkundigt, aber keiner wusste etwas Genaueres. Er lebe wieder bei Beduinen, war eine vage Auskunft.

Muhammads besondere Leistung

Identitätsstiftend ist für diese Menschen nur der eigene Stamm mit seinen Familien. Beduinen kennen oder anerkennen keine andere Gemeinschaft, die ihnen irgendetwas bedeuten könnte oder zu sagen hätte.

Nur vor diesem Hintergrund kann man ermessen, was Muhammad geleistet hat. Aus Leuten, die keinen einzigen Angehörigen eines fremden Stammes respektieren, die sich nichts und niemandem unterwerfen, hat er eine Gemeinschaft geformt, die völlig einzigartig im ganzen großen arabischen Kulturkreis war, in der alle Mitglieder, ohne Beachtung ihrer Herkunft, sozialen Stellung in der Gesellschaft und ihres Geschlechtes gleichberechtigt waren, von gleicher Würde, die sich einem einzigen Gott bedingungslos hingaben und den Worten des Verkünders des Gottesworts unbedingt folgten: die 'Umma (vgl. S. 75).

DIE 'UMMA

Wort- und Begriffsklärung, theologische Dimension

Die Anhänger und Anhängerinnen, jene Menschen, die sich von Propheten der Vorzeit beeinflussen ließen und deren Gemeinden bildeten, nennt Muhammad 'Umma. Auch die Gemeinschaft, die sich um ihn selbst formte, trug diesen Namen.

Die 'Umma der Muslime, die muslimische Gemeinde oder Gemeinschaft, ist der religiöse Zusammenschluss aller Glaubenden, unabhängig von Nationalität, Herkunft und Hautfarbe oder Geschlecht.

Die Wurzel des Wortes ist *'amma*: »sich begeben«, »einem Beispiel folgen«, aber auch »vorausgehen«, »anführen«.

Auch *'Imam*, »Vorbeter«, ist aus dieser Wurzel hergeleitet. Deren verschiedene Bedeutungen schwingen im Wort mit.

»'Umma« verursacht ein Gefühl des sozialen Zusammenhalts und der gemeinsamen Verantwortung der Religion gegenüber.

Die Muslime betrachten ihre eigene Einheit als Symbol des Monotheismus. In Einheit miteinander verbunden und zugleich zusammen verbunden mit dem einen Gott.

Man spricht von »Wihdat ul-'Umma min Wihdat il-Ilah«: die Einheit der 'Umma ergibt sich aus der Einheit Gottes.

Politische Dimension

Aber: Die gängigen Ausdrücke »al-'ummat ul-islamieh« oder »'Ummatu Muhammad«, »die islamische 'Umma« oder »Muhammads 'Umma«, deuten auch auf eine politische Dimension hin: die islamische Nation oder die Nation von Muhammad. 'Umma in diesem Sinne umfasst alle Völker, Ethnien und Gruppierungen, die sich zum Islam bekennen, ungeachtet ihrer unterschiedlichen kulturellen oder geschichtlichen Hintergründe.

Diese Vorstellung von 'Umma ist eines der größten Konfliktthemen zwischen den Nationalisten und Fundamentalisten der islamischen Welt (s. S. 164ff).

Friedenspflicht

Innerhalb der 'Umma herrscht das absolute, unlimitierte Friedensgebot in allen Lebensbereichen. Blutige, kriegerische Auseinandersetzungen sind ein Unding. Der Kuran urteilt darüber: »Die Gläubigen sind ja Brüder, so stiftet Frieden zwischen euren beiden Brüdern und fürchtet Gott, auf dass ihr Erbarmen findet.« (49,10) »Auch wenn du deine Hand nach mir ausstrecktest, um mich zu töten, so werde ich meine Hand nicht nach dir ausstrecken, um dich zu töten. Ich fürchte Gott, den Herrn der Welten« (5,28) und: »Seine Seele machte ihn willig, seinen Bruder zu töten. Er tötete ihn und wurde einer der Verlierer« (5,30).

Als religiöse Pflicht gilt für jeden Muslim, sein islamisches Gebiet zu verteidigen. Dieser Einsatz, also der Kampf gegen Angriffe von Feinden auf muslimische Gebiete, wird im kuranischen Text von den Muslimen verlangt, und zwar eindeutig nur als Verteidigung und nicht als Angriff. Wenn die 'Umma, die muslimische Gemeinde, irgendwo auf der Welt bedroht oder angegriffen wird, lässt der Kuran also Waffengewalt zu.

Für diesen Fall sind seine Anweisungen aber eindeutig: »Kämpft auf dem Weg Gottes gegen diejenigen, die gegen euch kämpfen und begeht keine Übertretungen« (2,190).

Friede, »Salam«, ist mit dem Namen des »Islam« verbunden und, sowohl sprachlich, als auch inhaltlich. Deshalb fordert der Kuran selbstverständlich auch hier zum Frieden auf. »Und wenn sie (die Gegner) sich dem Frieden zuneigen, dann neige auch du dich ihm zu« (8,61). Oder: »Wenn sie sich von euch fernhalten und nicht gegen euch kämpfen und euch Frieden anbieten, dann erlaubt euch Gott nicht, gegen sie vorzugehen« (4,90).

'Umma heute

Hinweis: Die folgenden Darlegungen sind auf die Türkei nur bedingt anwendbar.

Frage:
Existiert heute noch so etwas, wie es sich der Prophet Muhammad vorgestellt hat, als er von 'Umma sprach? Offen sichtbar sind andere Phänomene:
1. Die untereinander fehlende Solidarität sog. muslimischer Staaten wie z.B. Saudi-Arabien auf der einen und das bettelarme Somalia auf der anderen Seite.
2. Die unglaubliche Ver- und Missachtung der herrschenden Oligarchen gegenüber den von ihnen beherrschten und gedemütigten Muslimen und damit die der kuranischen Ethik, obwohl sich die Herrschenden als Hüter des wahren Glaubens ausgeben.

Antwort:
Wenn wir uns die Frage stellen nach der fehlenden Solidarität, Demokratie, Achtung der Menschenrechte, Gerechtigkeit und anderen Phänomenen in vielen modernen islamischen Gesellschaften, so können wir diese Frage wie folgt beantworten: Die allgemeine Situation in diesen Gesellschaften ist von vielen Faktoren beeinflusst worden. Grob gesehen können wir dabei aber zwischen exogenen und endogenen Faktoren unterscheiden.

Zu den exogenen gehören die Auswirkungen der Kolonialzeit in diesen Ländern. Denn die ehemaligen Kolonialmächte haben, nach der offiziellen Beendigung der Kolonialepoche, in ihren ehemaligen Kolonien Regierungen aus den nationalen Kräften eingesetzt und damit von Anfang an eine antidemokratische Tradition in diesen Ländern installiert. Diese Tradition wurde später immer wieder von den ehemaligen Kolonialmächten unterstützt, solange die wirtschaftlichen und politischen Beziehungen ohne Probleme funktionierten. Und bis heute funktioniert diese Art der politischen Macht-Ausübung in vielen islamischen Staaten, ganz besonders in den arabischen, wo viele Machthaber seit Jahrzehnten regieren.

Die historische Erklärung, die exogene Faktoren zur Erklärung heranzieht, führt direkt zu den endogenen.

Diese Gesellschaften haben in ihrer Geschichte, also auch vor der Kolonialzeit, fast nur Stammesstrukturen und die Herrschaft des Stammesführers gekannt. Nicht wenige solcher alten Familienclans lenken noch heute die Geschicke.

Aber das ist nicht der einzige endogene Faktor. Wir müssen noch mehrere in diesem Zusammenhang darstellen.

Die fehlende Bildung: In manchen Gesellschaften beträgt die Analphabetenquote der Bevölkerung über 70%. Und wer keine Bildung hat, ist schnell manipulier- und leicht regierbar.

Die wirtschaftliche Lage: Die Machthaber vieler islamischer Staaten bereichern sich und betreiben Vetternwirtschaft. Alles auf Kosten der gesamten Bevölkerung, die in Staaten wie Somalia, Sudan, Afghanistan, Bangladesch und vielen anderen in bitterer Armut und Not leben. Diese Machthaber verletzen damit die wichtigsten islamischen Prinzipien der Gerechtigkeit, Gleichheit und Teilhabe.

Das Wechselspiel der Machthaber mit den religiös motivierten fundamentalistischen Kräften in ihrem Lande: Auf der einen Seite versuchen die Machthaber die Legitimation für unislamische Machtausübung von den Gelehrten in ihren Ländern zu holen, im Gegenzug dazu garantieren sie diesen Gelehrten die Möglichkeit und Freiheit, ihre radikal-islamischen Ideen, solange sie die eigene Macht nicht berühren, zu verbreiten. Also, es wird hier ein Interessenspiel auf Kosten der rechtlosen, machtlosen und wenig gebildeten Menschen gespielt, welches die Entwicklung dieser Gesellschaften verhindert und sie somit in der Rückständigkeit verharren lässt.

Die radikalsten Islamisten durchschauen dieses »Spiel« und bekämpfen sowohl die Machthaber im eigenen Land als auch deren ausländische Verbündete mit allen Mitteln.

Nun schließt sich aber der Kreis, er wendet sich zurück zu den exogenen Faktoren: Natürlich gibt es in allen islamischen Staaten und Gesellschaften auch demokratische und freiheitliche Kräfte, die aber überall mehr oder minder stark unterdrückt werden.

Der Mangel an Unterstützung durch die Außenwelt für diese Menschen, die spärlich bekundete, oft fehlende Solidarität, kann ebenfalls als exogener Faktor betrachtet und dargestellt werden, weil das Fehlen entsprechender Unterstützung negative Auswirkungen hat und zum Stillstand oder gar Rückgang der Entwicklung in den muslimischen Gesellschaften führt.

Von den Gedanken zur 'Umma und den grundlegenden Forderungen der muslimischen Ethik ist heutzutage sehr wenig – oder praktisch nichts verwirklicht in den einzelnen Gesellschaften und im Umgang der Staaten miteinander.

Aufgabe:
Stellen Sie aktuelle Belege zu diesen Darlegungen zusammen. Viele Quellen bieten sich an: Printmedien, Internet, Prospekte aus Reisebüros ...

Kalif, Kalifat

Die Wurzel *chalafa* bedeutet »nachfolgen«, »an die Stelle treten«. Der *chalifa* (Kalif) folgt dem Propheten Muhammad nach, die *chilafa* ist seine Institution, das Kalifat.

Die vier rechtgeleiteten (arab. *raschidun*) Kalifen, Abu Bakr, Ummar, Uthman und Ali, wurden in unterschiedlicher Weise gewählt oder ernannt. Danach war das Kalifat mit der Erbfolge der Dynastien verbunden und die Wahlen waren reine Formsache.

Der Anspruch des Kalifats ist sehr groß: Den Staat führen wie einst Muhammad die 'Umma in Medina. Diesem Anspruch ist nach den rechtgeleiteten Kalifen kein einziger Herrscher der verschiedenen Dynastien gerecht geworden.

Während der Umayyaden-Herrschaft (s. S. 190) wurde die Berufung auf Muhammad anders akzentuiert: nicht auf der Nachfolge Muhammads liegt der Schwerpunkt, sondern »Stellvertreter Gottes« nannten sich die Kalife fortan; damit wollten sie den Untertanen signalisieren, welche Art von Gehorsam man von ihnen erwartete.

Die Abbasidenkalife änderten daran nichts; der Anspruch wurde sogar erweitert. Sie kleideten sich mit der »burda«, dem Mantel des Propheten Muhammad, und ließen das vom dritten der vier rechtgeleiteten Kalifen, Uthman, hergestellte Originalexemplar des Kurans vor sich hertragen.

Dauerhaften Frieden im Innerern konnten diese Kalifen nicht schaffen; tiefgreifende Spaltungen trennten die 'Umma immer wieder.

Außerdem existierten Parallel-Kalifate in Spanien und Ägypten, die den Machtanspruch von außen her eingrenzten.

1258 beendete der Mongolensturm das Kalifat in Bagdad.

Unter den Osmanen wurde es wieder eingeführt, aber der Titel Kalif war nur einer unter den zahlreichen Ehrennamen des Sultans. Diese Einstellung zum Kalifen-Titel änderte sich erst gegen Ende des 19. und am Anfang des 20. Jahrhunderts. Passend in die politische Landschaft jener Zeit, in der die Religion wieder für die Politik an Bedeutung gewann, sahen sich die Sultane als geistige Führer aller Muslime weltweit.

Der verlorene Erste Weltkrieg brachte das Ende des Osmanischen Reiches und die Gründung der türkischen Republik durch Mustafa Kemal Atatürk. Die türkische Nationalversammlung erklärte 1924 das Kalifat für aufgelöst.

Mutabor

Mit Alis Ermordung im Jahre 661 n.Chr. ist nach schiitischer Auffassung das Kalifat erloschen. Die Schiiten sind sich dessen sicher, aber auch viele Sunniten schließen sich dieser Ansicht an, denn die späteren Träger des Kalifen-Titels können mit den vier ersten, rechtgeleiteten Kalifen in keiner Weise verglichen werden.

Der Titel – und damit auch das Amt – wurde immer wieder umgewandelt und umgedeutet. Das ist möglich gewesen, weil es keine Instanz gibt, die das Recht und die Macht hat, diesen Titel zu verleihen. Alle, die sich nach 661 diesen Titel zugelegt haben, taten dies aus eigenem Interesse und aufgrund eigenen Machtanspruchs. Voraussetzung war der politische oder militärische Sieg über den Gegner, auf alle Fälle die Beseitigung von Konkurrenten. Kuran-Gelehrte, die sich kritisch äußerten, wurden in der Regel zum Schweigen gebracht.

Der Fall Kaplan –
»Kalif von Köln« beschäftigte Justiz seit Jahren
Eine der jüngsten Kalif-Titel-Wandel-Geschichten stammt aus Köln.

Der als »Kalif von Köln« bekannt gewordene Metin Kaplan galt als einer der radikalsten islamischen Fundamentalisten in Deutschland. Das Oberhaupt des autoritär geführten Verbandes »Kalifatsstaat« verbüßte in Düsseldorf eine vierjährige Haftstrafe, weil er zur Ermordung eines Rivalen aufgerufen hatte. Im Jahre 2004 wurde er in die Türkei abgeschoben.

Dies ist der Anfang einer WDR-Dokumentation, die unter www.wdr.de/themen/politik/nrw/kalif-von-koeln/chronologie nachgelesen werden kann.

Aufgabe:
Finden Sie heraus, weshalb dieser Artikel die Überschrift »mutabor« trägt.

DIE SÄULEN DER RELIGION – ARKAN AD-DIN

Bei den so genannten »Säulen der Religion« handelt es sich um die fünf Pflichten, die alle muslimischen Männer und Frauen beachten müssen.

- *Asch-Schahada*, das Bekenntnis, ist Voraussetzung für die Erfüllung der anderen Pflichten. Wer dies Bekenntnis einmal im Leben aus voller Überzeugung spricht, ist Muslim:
  Ich bekenne, es gibt keinen Gott außer Gott
  Und ich bekenne, dass Muhammad Gottes Prophet ist.
  Ergänzung der Schiiten: Und ich bekenne, dass Ali ein Freund Gottes ist (s. S. 52 Gott – Allah).
- *As-Salat*, die fünf Gebete, zu denen der Muazzin öffentlich ruft. Sie erfordern vorhergehende rituelle Waschungen (s. S. 113 u. 118 »Moschee«, S. 123 »Gebet«).
- *As-Saum*, im neunten Monat des islamischen Kalenders, dem Ramadan: von Sonnenaufgang bis Sonnenuntergang fasten und enthaltsam sein (s. S. 135 Kalender/Festjahr).
- *As-Sakat*, Unterstützung der Bedürftigen und Armen. Den Umfang der Gaben legt der Kuran fest. Das »s« wird hier weich und stimmhaft ausgesprochen (s. S. 89).
- *Al-Hadsch*, einmal im Leben nach Mekka pilgern. Besuch der Kaaba und der anderen heiligen Stätten. Dafür müssen Voraussetzungen erfüllt sein: gute Gesundheit, finanzielle Absicherung, Familienschutz und vieles mehr (s. S. 59 »Abraham«).

Das Fasten, as-Saum, die dritte Glaubenspflicht

Der Fastenmonat Ramadan
Ramadan, der neunte Monat des islamischen Kalenders, war schon ein heiliger Monat in der arabischen Tradition vor dem Islam. Der Islam hat diese Tradition übernommen.

Da das islamische Jahr ein Mondjahr ist, wandert auch der Monat Ramadan durch den Jahreskreis, und die Bestimmungen sind viel leichter einzuhalten, wenn er nicht in den Sommer fällt. Denn im Ramadan fasten gesunde, erwachsene Männer und Frauen. Sie rauchen nicht und enthalten sich auch des Geschlechtsverkehrs (Sure 2,183–187).

Vom Sinn des Fastens
Das Fasten beginnt mit dem Aufruf zum Morgengebet und endet mit dem Aufruf zum Abendgebet.

Es wird in der islamischen Lehre nicht nur mit der Kontrolle und Beherrschung der körperlichen Wünsche durch die gläubige Seele, also als eine Prüfung des Glaubens überhaupt begründet, sondern es hat auch einen sozialen Aspekt. Der muslimische Mensch soll sich dadurch in die Lage der Armen und bedürftigen Menschen versetzen und ihre Nöte am eigenen Leibe spüren.

Wer darf fasten?
Fasten darf nur der gesunde Mensch. Durch Fasten dürfen auch keine gesundheitlichen Schäden entstehen. Man darf das Fasten unterbrechen, wenn man während der Fastenzeit krank wird. Bei normalen, gängigen Krankheiten muss man die fehlenden Tage im Laufe des Jahres nachholen. Diejenigen Männer und Frauen, die unter chronischen Krankheiten leiden, sowie schwangere und stillende Frauen dürfen nicht fasten. Reisende dürfen das Fasten während der Reise unterbrechen. Sie müssen allerdings die fehlenden Tage im Laufe des Jahres nachholen.

'Id al-Fitr, Fest des Fastenbrechens
In der Nacht vom 26. auf den 27. des Fastenmonats Ramadan gedenken die Muslime der Kuranoffenbarung – *Lailatu l-Qadr*. Für die Volksfrömmigkeit ist diese Nacht bedeutsam. Als die Offenbarung geschah, war der Himmel geöffnet. Dies wiederholt sich jährlich, aber man kennt nicht die Stunde. Deshalb beten die Frommen die ganze Nacht, weil irgendwann der Himmel offen steht und die Engel alle Wünsche entgegennehmen.

10. Schawal: Vom 1.-3. Tag wird das Ende der Fastenzeit gefeiert – 'Id al-Fitr, das Fastenbrechen. Es gibt viele Geschenke, neue Kleider und Geld für die Kinder. Für Kinder werden auch Jahrmärkte in den Städten abgehalten (vgl. S. 135 Zeitrechnung, Kalender und Feste).

Kinder wollen so früh wie möglich mit dem Fasten anfangen, damit sie zu den Erwachsenen und den Gläubigen zählen. Manch einer oder eine versucht es schon mit zehn oder elf Jahren, obwohl sie es von der Religion her eigentlich nicht dürfen. Die besorgten Eltern versuchen dann ihre Kinder zu überzeugen und vom Fasten abzubringen. In manchen Fällen werden Kompromisse geschlossen; die Kinder fasten nur den halben Tag oder nicht den ganzen Monat. Sie brechen dann ihr Fasten ab und betrachten die Fastenstage als eine Probe für das nächste Jahr. Die meisten fangen richtig mit dem Fasten an, wenn sie 16 oder 17 Jahre alt sind.

As-Sakat, die vierte Glaubenspflicht und das sozio-ökonomische System

As-Sakat – die Bestimmungen
Die soziale Abgabe, welche die Muslime leisten müssen, bezeichnet man mit as-Sakat. Sie dient der Linderung wirtschaftlicher Schwierigkeiten bei den armen und sozial schwachen Menschen in der islamischen Gesellschaft. Durch die Abgabe, die mindestens 2,5% des jährlichen Nettoeinkommens beträgt, soll die Sicherung der Gerechtigkeit in der Gesellschaft, die in der islamischen Religion von großer Bedeutung ist, gewährleistet werden. Aus diesem Grund gehört As-Sakat zu den Arkan ad-Din und wird an vielen Stellen des Kurans erwähnt, z.B.: 2,83; 2,110; 9,11 und 9,71. Die Vernachlässigung dieser Pflicht stellt einen Verstoß gegen die islamische Lehre dar und wird von Gott im zweiten Leben mit Strafen belegt.

Die Verteilung der Gelder wird nach den Regeln in Sure 9,60 durchgeführt:
»*Die Almosen sind nur bestimmt für die Armen, Bedürftigen und die, welche sich um sie bemühen, und die, deren Herzen gewonnen sind, und für die Gefangenen und die*

Schuldner und den Weg Allahs und den Sohn des Weges. Dies ist eine Vorschrift von Gott!«

As-Sakat darf nur von den Einkünften entrichtet werden, die man auf ehrliche Weise erworben hat. Von Geldern, die man durch Einnahmen gewinnt, die im Islam verboten sind, darf as-Sakat natürlich nicht geleistet werden.

Vom Zinsnehmen
Zinsnehmen, »Riba«, ist solch eine verbotene Art der Geldmaximierung. Sie wird im Islam als Ausbeutung der Schwächeren betrachtet und darf nicht durch eine religiöse Abgabe legalisiert werden: »... und was ihr auf Zins ausleiht, damit es sich aus dem Vermögen der Menschen vermehre, es vermehrt sich bei Gott nicht. Und was ihr an Almosen gebt in der Suche nach dem Antlitz Gottes (wird) das Doppelte erzielen« (30,39 auch 2,275–276; 2,278–280 und 3,130).

Das Verbot des Zinsnehmens in der islamischen Religion brachte eine neue wirtschaftliche Ordnung, die sich von den beiden bekannten Wirtschaftssystemen Kapitalismus und Sozialismus (bzw. Kommunismus) unterscheidet. Nach diesem System arbeiten die islamischen Banken im Bereich der Geldanlagen in Form von Beteiligungen. Die Beteiligung am Kapital der Bank durch Geldanlage bedeutet Beteiligung an Gewinn und Verlust der Bank. Kommt es auf solche Art zur Geldmaximierung, wird dies als ethisch einwandfrei betrachtet und von dem so gewonnenen Geld darf die soziale Abgabe as-Sakat entrichtet werden.

Literatur:
Volker Nienhaus, Islam und moderne Wirtschaft, Graz/Wien/Köln 1982.

Wallfahrt nach Mekka – al-Hadsch, die fünfte Glaubenspflicht

Grundinformation
Im Kuran ist diese Pflicht ausdrücklich erwähnt: Sure 2,192ff und Sure 22,27. Die Pilgerzeremonie fängt mit dem Beginn des zwölften arabischen Monats Dhul Hidscha an und dauert zwölf Tage. In dieser Zeit befinden sich die Pilger hauptsächlich in der Stadt Mekka, deren Umgebung und zum Teil auch in der Stadt Medina.

Vorbereitung
Vor der Pilgerzeremonie muss man sich rituellen Waschungen unterziehen. Alle Pilger tragen die gleiche Kleidung; damit möchte man soziale Unterschiede während der Pilgerzeit beseitigen. Diese Kleidungsstücke bestehen aus zwei einfachen, großen weißen Tüchern.

Mit der rituellen Waschung und der speziellen Kleidung tritt man in den *al-Ihram*-Status ein. Dies bedeutet, von da an darf man sich nur mit Gott, Gebet und Kaaba-Besuchen beschäftigen.

Pilger-Riten
Um die Kaaba herumgehen. Siebenmal zwischen den Orten Safa und Marwa hin und her wandern – damit möchte man das Laufen von Hagar, als sie Wasser für ihren Sohn Ismail suchte, nachempfinden.

Diese Riten kann man individuell absolvieren, bevor man mit anderen Pilgern zusammen am neunten Tag des Monats Dhul Hidscha zum Berg Arafad – er liegt etwa 25 km von Mekka entfernt – aufbricht.

Bei der Rückkehr nach Mekka über den Ort Muzdalifa bewegen sich die Pilgerströme am zehnten Tag des Monats Richtung Mina. Hier wirft jeder sieben kleine Steine auf eine Säule, die den Teufel symbolisieren soll. Am selben Tag findet die Opferung eines Tieres statt, meistens ist das ein Schaf, in Erinnerung an die Opferungsgeschichte Abrahams.

Damit wird die Pilgerfahrt offiziell beendet. Das Fest, 'Id al-Adha, dauert vier Tage lang. Nicht nur die Pilger feiern es, sondern alle Muslime in der ganzen Welt feiern gleichzeitig und dokumentieren damit ihre Verbundenheit. Wegen der Geschenke wird dieses Fest auch von den Kindern mit Spannung erwartet.

Bedingungen für die Pilgerfahrt

Einmal im Leben *soll* man nach Mekka pilgern – wenn man kann.

Vieles ist da zu berücksichtigen: Man muss gesundheitlich dazu in der Lage sein.

Wenn man eine Familie oder andere Menschen zu ernähren hat, muss man dafür sorgen, dass diese während der Abwesenheit nicht leiden müssen.

Man muss seinen Lebensunterhalt und das Geld für die Pilgerfahrt auf eine ehrliche Art und Weise verdienen. Nicht durch Gelder aus Zinseinnahmen im Sinne von Riba (s. S. 90) oder die Ausbeutung der anderen durch die Erhebung von Wucherzinsen.

Vom Sinn der Hadsch

Der Sinn der Pilgerfahrt liegt darin, dass der gläubige Muslim, die gläubige Muslima, einmal in seinem/ihrem Leben, seinen/ihren Glauben an den einzigen Gott am Ort der Offenbarung der islamischen Botschaft stärken und seinen/ihren Gehorsam gegenüber Gott und seinem Gesandten, Muhammad, zeigen soll.

Außerdem soll die Pilgerfahrt die Muslime erfahren lassen, dass sie vor Gott alle gleich sind, dass der soziale Status keine Rolle spielen darf. Die gleiche Kleidung und dieselben Pflichten symbolisieren das.

Und schließlich soll die Pilgerfahrt eine Chance für einen Neuanfang für diejenigen sein, die in ihrem Leben manches falsch gemacht haben. Mit der Hadsch tun sie kund, dass sie beabsichtigen, ihre Fehler zu korrigieren und sie nie mehr zu wiederholen; dann können sie der Gnade Gottes gewiss sein.

Auszüge aus Interviews zur Hadsch

Befragt wurden drei Personen: Eine Frau, 76 Jahre, Analphabetin, ohne Ausbildung, Hausfrau. Eine Frau, 38 Jahre, Hauptschule, Hausfrau. Ein Mann, 48 Jahre, Gymnasium, Berufausbildung.

Die Teilnahme an der Hadsch ist dem Zustand des Neugeborenwerdens vergleichbar. Es ist natürlich ein gemischtes Gefühl zwischen Freude und Angst. Freude besteht darüber, dass man es doch geschafft hat, dabei zu sein, dass man tatsächlich vor der Kaaba steht und sie direkt sieht, nicht vermittelt durch die Medien, dass die Anwesenheit an diesem Ort eine einmalige Angelegenheit im Leben sein kann.

Man weint aus Freude, weil man diese Fahrt machen konnte. Man erinnert sich an seine verstorbenen Verwandten, die diese Möglichkeit in ihrem Leben nicht gehabt haben.

Man hat auch Angst davor, dass man nicht alles richtig, wie die Religion es vorschreibt, machen kann.

Man denkt an die Begegnung mit Gott. Man denkt an die Gnade Gottes, die man mit Sicherheit bei Erledigung dieser Pflicht erhält.

Die wichtigste Erfahrung nach der Pilgerfahrt ist die starke Verbindung mit dem Schöpfer, die man später mit besonderer Achtung zu pflegen versucht.

Die ganze Bewertung des Lebens hat sich verändert. Man regelt seine Beziehungen mit seiner Umwelt nach anderen Prinzipien. Man nimmt das Leben sehr ernst in Bezug auf die Erfüllung der religiösen Pflichten.

Es entsteht nach der Reise eine größere Bereitschaft, sich auf andere Menschen und andere Religionen einzulassen. Ich bin in meiner Religion sicherer geworden.

Das Leben ist viel einfacher als vor der Pilgerfahrt.

Man ist nicht alleine mit seinen Gefühlen. Man ist ein Mitglied dieser großen Menge von Menschen. Es entwickelt sich ein Gefühl der Gemeinsamkeit und der gemeinsamen Verantwortung. Obwohl man auch einige wenige Leute erlebt, die diese Verantwortung nicht haben, bleiben die meisten Pilger auf der Ebene der Gleichberechtigung, denn die einheitlichen Kleider der Pilger und das einfache Leben während der Pilgerzeit lassen die sozialen Unterschiede verschwinden. Man fühlt sich sehr stark mit Gott und diesen Menschen verbunden.

Am besten ist es, wenn man mit einer Gruppe fährt. Die Organisation der Reise kann viel besser durchgeführt werden. Die Reise wird auch billiger. Und die Behörden in Saudi-Arabien erledigen die Abfertigungen von Gruppen schneller.

Natürlich arbeiten die Veranstalter der Pilgerreisen nach dem Gewinnprinzip. Sehr oft werden auch die versprochenen Leistungen nicht eingehalten. Aber es gibt unter den zahlreichen Reisegesellschaften natürlich sehr viele seriöse Anbieter.

Die Pilgerreise ist dem Zustand des Neugeborenwerdens vergleichbar, und diesen sündenfreien Zustand möchte man bis zum Ende des Lebens beibehalten.

DSCHIHAD

Wer sich aufrichtig darum bemüht, die von Gott auferlegten Pflichten zu erfüllen und die anderen ethischen Forderungen des Islam einzuhalten, dessen Bemühen wird *Dschihad* genannt.

Begriffsklärung
Das Wort *Dschihad* stammt aus der Wurzel *dschahada*: »sich anstrengen«, »sich Mühe geben«. Jede gute Tat, die mit großer Mühe und Anstrengungen verbunden ist, ist Dschihad. Es wird z.B. Dschihad geführt bei vielen armen Menschen, die sich jeden Tag plagen, um die Lebensgrundlagen für sich und ihre Familien zu beschaffen. Ein Wissenschaftler oder ein Schriftsteller führt einen Dschihad, wenn er sich bemüht, sein Buch zu schreiben.

Die Eroberungskriege – *al-Fath*
Dieser terminus technicus, der den Einsatz und die Anstrengung der Muslime für die Gottessache erklären und darstellen soll, wird oft mit dem Begriff »der heilige Krieg« übersetzt. Gemeint sind dann vor allem die Eroberungskriege zur Verbreitung der göttlichen Botschaft, welche bereits zur Lebenszeit des Propheten begonnen haben und von den rechtgeleiteten Kalifen fortgeführt wurden. Für diese Kriege verwendet der Islam den Ausdruck »Fath« – mit hart gesprochenem h! – »Eroberung«. Das Vergrößern der islamischen Gebiete galt damals als Akt der Verteidigung gegenüber den mächtigen Byzantinern und den Sassaniden in Persien, welche die neue Religion als Bedrohung für ihre Reiche angesehen haben und dementsprechend bekämpfen wollten. Die eroberten Länder gehörten von da an zum »Haus des Islam«.

Innermuslimische Kritik an dieser Interpretation der Geschichte existiert heute so gut wie nicht, denn es wäre ja eine Kritik an den Handelnden jener Tage. Es gibt aber Belege aus jener frühen Zeit, die zeigen, dass der ungehemmte Expansionsdrang von muslimischen Zeitgenossen damals in Frage gestellt wurde.

Dschihad bei der Verteidigung
Als religiöse Pflicht gilt für jeden Muslim, sein islamisches Gebiet zu verteidigen. Dieser Einsatz, also der Kampf gegen Angriffe von Feinden auf muslimische Gebiete, wird im kuranischen Text von den Muslimen verlangt, und zwar eindeutig als Verteidiger und nicht als Angreifer. »… und kämpft auf dem Weg Gottes gegen diejenigen, die gegen euch kämpfen und begeht keine Übertretung. Gott liebt die nicht, die Übertretungen begehen« (2,190). Oder: »Gott verbietet euch nicht, denen, die nicht gegen euch der Religion wegen gekämpft und euch nicht aus euren Wohnstätten vertrieben haben, Pietät zu zeigen und Gerechtigkeit angedeihen zu lassen. Gott liebt ja die, die gerecht handeln« (60,8).

Kein »Heiliger Krieg« gegen Andersgläubige
Die islamische Lehre kennt keine Gewalt und keinen Zwang in der Religion. Dies gilt für alle Menschen, auch die Andersgläubigen, die im Haus des Islam wohnen. »Es gibt keinen Zwang in der Religion. Der richtige Wandel unter-

scheidet sich nunmehr klar vom Irrweg. Wer also die Götzen verleugnet und an Gott glaubt, der hält sich an der festesten Handhabe, bei der es kein Reißen gibt. Und Gott hört und weiß alles« (2,256). Oder: »Und sprich: Es ist die Wahrheit von eurem Herrn. Wer nun will, möge glauben und wer will, möge ungläubig sein …« (18,29).

Kein »Heiliger Krieg« in der 'Umma
Weshalb? Dies ist auf S. 83 dargelegt.

SCHARIA

Scharia ist ein sehr häufig gebrauchtes Wort in der islamischen Religion. Doch im Kuran findet man es nur ein einziges Mal in dieser Form, und zwar als ein Richtungsweg des Glaubens und nicht als Gesetz der Religion, wie Orthodoxe und Islamisten dieses Wort fälschlicherweise interpretieren. In Sure 45,17 steht:

»Dann brachten wir dich auf einen klaren Pfad (im arabischen Text: *Scharia*) in der Sache des Glaubens: so befolge ihn und folge nicht den Launen derer, die nicht wissen.«

Außerdem wird die Wurzel dieses Wortes, *schara*, im Hinblick auf alle anderen Religionen als eine Verordnung der Glaubenslehre verwandt.

»Er verordnete für euch eine Glaubenslehre, die er Noah anbefahl und die wir dir offenbart haben und die wir Abraham und Moses und Jesus auf die Seele banden: seid standhaft im Glauben und seid nicht gespalten darin. Hart ist für die Heiden das, wozu du sie aufrufst. Allah wählt dazu aus, wen er will und leitet den, der sich bekehrt« (42,11).

In beiden Fällen bedeutet das Wort *Scharia*, bzw. *schara*, Weg, Pfad oder Richtung, was auch klar und deutlich in allen Wörterbüchern der arabischen Sprache festgehalten ist. Nach dem bekannten Wörterbuch Al-Muhit ist es der Weg zum Wasser oder der Weg am Wasser. Für Menschen, die in der Wüste leben, ist dies ein wunderschönes Bild.

Und eben diese beglückende Bedeutung hat das Wort *Scharia* im Kuran, wenn Gott seinem Diener den Weg zu ihm zeigen will. *Scharia* bedeutet also nicht Regeln und Vorschriften, sondern »einen Weg gehen«. Auf diesem Gottesweg sollen sich die Menschen nach Gottes Bestimmungen richten. Das wird ihnen ein erfülltes Leben bescheren und auch das ewige Leben bringen. Ein solcher Weg kennt keinen Stillstand, nur Bewegung nach vorne! Und eben diese Bewegung verlangt eine dynamische Denkweise, die bestimmte Schritte in der richtigen Zeit und in einer passenden Form verwirklichen kann, um das Ziel, die Nähe Gottes, besser zu erreichen. Eine dynamische Denkweise kann anstrengend und mühsam sein, manchmal aber auch leichter, als man denkt!

Abb. 43: Das islamische Denken ist sehr stark von Ordnungsvorstellungen geprägt. In der muslimischen Kunst ist diese Vorstellung bildlich umgesetzt. Ein Beispiel: dieses Fliesenmosaik aus Marokko.

Das Beharren auf festen Auslegungen, die vor hunderten von Jahren verfasst worden sind, baut dagegen Hindernisse auf den Pfad der Menschen, die sich heute auf den langen Weg zur Gottesnähe begeben oder begeben haben. Wer im Haus des Islam solche Gedanken äußert, lebt gefährlich. Denn mit dem Begriff »Scharia« wird dort, wie angedeutet, die Auffassung von Islam gekennzeichnet, die aus Scharia, dem Richtungsweg des Glaubens zu Gott, das Gesetz der Religion oder das Strafgesetz gemacht haben. Die Anhänger dieser Richtung dulden keine Trennung von Staat und Glaubensgemeinschaft. Für sie ist das Religionsgesetz für alle Bürger verbindlich. Die gesetzlichen Teile des Kuran betrachten sie für das Wichtigste. Wenn dort aber unterschiedliche Regelungen zu finden sind, gilt für sie immer die strengste. Sofern die Aussagen über Strafen nicht eindeutig formuliert sind, leiten sie durch Analogieschlüsse immer die härtesten ab.

Diese Auslegung der Scharia war und ist immer machtpolitisch.

Aufgabe:
Suchen Sie aktuelle Missbrauch-Beispiele der Scharia im Islam.

Omar Khayam

Der im 11. und 12. Jahrhundert lebende persische Dichter, Philosoph und Mathematiker Omar Khayam (gest. 1123) konnte lange Zeit unter dem Schutz des Seldschukensultans Malik-Schah und dessen Regierungschef Nizam-al-Mulk unbehelligt seine wissenschaftlichen Arbeiten betreiben. Nach deren Ermordung durch die Assassinen – einer fatimidisch-schiitischen Geheimsekte – gelangten orthodoxe Kräfte an die Macht, welche die Fortsetzung seiner Arbeiten praktisch unmöglich machten. In der Einleitung zu seinem Werk über die Algebra beklagt er sich darüber mit Worten, die auch zu vielen anderen Zeiten und nicht nur in der Geschichte des Islam hätten niedergeschrieben sein können: »Wir sind Zeuge gewesen, wie die Männer der Wissenschaft untergegangen und auf ein winziges Häuflein zusammengeschmolzen sind, dessen Zahl so gering ist wie seine Leiden groß. Diesen hat die Härte des Geschickes die gemeinsame Verpflichtung auferlegt, sich, solange sie leben, der Vervollkommnung und Erforschung der Wissenschaft allein zu widmen. Aber die meisten von denen, welche heutzutage für Gelehrte gelten, verbergen die Wahrheit durch Lüge und kommen nicht über die Schranken eines bloßen Scheingelehrtentums hinaus, indem sie das, was sie an Kenntnissen besitzen, lediglich materiellen und niedrigen Zwecken dienlich machen. Und wenn sie einem Mann begegnen, der sich wirklich durch sein Streben nach der Wahrheit und seine Liebe zur Wahrhaftigkeit auszeichnet, der Eitelkeit und Lüge von sich weist und den falschen Schein und die Augenverblendung meidet, dann machen sie ihn zum Gegenstand ihrer Verachtung und ihres Spottes.«

Aus: »Die Sinnsprüche Umars des Zeltmachers«, Frankfurt 1990.

Die orthodoxen Rechtsschulen

Wie der Koran auf konkrete Streitfälle und Vergehen anzuwenden ist, wird in orthodoxen Rechtsschulen erörtert und gelehrt. Alle diese Rechtsschulen können auf eine sehr lange Vergangenheit zurückblicken. Sie lehren die Scharia, ihre religiös-rechtlichen Positionen, an den verschiedenen religiösen Universitäten. Die berühmteste ist die al-Azhar-Universität in Kairo. Die Scharia, wie sie sie verstehen, umfasst das ganze Leben, vom Intimsten bis zum Wirtschaftsrecht.

Weder der Kuran noch die riesige Sammlung der Hadithe enthalten Anweisungen für alle Situationen und Streitfälle des täglichen Lebens. Aufgabe der islamischen Rechtsgelehrten, der 'Ulamma, ist es, aus den vorhandenen Rechtsquellen (Kuran, Sunna) Lösungen für konkrete Rechtsfälle zu finden. Diese Rechtsentscheidungen werden *Fatwa* genannt. Dabei orientieren die Gelehrten sich am Gewohnheitsrecht und an dem, was allgemeiner Usus ist.

Aus dem Dargelegten ergibt sich, dass es selbst in den einzelnen Rechtsschulen unterschiedliche Schlüsse, je nach dem Land und seinen Traditionen, geben kann.

Die Rechtsgelehrten ziehen auch Analogieschlüsse, wie beim Beispiel Wein: Die Aussagen des Kurans über den Weingenuss weiten sie auf den Genuss aller anderen berauschenden Getränke aus und kommen so dort zu den gleich begründeten Verboten.

Das Gewicht der Entscheidung hängt vom Ansehen und der Position des jeweiligen *'Alims*, des Rechtsgelehrten, ab. So gelten z.B. Khomenis Entscheidungen im Iran mehr als die des ebenfalls hochgestellten Rafsandschani.

Je nach der hermeneutischen Vorgehensweise haben sich dabei verschiedene Rechtsschulen herausgebildet:
- Hanafiten (in der Türkei, in Syrien im Libanon und vor allem in Afghanistan, Pakistan und im Irak)
- Hanbaliten (vor allem in Saudi-Arabien)
- Schafi'iten (Ägypten)
- Malikiten (Nordafrika)

Diese vier genannten Rechtsschulen sind sunnitisch.

- Imamiten, die schiitische Rechtsschule (Iran, Irak).

Es gibt sehr viele islamische Länder, die sich an einer dieser Schulen orientieren und ihre Gesetzgebung z.B. im Erbrecht, im Familienrecht und Wirtschaftsrecht auf diese Basis stellen. Die Gesetze dieser Länder sind dann mit den Gesetzen europäischer Länder kaum vergleichbar.

Beispiele

Eherecht
Ein Muslim darf eine Jüdin oder Christin heiraten. Diese muss nicht Muslima werden, wohl aber die Kinder.

Eine Muslima darf auf keinen Fall einen Christen oder Juden heiraten. In manchen Staaten steht darauf sogar die Todesstrafe für beide.

Konversion

Auf Konversion zum Christentum steht in einigen Ländern die Todesstrafe. In Kabul wurde im Jahr 2006 ein zum römisch-katholischen Glauben übergetretener ehemaliger Muslim mit der Todesstrafe bedroht. Dies geschah nach geltendem afghanischem Recht, das sich an der Scharia, wie sie dort im Lande verstanden wird, ausrichtet.

Solche Art von Strafandrohung und Bestrafung wird immer von der Tradition her begründet. Der Kuran sieht keine weltliche Bestrafung für Religionswechsel vor.

Vom Anspruch des Islam

Adel Theodor Khoury legt dar, dass der orthodoxe Islam drei Ansprüche kennt. Die Politisch-Religiösen versuchen mit allen Mitteln, diese Ansprüche zu verwirklichen:

Der Absolutheitsanspruch
Der Islam ist »die letzte und nun endgültige von Gott gewollte Gestalt der Religion.« Juden- und Christentum haben »nach der Verkündigung des Korans und der Festlegung der Grundlagen des Islams ihren universalen Anspruch verloren. Muhammad sei nunmehr der Gesandte Gottes an alle Menschen und ›das Siegel der Propheten‹« (33,40).

Der Universalanspruch
»Die Muslime haben so die Pflicht, sich dafür einzusetzen, dass der Islam die Universalreligion schlechthin wird.«

Durch enorme Geldzuweisungen reicher Ölstaaten wie Saudi-Arabien und Libyen unterstützt, schreitet die Islamisierung mit Riesenschritten voran, besonders in den Staaten südlich der Sahara. Diese großen Missionserfolge werden von Regierungen in den staatlich gelenkten Medien gefeiert und sollen das Selbstbewusstsein vor allem der Massen in den armen muslimischen Ländern stärken, weil solche Berichte vom eigenen Elend und den Ungerechtigkeiten ablenken können. Es gibt islamische Länder, in denen christliche Minderheiten blutig verfolgt werden. Christliche Missionare werden dort grausam bestraft.

Der Totalitätsanspruch
»Dieser Totalitätsanspruch bedeutet, dass der Islam den gesetzlichen Rahmen festsetzt, in den sich das Leben der einzelnen Gläubigen einfügt und die Ordnung erlässt, an der sich das Familienleben, die Gesellschaft, die Struktur des Staates und die internationalen Beziehungen dieses Staates zu orientieren haben. In diesem Sinne wird der Islam bekanntlich als ›Religion und Staat‹ zugleich bezeichnet.« Diese alles umfassende Ordnung nennen die orthodoxen Muslime *Scharia*.

Nach: Adel Th. Koury, Der Islam, s. S. 29f.

Liberale Muslime beurteilen diese drei Ansprüche eindeutig anders:

Zu: Der Absolutheitsanspruch und zu: Der Universalanspruch
Der Kuran kennt nur eine Religion mit vielen Wegen zu Gott.

»Er verordnete für euch eine Glaubenslehre, die er Noah anbefahl und die wir dir offenbart haben und die wir Abraham, Moses und Jesus auf die Seele banden: nämlich, bleibt standhaft im Glauben und seid nicht gespalten darin« (42,11).

Dieser Text betont, dass die im Laufe der Geschichte entstandenen Religionen Judentum, Christentum und Islam in Wirklichkeit nur eine sind, denn der Imperativ steht im Plural, gilt also allen Propheten und außerdem darf es in der einen Religion keine Spaltung geben. Denn alle diese Propheten haben nur eine Botschaft in verschiedenen Sprachen und Zeiten.

»Islam« (3,19 und 3,85) steht für solche Muslime nicht im Gegensatz zum Juden- und Christentum, sondern ist eine beide umfassende Religion (s. auch S. 17). Sie halten an Muhammad als »Siegel der Propheten« (33,40) fest, denn die Offenbarung ist abgeschlossen, nicht aber deren Interpretation.

Der Weg der Auslegung ist schon im Kuran sichtbar vom Propheten begonnen worden (vgl. z.B. S. 145) und muss weitergeführt werden in unsere Zeit hinein, für die Menschen, die heute leben, damit alle gemeinsam sich den großen Aufgaben der Gegenwart und Zukunft stellen können. Kennenlernen, Gespräche führen, gemeinsames Handeln angesichts der großen Nöte ist das Gebot der Stunde. Gegenseitiges Diffamieren, Bekämpfen resultiert aus dem Geist der Intoleranz vergangener Tage, das gegenseitige Missionieren ebenso!

Zu: Der Totalitätsanspruch
»Die Verbindung von Staat und Religion ist nicht zwingend, mehr noch: sie ist für den einzelnen Gläubigen gefährlich: Falls sein Verständnis der Religion von dem Verständnis abweicht, das dem Staat zupass kommt, kann er seinen Glauben nicht ausüben. In einem solchen Staat wird allein das religiöse Verständnis der Herrschenden akzeptiert ... Die Islamisten wollen die Menschen bevormunden, um sicherzugehen, dass diese Gottes Gesetze befolgen. Dabei ist es die Verantwortung eines jeden Muslims, die Gesetze Gottes zu befolgen.«

Aus: Nasr Hamid A. Zaid, Ein Leben mit dem Islam, Herder Verlag Freiburg 1999, S. 64.

Sunniten und Schiiten

Im Islam kam es schon früh zu heute noch andauernden Spaltungen: Die beiden wichtigsten Richtungen sind *Sunna** (die Sunniten) und *Schia* (die Schiiten).

Inzwischen existieren über 70 verschiedene islamische Gruppierungen, Sekten und Richtungen. Einige Namen: Ismailiten, Alawiten, Drusen, Mu'atasiliten und Sufis.

Begriffsklärungen

Sunna, Sunniten

Das Wort *Sunna* bedeutet: »gewohnte Handlungsweise«, »Herkommen«, »Brauch«, »Gesetz« und »Satzung«. Die *Sunna des Propheten* bedeutet: seine zu gesetzlich verbindlichen Präzedenzfällen erhobenen Aussagen und Handlungen.

Ahl us-sunna (mit gesprochenem h!), »die Leute der Sunna«, nannte sich die Gruppe, welche sich von der abgespalteten Gruppe der *Schia* unterscheiden wollte. In einem Zeitraum von etwa zweihundert Jahren nach der ersten großen Spaltung bildeten sich innerhalb der Sunna vier Rechtsschulen, die sich in einigen Fragen und Interpretationen der islamischen Lehre deutlich unterscheiden. Diese Rechtsschulen gelten heute noch als Hauptautoritäten des sunnitischen Islam (s. S. 97).

Mit ca. 85% der Muslime stellen die Sunniten heutzutage die bedeutende Mehrheit der islamischen Welt dar. Es gibt kein islamisches Land, in dem nicht eine oder mehrere sunnitische Schulen vertreten sind. Deshalb ist der Islam in den nichtislamischen Ländern, wie bei uns in Europa, fast nur von dieser Seite her bekannt.

Schia, Schiiten

Die unbekanntere Seite des Islam ist die schiitische. *Schia* bedeutet: eine »Gruppe von Anhängern« oder eine »Partei«.

Mit diesem Namen wurde die islamische Gruppe bezeichnet, die auf der Seite des Vetters und Schwiegersohnes des Propheten Muhammad Ali bin Abi Talib stand und in ihm den rechtmäßigen Nachfolger des Propheten sah.

Über die Entstehung und Entwicklung dieser islamischen Konfession gibt es zwei verschiedene Theorien, die sich auf die Zeit zwischen dem Tod des Propheten im Jahre 632 und der Entstehung des Umayyadenreiches in Damaskus im Jahre 661 beziehen.

Diesen beiden Theorien steht die dritte gegenüber, die die Entstehung der *Schia* auf religiöse Differenzen zurückführt und geht von der Überzeugung der Partei *Alis* aus, dass dieser, also Ali, der von Gott und Muhammad direkt und indirekt genannte Nachfolger des Propheten sei.

---

* »Sunna« ist doppeldeutig. Das Wort bezeichnet den von Muhammad gestifteten Glaubensweg – sowie die (sich von den Schiiten abgrenzenden) Glaubensrichtungen der Sunniten.

Unabhängig davon, welche Entstehungstheorie man für die glaubwürdigere hält, muss man feststellen, dass die Schia spätestens um das Jahr 661 entstanden ist, und zwar auf der arabischen Halbinsel. Diese beiden Aussagen sind für die schiitische Theologie sehr wichtig, denn sie zeigen die rein arabische Herkunft der *Schia* und die edle Art der Abstammung aus der Zeit der ursprünglichen islamischen Lehre.

Die schiitische Theologie geht davon aus, dass der Führer der islamischen Gemeinde mit seinem theologischen Wissen in der Lage sein muss, die Beziehungen zwischen den verschiedenen Phänomenen des Lebens und Gott zu verstehen und die 'Umma nach diesen Kenntnissen zu führen. Solche Fähigkeiten haben viele Gefährten des Propheten schon zu dessen Lebzeiten nur bei diesem selbst und nach ihm auch bei seinem Vetter Ali gesehen. Wichtige Persönlichkeiten der ersten Generation der Partei Alis, selbst noch Zeitgenossen des Propheten, wie Amaar bin Yasir, Abu Dhar al-Ghifari und Salman al-Farisi haben ihre Überzeugung, dass Ali die Nachfolgerschaft nach dem Tod des Propheten zustehe, mit prophetischen Aussagen und Äußerungen dokumentiert.

Mit dieser Haltung ist die Schia in eine Rolle der Opposition in der islamischen Welt geraten, und die Schiiten werden von den sunnitischen Gruppen oft als die Ablehnenden dargestellt und gelegentlich bekämpft.

Typisch schiitisch

Theologisch – Die Frage der Nachfolge

Auf seiner letzten Pilgerfahrt hat der Prophet von Gott den kuranischen Vers 5,71 empfangen: »O Gesandter, richte aus, was zu dir von deinem Herrn herabgesandt wurde. Wenn du es nicht tust, dann hast du deine Botschaft nicht ausgerichtet. Gott schütze dich von den Menschen.«

Diesen Vers analysieren die Schiiten als Offenbarung für die Regelung der Nachfolge. Deshalb hat der Prophet seine Leute zu einer Versammlung am Ghadir Chum aufgerufen und dort, in einer wörtlich überlieferten Rede, Ali als seinen Nachfolger bezeichnet.

Führer der islamischen Gemeinde darf deshalb nur ein Nachfahre von Ali und Fatima sein: die zwölf Imame. Weil der zwölfte, der Mahdi, verschwunden ist und im Verborgenen lebt, wird die Gemeinde von da an von Imamen geleitet, die sich durch ihr theologisches Wissen und ihre wissenschaftlichen Fähigkeiten auszeichnen. Diese Imame können verbindliche Entscheidungen in Fragen der Religion treffen. Sie müssen von Muhammad abstammen. Al-Mahdi wird wiedererwartet.

Praktisch

☐ Es gibt keine staatliche Anstellungen für die Führer der Gemeinde.
☐ Drei Gebetszeiten für die fünf Gebete. Mittags- und Nachmittagsgebet sowie Abend- und Nachtgebet sind zusammengelegt. Begründung: Wenn die Sonne im Zenit steht, beginnt das Mittagsgebet. Während des Betens wandert sie aber weiter zum Nachmittag hin. Deshalb kann das Nachmittagsgebet unmittelbar an das Mittagsgebet angefügt werden. Analog wird für Abend- und Nachtgebet mit dem Sonnenuntergang argumentiert.
☐ Die dreigliedrige Schahada: »Ich bekenne, dass Ali der Freund Gottes ist«, wird zu den beiden Zeilen, die auch die Sunniten sprechen, hinzugefügt.

☐ Die Gebetssteine: Bei der Gebetsphase al-Sudjud (s. S. 124, Gebetstellungen) wollen die Schiiten ganz sicher sein, dass ihre Stirn sauberen Boden berührt. Deshalb tragen sie kleine Steine aus gebranntem Lehm mit sich in der Tasche, legen sie vor sich auf den Teppich, um sie beim Gebet in dieser Phase dann zu verwenden. Solche Steine werden in Kerbela (Irak) oder an anderen heiligen Orten der Schiiten angefertigt.

Ob eine Moschee schiitisch ist, kann man innen deutlich erkennen. Hier findet man solche kleinen Steine, runde, ovale, viereckige, in allen möglichen Formen, überall verstreut. In einer sunnitischen Moschee gibt es das nicht.

☐ Aschurafest

Al-Hassan und al-Hussein, die beiden Söhne Alis und Fatimas (s. Stammbaum Muhammads, s. S. 73), sind für die Schiiten die legitimen Führer der muslimischen Gemeinde ('Umma).

Die Regelung der Nachfolgeschaft des Propheten wurde aber nicht im Sinne der Schiiten durchgeführt. Aus Protest dagegen hat der zweite Sohn Alis, al-Hussein, mit seinen Anhängern, im Irak einen Aufstand gegen das Kalifat in Damaskus organisiert und durchgeführt. Al-Hussein wurde aber im Jahr 680 in der Schlacht von Kerbela besiegt und getötet.

Alle Schiiten feiern jedes Jahr am zehnten Muharam, Aschura (siehe das islamische Jahr, s. S. 135), den Märtyrertag. Einige veranstalten auch Trauerumzüge, bei denen sie sich selbst geißeln oder ihre Köpfe blutig schneiden, um die Verbundenheit mit ihrem getöteten Imam zum Ausdruck zu bringen.

In vielen schiitischen Gebieten ist diese Art der Erinnerung an das Martyrium al-Husseins zur Tradition geworden, obwohl die Gelehrten sich deutlich dagegen ausgesprochen haben.

Im Iran, wo die Ajatollahs das öffentliche Leben bestimmen, sind einige solcher Umzüge verboten.

Der ganze Monat Muharam ist Trauerzeit. Deshalb finden hier keine Hochzeiten oder Beschneidungen statt.

Nach: Heinz Halm, Die Schia, Darmstadt 1988.

DAS WELTBILD

Verständigungsprobleme

Wer sich je mit Fremdsprachenübersetzungen befasst hat, kennt das Dilemma: Es gibt Begriffe, die sich nur schwer oder gar nicht in andere Sprachen übertragen lassen, weil es dort keine völlig deckungsgleichen Vorstellungen und Wortinhalte gibt. Zum Ziel kommt man dann nur mit mehr oder weniger umfangreichen Umschreibungen – vorausgesetzt, der Übersetzer ist mit den Begriffswelten beider Sprachen gleich gut vertraut oder wenigstens darum bemüht. Wo dieses Bemühen ausbleibt, werden Begriffe und die damit verbundenen Vorstellungen einfach aus der einen in die andere Sprache übernommen. Dies ist solange unproblematisch und für beide Sprachen bereichernd, als es nach beiden Richtungen in einem ausgewogenen, dialogartigen Verhältnis geschieht. Wo aber die eine Sprache beginnt, die andere mit ihrer Begriffswelt zu dominieren, kommt es zwangsläufig zu Gefühlen der Unter- bzw. Überlegenheit und damit zu Spannungen und zum Gegenteil dessen, was man unter Verständigung im weitesten Sinne des Wortes versteht.

Die weltweit zu beobachtenden Ressentiments gegen den weit fortgeschrittenen Prozess der Globalisierung haben hier ihre Ursachen, weil sich die westliche Kultur mit ihrer Begriffswelt und ihren Leitbildern für so überlegen hält, dass sie sich der Mühe dieses Dialogs nur selten unterzieht und alles andere verdrängt und in seiner Eigenart bedroht. Mit besonderer Empfindlichkeit reagieren hier die Muslime, und viele werden auf diese Weise leicht zu Opfern eines radikalen und ebenfalls provokanten Fundamentalismus.

Auch bei »ganz normalen« Muslimen beobachten wir gelegentlich, dass uns manches aus ihrer Welt unbegreiflich, ja zuweilen abstoßend erscheint, und reagieren darauf aus Unkenntnis mit Ablehnung, oft mit arroganter Überheblichkeit und in extremen Fällen sogar mit Konfrontation. Und natürlich verhält es sich umgekehrt bei den Muslimen nicht anders.

Der Zugang zur islamischen Denk- und Vorstellungswelt ist für viele Angehörige unserer abensländischen Kultur deshalb so schwer, weil sie sich nicht vorstellen können und daher auch nicht akzeptieren wollen, dass es außer den von europäischer Rationalität geprägten Denkmustern, Bewusstseinsformen und Wertordnungen auch andere, nicht minder ernst zu nehmende Möglichkeiten gibt. Um dies anzuerkennen, ist es nicht nötig, seine eigenen Vorstellungen aufzugeben. Aber es ist ein enormer Gewinn, sich mit dem »Anderen« vertraut zu machen, weil man dann nicht nur die anderen, sondern auch sich selbst besser versteht. Am Beispiel »Kunst im Islam« (s. S. 21ff) haben wir bereits einen ersten Schritt in diese Richtung getan. Doch um wirklich zu verstehen, sind natürlich noch weit mehr Schritte vonnöten.

Vom muslimischen Raumbewusstsein

Raum und Zeit betrachten wir als so selbstverständliche Rahmenbedingungen unserer Existenz, dass wir nie über ihr Wesen nachdenken und irritiert sind, wenn Naturwissenschaftler dies tun und uns neuerdings Modelle von gekrümmten Raum-Zeit-Relationen liefern, die wir nicht verstehen. So können wir es auch kaum nachvollziehen, dass die Muslime darüber schon immer andere Vorstellungen gehabt haben als wir. Aber welche Vorstellung vom Begriff »Raum« haben wir eigentlich?

Das profane Raumbild
Wir verwenden das Wort Raum für jede Art von dreidimensionaler Ausdehnung, denken dabei aber meist an sehr konkrete Beispiele, etwa an Wohnraum oder Klassenraum, an Privat- und Geschäftsräume, den Straßenraum, Freiraum oder Luftraum, wobei diese letzteren Begriffe schon etwas diffuser sind als die ersten, weil sie sich nicht ganz so exakt über die Größe ihres Volumens definieren lassen. Aus der Mathematik kennen wir Verfahren zur Erfassung von Raumformen aller Art, und mit der Angabe »Kubikmeter umbauter Raum« vermag sich heute nicht nur ein Architekt etwas Konkretes vorzustellen. Wir sind es gewohnt, stets von vorstellbaren Raumbegriffen auszugehen. Und selbst wenn wir uns so große räumliche Gebilde denken, wie sie das Space-Shuttle durchmisst, kommen wir nicht ohne feste Bezugsgrößen aus, z.B. unsere Erde oder wenigstens unser Planeten- oder Sonnensystem.

Unvorstellbares wie das Unendliche bringen wir mit unseren Begriffen von Raum kaum jemals in Verbindung. Aber genau da liegt der Unterschied zum muslimischen Raumbewusstsein, denn dort ist die Unendlichkeit überall präsent, selbst in der banalsten Kammer.

Das sakrale Raumbild
»Gott ist dir näher als deine Halsschlagader« heißt es im Koran (Sure 50,16). Gott aber ist das Unendliche, das Unfassbare und mit dem menschlichen Verstand nicht mehr zu Begreifende (Sure 24,35 und 6,103). Auch wenn dies im alltäglichen praktischen Denken der Muslime nicht sichtbar wird, so ist es doch stets im Unterbewusstsein präsent. Während wir keinerlei Mühe haben, uns einen Raum – etwa das Zimmer, in dem wir uns gerade aufhalten – ohne alles Drumherum vorzustellen, ist dies im muslimischen Denken nicht möglich, einfach weil es einen isolierten Ort ausserhalb der Schöpfung nicht gibt (Sure 37,5).

Wer mit muslimischem Bewusstsein ein Haus baut, tut zwar genau das Gleiche wie ein europäischer Bauherr, aber gedanklich ist es doch ein wenig anders, weil kein Muslim auf die Idee käme, einen Raum zu schaffen, der zuvor nicht da war. Es wird vielmehr nur innerhalb des schon seit Ewigkeiten Bestehenden ein Stück neu abgegrenzt und als etwas Besonderes bewusst und nutzbar gemacht.

Der entscheidende Unterschied liegt also in der Unendlichkeitsvorstellung und deren Präsenz im Bewusstsein. Das uns geläufige abendländische Bild von Unendlichkeit könnte man mit der fortgesetzten Addition oder Multiplikation einzelner begreifbarar Teile oder Elemente umschreiben, deren Ergebnisse irgendwann nicht mehr mess- oder vorstellbare Dimensionen erreicht, für die wir dann das Wort »unendlich« benutzen. In unserer mathematischen Schreibweise 10^n (bei $n = \infty$) wird dies ablesbar.

Im orientalischen Denkmodell aber ist das Primäre nicht das Vorstellbare, sondern die unvorstellbare Unendlichkeit, die durch fortgesetzte Teilung unserem Verstand in Form einzelner Unendlichkeitspartikel wenigstens bruchstückhaft zugänglich geworden ist.

Auch wenn hier nach den Regeln der mathematischen Logik kein Unterschied zu bestehen scheint, so ist er für unser Bewusstsein doch vorhanden und führt zu unterschiedlichen Grundeinstellungen zu sich selbst und der Umwelt oder zu dem, was wir Schöpfung nennen.

Vom muslimischen Wohnen

Wenn der eigene Wohnraum ein Partikel der göttlichen Unendlichkeit darstellt, dann haftet ihm auch etwas von dem sakralen Charakter des Unendlichen an. Bei uns ist bekanntlich die Privatsphäre der Wohnung durch das Grundgesetz geschützt, bei den Muslimen hat dieser Schutz keinen weltlichen, sondern einen göttlichen Rang. Wie wir bei unseren Betrachtungen zur islamischen Kunst gesehen haben (vgl. S. 23), ist die Vorstellung des Göttlichen aber nicht nur an die Idee der Unendlichkeit gekoppelt, sondern auch an das Prinzip Ordnung. Und Bestandteil dieser Ordnung ist im islamischen Denken ebenso die Unterscheidung von öffentlichen und privaten Bereichen wie die Trennung von männlichen und weiblichen Zonen.

In dem riesigen von der muslimischen Kultur geprägten Bereich zwischen Indonesien und Westafrika gibt es natürlich höchst unterschiedliche Wohntraditionen, aber allen ist gemeinsam, dass die Wohnhäuser nicht nach außen, sondern nach innen orientiert sind. Man kann sie sich immer als Zelle für die Familie als kleinste soziale Einheit denken, wobei hier normalerweise mit Familie die oft mehrere Generationen umfassende Großfamilie gemeint ist.

Besonders anschaulich wird dies in der arabischen Welt Nordafrikas und des Nahen Ostens. Dort sind die Räume eines Hauses – egal ob groß oder klein, arm oder reich – um einen zum Himmel offenen Innenhof gruppiert und haben so einen stets erlebbaren »Anschluss« an das Universum.

Eine klare Rangordnung der Räume besteht hinsichtlich ihrer Zutrittsmöglichkeit. Die privateste und daher für die fremden männlichen Besucher niemals betretbare Zone bildet der Bereich der Frauen. Der in unserer westlichen Welt dafür gängige Begriff »Harem« und vor allem die damit verbundenen Vorstellungen haben allerdings mit der Lebenswirklichkeit des muslimischen Wohnens nichts zu tun. Das arabische Wort *harim* ist die Pluralform von *hurma*, »Ehefrau, Gattin«, aber auch von »Ehrfurcht« und »Unverletzlichkeit« und der arabische Ausdruck *haram*, der ebenfalls im europäischen Begriff »Harem« steckt, bedeutet »heiliger Ort«, »unantastbare Sache« oder einfach »tabu«, »verboten« im religiösen Sinne. Und wenn ein Muslim sein Haus oder seine Wohnung als sein *haram* betrachtet, so meint er damit das ihm von Allah überlassene persönliche und unverletzbare Stückchen Unendlichkeit. In der islamischen Tradition wird daher die Wohnung sehr bewusst als der eigene besondere Raum erlebt. Man betritt ihn nicht mit Schuhen, an denen der Schmutz der Straße haften könnte, und man stellt ihn auch nicht so mit Möbeln voll, dass seine Ausdehnung gar nicht mehr empfunden werden kann.

Bei Amin zu Hause
Wenn er gerade keine Kunden hat, steht Amin mit seinem Taxi immer vor unserem Hotel. Vier Tage lang chauffierte er uns sicher kreuz und quer durch die Verkehrshölle von Kairo, und obwohl er dabei nach unserem Eindruck ständig von allen Seiten durch andere Autos attackiert wurde, schien er die Ruhe selbst. Auf meine Frage, ob ihn denn dieses tägliche Chaos nie nervös mache, lachte er nur und meinte: »Die andern sind doch alle meine Brüder.« In der Tat scheint es so etwas wie eine stumme Verständigung zwischen den Fah-

rern zu geben: kaum merkliche Fingerbewegungen der linken Hand, die während der Fahrt ständig aus dem offenen Seitenfenster baumelt. »Allah hat alles geordnet, auch diesen Verkehr hier.« Ich dachte an unsere vielen Verkehrsregeln zu Hause und die stets verstopften Straßen. Mit der ägyptischen Fahrermentalität könnten sie leicht das Vier- bis Fünffache an Verkehrsmenge verkraften.

Amin hat uns für heute Nachmittag auf einen Tee zu sich nach Hause eingeladen. Er habe uns jetzt fast eine Woche lang zu allen möglichen bekannten und weniger bekannten muslimischen Orten in der Riesenmetropole transportiert und wisse inzwischen längst, was uns interessiere. Nur eines hätten wir noch nicht gesehen: Sein Haus! Es sei zwar nicht berühmt und weder groß noch besonders schön, doch typisch für die Art, wie man als Muslim früher überall gewohnt habe, ehe die europäische Methode, Menschen in Kisten zu stapeln (gemeint waren die monotonen Wohnblöcke), auch hier üblich geworden sei.

Abb. 44: *Innenhof eines einfachen traditionellen Wohnhauses in Kairo.*

Sein Haus ist weit draußen im Süden. Ich habe schon lange die Orientierung verloren, als wir das Auto verlassen und nach einem kleinen Fußmarsch durch ein Gassengewirr an hohen Mauern entlang vor einer unscheinbaren Tür Halt machen. Beim Eintritt blicken wir zuerst einmal gegen eine Wand. Wir sind in einer Art Vorraum, wo man sich der Schuhe entledigt. Neugierige Kinderaugen wollen sehen, wen da der Vater als Gast mitgebracht hat. Man hört Frauenstimmen, aber als wir auf den kleinen quadratischen Innenhof blicken, der sich rechts neben der Mauer öffnet, ist außer den Kindern niemand zu sehen. Es ist ein hübscher, wohnlicher Ort. Die eine Hofseite ist durch ein vorkragendes Obergeschoss überdacht. Gegenüber klettert eine üppig blühende Bougainvillea die weiß getünchte Mauer empor. Ihr Purpurrot bildet mit dem Schwarzbraun einer hölzernen Maschrabiya (s. S. 25) und dem Blau der alten ramponierten Fliesenverkleidung an der Erdgeschosswand eine friedvolle Farbharmonie. Der Fußboden zeigt Reste eines alten, farbig gemusterten Steinbelages, ist aber an den meisten Stellen mit glattem grauem Zement ausgebessert und blitzsauber gefegt. Unter dem überdachten Hofteil liegt ein etwas abgenutzter Kelim und dort stehen auch zwei Hocker und ein rundes Blechtischchen. Es ist wohl der Ort, an dem die häuslichen Arbeiten verrichtet werden, sofern nicht – wie jetzt gerade – Gäste anwesend sind. Von dem winzigen Zimmer aus, in das uns Amin mit einer Handbewegung bittet, kann man auf die kleine Hofidylle blicken. Es gibt hier keine Möbel, nur ein paar Sitzpolster an der Wand und einen kleinen eingebauten Wandschrank.

Wir haben Probleme mit der ungewohnten Sitzhaltung, bei der man die Fußsohlen verbirgt, um sie nicht dem Gastgebern entgegen zu strecken. Ich weiß, dass das hier als unanständig gilt. Amin beobachtet uns amüsiert und meint, man nehme bei Fremden diese Sitten nicht so streng. Natürlich bemerkt er unsere interessierten Blicke auf die Kalligrafie an der Wand, auf das Plakat mit der Kaaba, vor allem aber in den hübschen kleinen Hof. Während wir den für unseren Geschmack entsetzlich süßen Tee schlürfen, meint er mit kaum verborgenen Stolz: »Oben vom flachen Dach, wo sich die Frauen aufhalten, wenn sie mit ihren Nachbarinnen schwatzen wollen, könntest du in der Ferne die Pyramiden von Gizeh sehen, die größten Bauwerke von ganz Ägypten. Mein Haus ist zwar nur sehr klein, aber das Stück Himmel über dem Hof gehört auch dazu … Und der ist noch viel größer als die Pyramiden!«

DAS WELTBILD

Islamische Stadtgrundrisse

Wer heute moderne Stadtviertel islamischer Metropolen besucht, wird dort nur wenig Unterschiedliches zu westlichen Stadtlandschaften feststellen. Die Einflüsse der Kolonialherren und jetzigen Wirtschaftspartner, aber auch die Gegebenheiten unserer modernen Verkehrswelt waren so stark, dass sich die heutigen Stadtgrundrisse einfach diesen Zwängen angepasst haben. So findet man dort übersichtliche Straßensysteme und autogerechte Boulevards ebenso wie moderne Geschäfts- und Büroviertel mit Einkaufszentren, Banken und Hotels von internationalem Zuschnitt. Und natürlich findet man – vor allem an den Randzonen der Städte – die gleichen Massenquartiere und Elendsviertel wie überall auf der Welt, wo die Siedlungen durch die Übervölkerung aus den Nähten platzen.

Aber an vielen Orten, wo sich Altstädte unversehrt erhalten haben, kann man noch immer erkennen, dass diese ursprünglichen islamische Stadtlandschaften organisch wuchernden Zellstrukturen ähneln und sich damit grundlegend von den zumeist planvoll angelegten europäischen Stadtanlagen unterscheiden.

Nach europäischen Maßstäben gleichen vor allem die Wohnquartiere islamischer Altstädte einem Labyrinth, dessen enge Gassen kaum Orientierung bieten und zudem oft abrupt vor dem Tor eines Hauses enden. Öffentlicher Straßenraum ist hier so knapp wie möglich bemessen, denn privates Leben in der Öffentlichkeit gibt es nicht. Die Berufswelt ist von den Wohnvierteln stets klar getrennt und auf den von den Stadttoren leicht erreichbaren Suk im Stadtzentrum konzentriert. Alle Gebäude mit Öffentlichkeitscharakter wie Freitagsmoschee, Schulen, Bäder und Krankenhäuser haben eine direkte Verbindung zum Suk, aber auch sie sind in der Regel Wand an Wand mit den Nachbargebäuden verbunden, sodass Häuser – gleich welcher Art – fast nie als einzelne Gebäude wahrzunehmen sind und nur als Innenräume erlebt werden können. Dort aber entfalten viele eine Pracht, die man als Europäer von der Straße oder Gasse aus nicht im Entferntesten ahnt.

Abb. 45: Stadtplan von Freiburg i.Br.: Beispiel einer systemvoll geplanten mittelalterlichen deutschen Stadt.

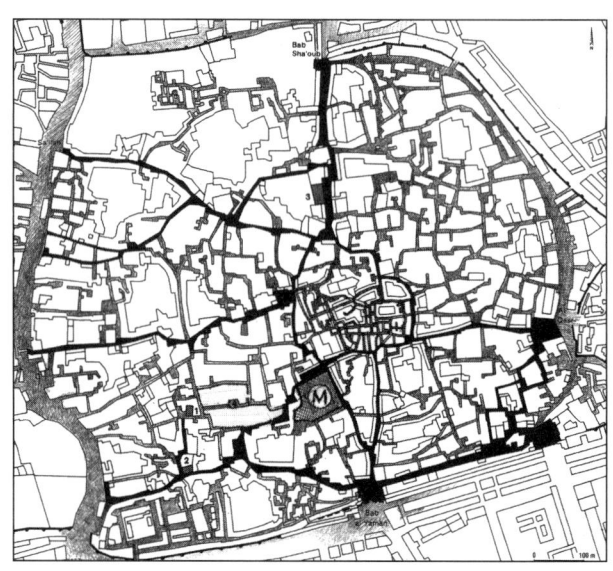

Abb. 46: Stadtplan von Sana'a, Jemen: Die Grundrisse islamischer Altstädte gleichen organisch gewachsenen Gewebestrukturen. Nur der Suk im Stadtzentrum scheint planvoll angelegt.

Bienenwabe als Modell

Der private Harambereich besteht niemals isoliert, sondern stets eingebunden in ein Netzwerk. Die Baustrukturen islamischer Altstädte sind genaue Abbilder dieser Vorstellung. Wer hier als Tourist schon einmal vom großen Hauptweg abgekommen ist und sich in einen solchen Wohnbezirk verirrt hat, fühlt sich im Labyrinth der Sackgassen schnell verloren – eigentlich völlig zu recht, denn er gehört dort als Eindringling auch nicht hin. Und wenn er Gast ist, hat er ja in der Regel einen kundigen Begleiter.

Abb. 47: Altstadthäuserbild von Fes, Marokko.

Abb. 49: Blick auf die Altstadt von Sana'a, Jemen.

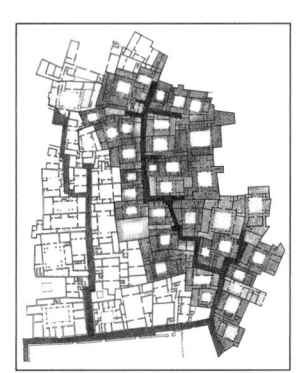

Abb. 48: In den zusammenhängenden großen Wohnhausgruppen, die von unübersichtlichen, engen Sackgassen erschlossen werden, entsteht trotz Wahrung der einzelnen Intimsphären ein starkes Gemeinschaftsbewusstsein.
(Nach Stefano Bianca: Städtebau in islamischen Ländern, Zürich, 1980)

Abb. 50: Massenquartiere im Randbezirk von Lattakia (Syrien).

Bausünden

Durch das enorme Bevölkerungswachstum platzen auch in der islamischen Welt die meisten Städte längst aus allen Fugen und bieten kaum mehr Raum für die traditionelle islamische Art zu wohnen. Es entstehen riesige provisorische Wohnsiedlungen mit mangelhafter Infrastruktur oder triste Satellitenstädte mit anonymen Plattenbauten und Wohnsilos. Soziale Konflikte sind hier vorprogrammiert. Die Ballungsräume von Großstädten wie Damaskus, Kairo oder Algier sind damit ein idealer Nährboden für den radikalen Islamismus.

Aber auch außerhalb der Ballungsräume um die großen Metropolen entstehen neuerdings Probleme: Immer mehr der zu Geld gekommenen Familien – z.B. zurückgekehrte Gastarbeiter – kaufen sich irgendwo ein Stück Land und bauen dort nach westlichem Vorbild ihr Haus weit außerhalb bestehender Siedlungen mitten in der freien Natur. Sie kümmern sich dabei nicht um die für die Gemeinschaft entstehenden Konsequenzen für die Infrastruktur, etwa der Wasserversorgung, der Abfallentsorgung oder der neu entstehenden Verkehrswege. Oft fehlt es an regulierenden Bauvorschriften und wo sie existieren, werden sie häufig ignoriert. Bei den Regierungen etlicher muslimischer Länder ist das hier entstehende Konfliktpotential noch nicht genügend bewusst geworden.

Massenquartiere
Die traditionellen islamischen Raumvorstellungen und Wohnbedürfnisse lassen sich in modernen Wohnsiedlungen mit ihren über- und nebeneinander gestapelten Massenwohnungen kaum befriedigen, jedenfalls nicht für Muslime, die in der traditionellen islamischen Wohnwelt aufgewachsen sind. Wo dies dennoch versucht oder erzwungen wird, entstehen fast regelmäßig Spannungen und oft genug auch Konfliktherde der verschiedensten Art. Zu den überzeugendsten Beispielen dafür zählen die während und nach der französischen Kolonialzeit entstandenen anonymen Satelliten-Siedlungen am Stadtrand von Algier oder auch ähnliche moderne Wohnquartiere in Kairo – beides Heimstätten radikal-fundamentalistischer Bewegungen.

Bürgerliches Leben in Damaskus
Rana Kabbani schrieb 1989 einen »Offenen Brief an die Christenheit« (Düsseldorf 1991), in dem sie auch die Mitverantwortlichkeit der Christen des Abendlandes für viele Probleme in der muslimischen Welt anspricht.

Frau Kabbani stammt aus einer sehr geachteten und einflussreichen Familie in Damaskus.

Ihr Vater war syrischer Diplomat und musste sich mit seiner Familie lange Zeit im Ausland aufhalten. Deshalb wuchsen die Kinder in New York und Djakarta auf. Rana lernte den »Westen« also bestens kennen. Sie schreibt: »Ich bin moslemisch erzogen worden und möchte versuchen, anhand persönlicher Erinnerungen zu beschreiben, was das bedeutet – in der stillen Hoffnung, mehr Verständnis für moslemische Empfindlichkeiten zu wecken« (S. 9).

Damit möchte sie der immer krasser werdenden Polarisation zwischen Muslimen und Christen, die bis zum unverhüllten Hass führt, entgegenwirken. Frau Kabbani ist freie Journalistin. Sie schreibt auch über die fatale Umgestaltung muslimischer Städte:

»Erst in den letzten Jahren sind mit dem Niedergang moslemischer Werte und der Umgestaltung moslemischer Städte nach westlichem Vorbild neue Stadtviertel entstanden, die ausschließlich von Besserverdienenden bewohnt werden. Die damit einhergehende Isolierung hat das soziale Leben pervertiert und ärmer gemacht. In meiner Kindheit war das Fest, das das Ende des Ramadans, der jährlichen Fastenzeit, anzeigte – das moslemische Osterfest – ein fröhliches

Fest, bei dem die reichen und die armen Nachbarn zusammen auf gleicher Stufe den 'Id feierten. Heute klingeln die Botenjungen, Pförtner und Müllmänner an der Tür der vornehmen Etagenwohnungen und holen – ähnlich, wie es im Westen üblich ist – ihr jährliches Trinkgeld ab; sie werden nicht mehr eingeladen. Bedauerlicherweise muss man auch sagen, dass die islamischen Feste, genauso wie das Weihnachtsfest im Westen, ausgehöhlt worden sind und ihren Sinn verloren haben: Zügelloses Konsumverhalten und penetrante Zurschaustellung von Reichtum, von dem die Armen ausgeschlossen sind, bestimmen das Bild – der Geist dieser religiösen Anlässe ist ins genaue Gegenteil verkehrt«.

Aus: Rana Kabbani, Offener Brief an die Christenheit, © 1991 Econ Verlag in der Ullstein Buchverlage GmbH, Berlin, S. 55.

Zur islamischen Baukultur

Architektur als Kunstgattung

Architektur gilt als angewandte Kunst, weil sie sowohl funktionale Aufgaben erfüllen muss als auch – wie jede andere Kunst – die Denk- und Vorstellungswelt der Erbauer widerspiegeln soll. Die verschiedenen Baustile Europas sind so zugleich getreue Abbilder des jeweiligen Zeitgeistes, und wir können daher von der Romanik bis zum Jugensstil und der Gegenwartsarchitektur stets Rückschlüsse von den Bauprojekten und Bauformen auf den jeweiligen Zeitgeist ziehen.

In der Baukunst des Islam fällt uns das schwerer, weil wir weder mit der Geschichte noch mit der Formenentwicklung gut genug vertraut sind. Dennoch können wir bei fast allen islamischen Bauten – egal aus welcher Epoche – einige charakteristische Merkmale feststellen:

- geometrisch klar geformte Baukörper wie Quader, Zylinder, Kegel und Kuppel
- besonders im arabischen Raum: Vermeidung prunkvoller Fassaden, stattdessen Gestaltung vom Innenraum her
- Verbergen des Konstruktiven unter dem, was wir »Dekoration« nennen, d.h.: Übergewicht der »gedachten« Raumhülle (Unendlichkeitsmuster) über die materielle Konstruktion

Von den vielen Bautraditionen, die sich in der islamischen Architektur vereinigt haben, hat besonders die vorislamische persische Kultur wesentliche Elemente beigetragen: die Betonung der Gebäudeachsen, die Aufwertung der Portale und der Gebäudeaußenseite, vor allem aber den in statischer Hinsicht dem Rundbogen weit überlegenen Spitzbogen. Die innerasiatische Vorstellungswelt der Türken und Mongolen dagegen hat den Kuppelbau in der islamischen Architektur stark aufgewertet, sodass er in der osmanischen Zeit unter dem Einfluss der byzantinischen Baukunst zum beherrschenden Thema geworden ist.

Nur wenigen Europäern ist bewusst, dass die grandiose Epoche unserer gotischen Architektur ihre wichtigste Wurzel in der islamischen Baukunst hat: Ohne die Idee des von den Kreuzfahrern nach Frankreich importierten Spitzbogens wären die kühnen Konstruktionen der Kathedralen nicht möglich gewesen.

links: **Abb. 51:** *Spitzbogengewölbe in der Grabmoschee von Mahan, Ostpersien.*

rechts: **Abb. 52:** *Spitzbogengewölbe im Freiburger Münster.*

Abb. 53: *Mukarnasnische, Isfahan, Iran*

Mukarnas

Das in der europäischen Baukunst selbstverständliche Bestreben, statisch-konstruktive Probleme und deren zuweilen geniale Lösungen gestalterisch zu demonstrieren, ist in der islamischen Baukunst verpönt, weil es davon ablenken könnte, den gebauten Raum als Teil des unendlichen Universums zu sehen und zu erleben. Für alle die Bauteile, an denen Konstruktionsdenken ablesbar ist, also z.B. für Gewölbenischen, Eckzwickel zwischen runder Kuppel und würfelförmigem Unterbau, Gesimse, Säulenkapitele und dergleichen, wurde eine Verkleidungsform erfunden, die man Zellengewölbe, Stalaktiten oder *Mukarnas* nennt. Die zunächst einfachen und konstruktiv logisch nachvollziehbaren Gewölbezwickel wurden dabei in immer kleinteiligere Elemente aufgelöst, sodass schließlich äußerst komplizierte Dekorationsgebilde entstanden, die längst zu den besonders charakteristischen Gestaltungselementen der islamischen Architektur geworden sind.

In der langen islamischen Bautradition sind viele Mukarnas-Typen mit regional verschiedenen Detailformen entstanden.

Öffentliche Gebäude in der islamischen Stadt

Die Einbindung öffentlicher Gebäude in die Stadtlandschaft ist in den verschiedenen Regionen der islamischen Welt höchst unterschiedlich. Während sie in den arabischen Altstädten fast nie als etwas Besonderes auffallen und in der Struktur der Nachbarhäuser aufgehen, stehen sie im türkischen und vor allem im persischen Kulturraum häufiger isoliert und herausgehoben.

Die auffälligsten Bauwerke jeder islamischen Stadt sind natürlich die Moscheen mit ihren weithin sichtbaren Kuppeln und Minaretten. Da jeder Stadtteil seine eigene Moschee besitzt, ragen gewöhnlich viele Minarette aus dem Gewirr der Häuserlandschaft heraus. Die Größte dieser Gebetsstätten hat den Rang der Haupt- oder Freitagsmoschee und kann daher ohne weiteres mit der Hauptkirche oder dem Münster einer mittelalterlichen deutschen Stadt verglichen werden.

Wegen der grundsätzlichen Bedeutung der Moschee für die islamische Kultur ist diesem Thema ein eigenes Kapitel gewidmet (s. S. 116ff).

Neben den Moscheen gab es in jeder größeren Stadt mindestens eine *Medrese*, eine in der Regel als private Stiftung organisierte Koranschule, ferner öffentliche Bäder (*Hamam*), öffentliche Brunnen und natürlich überdachte weitläufige Markthallen (*Suk* oder *Bazar*), die oft mit Karavansereien, Herbergen (*Funduk*) und Krankenhäusern (*Maristan*) verbunden waren.

Dass Rathäuser im Ensemble der öffentlichen Gebäude alter islamischer Städte fehlen und erst unter dem Einfluss europäischer Vorstellungen von Kommunalverwaltung entstanden sind, mutet in unseren Augen seltsam an, aber demokratische Ratsverfassungen – wie ab dem späten Mittelalter in Europa üblich – entsprachen nicht dem alten islamischen Gesellschaftsmodell. Das Sozialgefüge war klar durch die *Schari'a* und ihre Rechtsschulen geregelt (vgl. S. 95). Die politische Macht und Verantwortung oblag dem in der Zitadelle residierenden weltlichen Herrscher, dem Sultan oder Emir bzw. dem von diesem beauftragten Gouverneur.

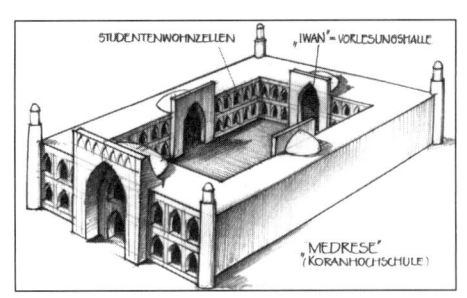

Abb. 54.1 u. 54.2: Medrese, Innenhof und Außenansicht

Medrese ist das arabische Wort für »Schule«. Nachdem ursprünglich die Moschee auch für Unterrichtszwecke genutzt wurde, entstand dafür im heutigen Irak und in Persien schon sehr bald ein eigener Gebäudetyp, der sich mit nur geringen Abwandlungen schnell über den ganzen islamischen Kulturkreis verbreitete. Eine zweigeschossige Anlage mit den Wohnzellen für die Schüler umschließt dabei einen rechteckigen Hof. Als Unterrichtsräume dienten die in den Gebäudeachsen angeordneten, mit Spitzbogengewölben überdachten und zum Hof hin offenen Vorlesungshallen, die *Iwane*.

Hamam ist die Bezeichnung für die öffentlichen Badehäuser. Weil die körperliche Reinheit sehr eng mit dem Gebet verbunden ist, gehören solche Bäder oft zum Baukomplex einer Moschee. Eigene Badehäuser für Frauen oder für Männer sind nicht üblich, weil die Trennung durch gesonderte Betriebszeiten geregelt werden kann.

Gewöhnlich lassen sich Badehäuser schon von außen an ihren Kuppeln erkennen, in deren Schale Glassteine für den Lichteinfall eingebaut sind. Diese Kuppeln erheben sich über dem zentralen Baderaum, in dem man in geselliger Atmosphäre schwitzt und plaudert, nachdem man sich zuvor in einer der kleinen intimen Waschzellen gereinigt hat, die rings um den Zentralraum angeordnet sind. Es gibt Badegehilfen, die dem Gast bei der Reinigung assistieren und die in der Regel auch geschickte Masseure sind.

Abb. 55: Hamam

Selbstverständlich sind Thermalquellen bevorzugte Orte für Hamams, weil dort die aufwändige Warmwasserbereitung entfällt und die mineralischen Zusätze im Thermalwasser sehr geschätzt werden.

Abb. 56: Suk

Der *Suk* oder *Bazar* ist das Herz jeder muslimischen Stadt. Handwerker und Händler betreiben hier ihre kleinen, Wand an Wand aneinandergereihten Läden, wobei die Angehörigen gleicher Branchen stets zusammengefasst sind, um dem Kunden bessere Vergleichsmöglichkeiten zu geben. So kann man vom *Suk* der Schreiner, der Schmiede, der Polsterer, Gewürzhändler, Silberschmiede, Tuchverkäufer oder Schuster sprechen.

Um den Sukbetrieb vor Sonne oder Regen zu schützen, sind viele der zum Teil riesigen Anlagen überdacht. Etliche dieser ausgedehnten Kuppelbazare haben Weltruhm erlangt, etwa die Kuppelhallen von Buchara, Isfahan oder Täbris, der *Suk al Hamidia* in Damaskus, der *Khan-al-Khalili*-Bazar in Kairo oder der *Kapali Carsi* in Istanbul.

Als Folge der Globalisierung und der damit verbundenen riesigen Warenangebote in den Supermärkten der Großstädte kämpfen heute die meisten Sukhandwerker um ihre Konkurrenzfähigkeit oder haben bereits ihre Läden geschlossen. Ein besonders typischer Wesensbestandteil der alten muslimischen Stadt wird damit wohl bald verschwunden sein oder nur noch als Touristenattraktion ein Folkloredasein führen.

Funduk ist das arabische Wort für »Herberge« oder »Hotel«. Ähnlich wie im europäischen Mittelalter boten die Herbergen der alten islamischen Städte aber nur Schlafplätze und kaum Komfort, jedenfalls keinen, der heutigen Ansprüchen genügen würde. Moderne Hotels mit internationalem oder wenigstens mittlerem Standard findet man daher nur in den neueren Teilen islamischer Städte.

Mit den städtischen Funduks nicht zu vergleichen waren die alten großen Karavansereien, die *Samsaras* oder *Chans* (je nach persischem, arabischem oder türkischem Sprachgebrauch). Hier fanden reisende Händler mit ihren Waren und Tragtieren Unterkunft, und aus diesem Grunde gehörten zu diesen Anlagen in der Regel ebenso ausgedehnte Lagermöglichkeiten wie Stallungen. Alle großen Suks waren mit solchen Karavansereien oder Chans verbunden, aber die prächtigsten dieser Händlerherbergen waren als wehrhaft ummauerte Stützpunkte in Abständen von Tagesreisen an den großen Handelsstraßen angelegt. Die berühmtesten Beispiele sind hier sicher die palastartig ausgestatteten Chans der Seldschuken in Anatolien aus dem 12. und 13. Jahrhundert. Es war hier an alles gedacht, was ein reisender Händler jener Zeit verlangen mochte: Ställe für die Lasttiere, Stapelräume, Unterkunftsräume, in denen man schlafen und sich selbst verpflegen konnte, Waschmöglichkeiten, oft sogar ein *Hamam* und natürlich auch eine kleine Moschee.

Im heutigen Wirtschaftsleben haben diese Karavansereien ihre ursprünglichen Funktionen verloren. Soweit sie nicht zu Ruinen verfallen sind, hat man sie zu Handelshöfen, Handwerkerzentren, Gastronomiebetrieben oder Museen umgewidmet und umgebaut.

Öffentliche *Brunnen* waren für das Leben in der islamischen Stadt lebenswichtig. Wir vergessen leicht, dass man auch bei uns in Europa mancherorts noch vor wenigen Generationen das Wasser an öffentlichen Brunnen holen musste.

In alten islamischen Städten findet man noch heute viele solcher Brunnen. Sie stehen oft da, wo sich an der Verzweigung von Straßen oder Gassen kleine Plätze gebildet haben, und die meisten von ihnen sind trotz der inzwischen fast überall installierten Wasserversorgungsleitungen noch immer in

Gebrauch. Häufig sind sie mit Schmuck verziert, als ob damit demonstriert werden sollte, wie kostbar das von ihnen gespendete Wasser ist.

In besonders heißen Regionen waren Brunnen als kleine Häuschen so angelegt, dass das Wasser darin stets kühl blieb. *Sabil* (arabisch) oder *Ceşme* (türkisch) nennt man diese wohltätigen Einrichtungen, und es galt als verdienstvoll, solche Brunnenanlagen für die Allgemeinheit zu stiften.

Abb. 57: Brunnen in Fes, Marokko

DIE MOSCHEE

Moschee und Kirche: ein Vergleich

Sehr viele Angehörige unserer abendländischen Kultur sehen in einer Moschee so etwas wie eine »islamische Kirche«. Auch wenn dieser etwas naive Vergleich nicht völlig abwegig ist, so bestehen doch sehr erhebliche Unterschiede. Um diese erkennen zu können, muss zunächst geklärt werden, was mit »Kirche« eigentlich gemeint ist.

Kirche – aus christlich-theologischer Sicht
Kirche bedeutet umgangssprachlich »christlicher Gottesdienst«, das »Gebäude« zur Durchführung des Gottesdienstes und die verfasste »Sozialgestalt« des christlichen Glaubens im Sinn einer Institution.

Etymologie
Im deutschen Begriff »Kirche« sind zwei verschiedene griechische Wortwurzeln miteinander verschränkt: *Kerygeia*, was von *kyrios* (»Herr«) herkommt und *ekklesia* (»Versammlung«). Beide Begriffe sind ineins- und damit gleichgesetzt worden, wobei *ekklesia* fast ausschließlich die an einem bestimmten Ort sich zu einer bestimmten Zeit versammelte Gottesdienstgemeinde meint.

»Kirche« im Neuen Testament
In den synoptischen Evangelien findet sich der Kirchenbegriff nur an zwei markanten Stellen in Mt 16,18 und Mt 18,17; beide Texte gehen auf urchristliche Gemeindebildung zurück, sie verwenden Gemeindebegrifflichkeit. Der so genannte historische Jesus selbst spricht nicht von der Kirche. Der Anfang der Nachfolge, der Jünger- und Jüngerinnenschaft, der Teilhabe an der Gemeinschaft ist auf urchristliche und nachösterliche Missionstätigkeit zurückzuführen.

Bei Paulus taucht der Begriff *ekklesia* in Gal 1,13 auf und bezeichnet dort wohl die Jerusalemer Urgemeinde. Später wurde dieser Begriff auf andere Gemeindebildungen bezogen (1.Kor 1,2; 2.Kor 1,1; 1.Kor 11,16 oder 1.Kor 10,32). Gemeinde ist der Leib Christi (1.Kor 12,27) oder auch die Gemeinde Christi (Röm 16,16; Gal 1,22).

Reformatorisch-protestantische Theologie
Die reformatorisch-protestantische Theologie prägt einen wesentlich komplexeren Begriff von »Kirche«, als er heutzutage umgangssprachlich in Gebrauch ist. Sie sieht in der Kirche das eine, christliche, heilige Volk, das an Christus glaubt und von ihm Sündenvergebung und den Geist der Erneuerung empfängt (Schmalkaldische Artikel 12/BSLK, 459).

Durch die Predigt des Evangeliums wird das Wort Gottes offenbar: »Denn Gottes Wort kann nicht ohne Gottes Volk sein und Gottes Volk kann nicht ohne Gottes Wort sein« (Luther). In Christus ereignet sich deshalb das Wort, zusammen mit den anbefohlenen Sakramenten (Taufe, Abendmahl). In der Kirche versammeln sich also die durch die Taufe geweihten »Priester« (d.h. alle Getauften) zu Gottes Wort und Gebet; ein Mitglied wird zur öffentlichen Leitung des Gottesdienstes bestimmt, die Gemeinde behält aber das Recht, alle Lehre zu beurteilen und Amtsträger ein- und abzusetzen.

Im für Protestanten verbindlichen Augsburger Bekenntnis von 1530 (Confessio Augustana, CA) wird deshalb »Kirche« als Versammlung der Gläubigen verstanden, in der das Evangelium rein gepredigt und in rechter Weise die Sakramente gereicht werden (CA 7). Die sichtbare Gestalt der Kirche wird durch die Predigt und Lehre des Evangeliums und in der stiftungsgemäßen Darreichung der Sakramente erst hervorgebracht. Ursprung und beständiger Grund der Kirche ist deshalb ausschließlich die in der Kraft des Geistes stattfindende Selbstoffenbarung Gottes in Jesus Christus, die in der einen Heiligen Schrift bezeugt wird (CA 8). So kann das Wesen der Kirche nicht von ihren äußeren Manifestationen getrennt werden. Gottes Geist wirkt die Rechtfertigung des gottlosen Sünders (CA 5 + CA 14).

Römisch-katholische Kirche
Die römisch-katholische Kirche sieht sich selbst in ungebrochener Kontinuität mit den Aposteln, Zeugen und Zeuginnen der urchristlichen Zeit. Kirche ist deshalb die Versammlung des Volkes Gottes in Christus als Gemeinschaft der Heiligen auf dem Fundament der Apostel und Propheten (Eph 2,20).

Apostel, Märtyrer, die ersten Konzilien und Glaubensbekenntnisse sind der normative Grund von Kirche. Kirche ist ein Geheimnis des Heils und geht auf Gottes Ratschlag zurück, deswegen ist die geistliche Gemeinschaft mit hierarchischer Organisationsstruktur nach der Beziehung Mensch – Gott ausgerichtet. Das Trienter Konzil formuliert als Reaktion auf die Reformation durch Melchior Cano (Theologische Schule von Salamanca, Madrid 1562), dass Kirche der Ort sei, an dem Transzendenz zum Gegenstand menschlichen Nachdenkens werde, wobei Gesamtkirche und Einzel- bzw. Ortskirche sich komplementär zueinander verhielten. Nach den Konzilsbeschlüssen des ersten Vatikanischen Konzils hat der Papst ein Jurisdiktions- und Lehrprimat, das er im Namen der Kirche ausübt. Sie vertritt, wofür der Papst steht, die Unfehlbarkeit wahren Glaubens. Im zweiten Vatikanischen Konzil (1962–1965) wird die gesamte Menschheit in den römisch-katholischen Kirchenbegriff integriert: Kirche ist das Volk Gottes in Christus (Lumen Gentium 49), das messianische Volk für das gesamte Menschengeschlecht (Lumen Gentium 9), zum Heil für alle Menschen berufen (Lumen Gentium 13).

Philosophische Stimmen
Immanuel Kant spricht in Bezug auf Kirche von einem Gemeinwesen, das durch Tugenden geordnet ist und der Beförderung und Vollendung von Sittlichkeit diene. Georg Friedrich Hegel sucht in der Kirche das Medium zur Realisierung der Freiheitsgeschichte des Geistes. Auffällig ist, dass man postmodern vom Paradoxon von abnehmender Kirchlichkeit und zunehmender Religiosität spricht.

Grundgesetz der Bundesrepublik Deutschland
Im Grundgesetz der Bundesrepublik Deutschland findet sich lediglich die Aussage, dass eine Staatskirche in Deutschland nicht existiere (Art. 140 mit Bezug auf Art. 137.1 WRV). Das GG spricht eher von Religionsgesellschaften und versteht darunter einen freiwilligen Zusammenschluss von mindestens zwei natürlichen Personen, die zu einem religiösen Konsens gefunden haben.

Gibt es eine vergleichbare muslimische Institution?
Der Islam kennt nichts, was mit der abendländischen Institution »Kirche« vergleichbar wäre. Es gibt weder einen islamischen »Papst« noch islamische »Bischöfe« und auch nichts, was man als »Moschee-Behörde« bezeichnen könnte, nicht einmal einen Gemeindepfarrer. Die Ausbildung und Anstellung der Imame ist zwar vom Staat geregelt, aber höchst unterschiedlich organisiert und überwacht. Einen obersten »Scheich-al-Islam« zur Regelung religiöser Angelegenheiten gibt es nicht in allen Ländern, und man kennt auch keine Kirchen- bzw. Moscheegemeinden, die als juristische Personen z.B. Eigentümer oder Bauträger einer Moschee sein könnten. Moscheen werden vielmehr von Privatpersonen oder Personengruppen gestiftet und unterhalten, und bei den großen Freitagsmoscheen ist dafür gewöhnlich der Staat zuständig.

In den meisten islamischen Ländern gibt es allerdings eine meist auf kommunaler Ebene organisierte Verwaltung des Moscheebesitzes, die man »*Wakf*« nennt. Trotz vieler lokaler und nationaler Unterschiede gilt dort allgemein die Regel, wonach Moscheebesitz nicht veräußert werden darf.

Moschee – Gottesdienstort und Gebetsplatz
Das Wort »Moschee« leitet sich ab von dem Begriff »Mesdschid«, was den Ort meint, an dem man sich zum Gebet niederwirft. Die Bezeichnung »Mesdschid al-dschuma« für die Freitagsmoschee weist außerdem darauf hin, dass sich hier die gesamte Gemeinde zum Freitagsgebet mit der Freitagspredigt versammelt. Insoweit sind die Vorstellungen von »Kirche« und »Moschee« tatsächlich vergleichbar, denn auch die Kirche ist sowohl Ort des Gebetes als auch Versammlungs- und Verkündigungsort. Aber hier endet bereits die Parallele, denn zumindest die katholische Kirche wird ja auch als Ort für kultische Handlungen wie die Eucharistie gesehen und verstanden, und Derartiges ist im Islam völlig unbekannt. Auch wenn der Ablauf des Gebetsrituals gewissen Regeln folgt (s. S. 123ff), kann man hier doch nicht von einer Liturgie im Sinne eines christlichen Gottesdienstes sprechen. Liturgieähnliche Abläufe gibt es allenfalls bei den mystischen Veranstaltungen von Sufi-Orden, aber diese finden nicht in der Moschee statt.

Die Moschee ist also auch kein besonders heiliger Ort, wie man sich das zumindest vom Altarraum einer katholischen Kirche vorstellt, und wenn Muslime ihre Moschee gelegentlich als *Baitullah* bezeichnen, was man wörtlich mit »Haus Gottes« übersetzen könnte, so meinen sie damit doch etwas anderes als wir, wenn wir vom »Gotteshaus« sprechen. Gott ist nach muslimischer Vorstellung überall in gleicher Intensität anwesend, und das Wort Baitullah für Moschee meint nur, dass man Gott dort zum Gebet gegenübersteht.

An diesen Ort kann man sich also auch einmal zurückziehen, wenn man gerade nicht beten, sondern einfach einmal seine Ruhe haben will, ungestört mit einem Freund plaudern, im Kuran lesen oder auch nur schlafen möchte. Die Moschee ist somit eine aus dem Schmutz und Lärm des Alltags abgegrenzte Meditationsinsel, ein »Haram«, den man genauso wie das eigene Haus selbstverständlich nicht mit Schuhen betritt. Und wer es schon erlebt hat, wie wenig angemessen sich manche westliche Touristen an solchen Orten zu benehmen wissen, der versteht, dass es Nichtmuslimen nicht selten verwehrt ist, Moscheen zu betreten.

Auch dass Männer und Frauen in der Moschee nicht gemeinsam, sondern getrennt beten, sollte für westliche Beobachter kein Grund zur Kritik sein. Noch vor zwei oder drei Generationen gab es in unseren Kirchen gesonderte

Bankreihen für Männer und Frauen, und in manchen ländlichen Gegenden ist das noch heute so.

Haram asch-Scharif in Jerusalem

»Preis dem, der seinen Diener des Nachts entführte von der heiligen Moschee (Kaaba) zur fernsten Moschee, deren Umgebung wir gesegnet haben, um ihm unsre Zeichen zu zeigen« (Sure 17,1).

Diese gesegnete Umgebung trägt heute den Namen *al-Quds*, »die Heilige«: der arabische Name Jerusalems.

»Die fernste (Moschee)« heißt auf Arabisch *al-Aqsa*, sie ist außer der Kaaba die einzige Moschee, die im Kuran genannt wird, und steht, ebenso wie der Felsendom, auf dem Tempelberg, der in seiner Gesamtheit als heiliger Bezirk gilt, als »erhabener Haram« oder Haram asch-Scharif.

Jerusalem birgt die drittheiligste Stätte der Muslime – nach Mekka und Medina.

Felsendom

Der Felsendom, *Qubbet as-Sachra*, einer der schönsten Kuppelbauten der Welt, wölbt sich über dem Felsen, auf dem nach jüdischer Überlieferung Abraham seinen Sohn Isaak hätte opfern sollen und von dem aus, nach muslimischer Überlieferung, der Prophet seine nächtliche Himmelsreise antrat. Der Felsendom, auch Omar-Moschee genannt, ist ein Schrein, eigentlich keine Moschee, und gilt für viele als das Prachtstück islamischer Baukunst.

Aber: Als Kalif Abd al-Malik (687–691) den Entschluss fasste, hier, auf dem Gelände des zerstörten jüdischen Tempels, einen Prachtbau zu errichten, der die benachbarte Grabeskirche an Schönheit übertreffen sollte, fanden sich in seinem ganzen großen Reich nur byzantinische, also christliche Architekten und Bauleute, die dazu fähig waren. Der Felsendom ist deshalb – genau genommen – ein spätantikes Bauwerk.

Fayence-Verkleidungen in den Hauptfarben blau, weiß und grün schmücken das Oktogon und den Tambour. Sie wurden 1561 auf Veranlassung von Sultan Süleyman des Prächtigen im fernen Iznik gefertigt. Dort, am Bos-

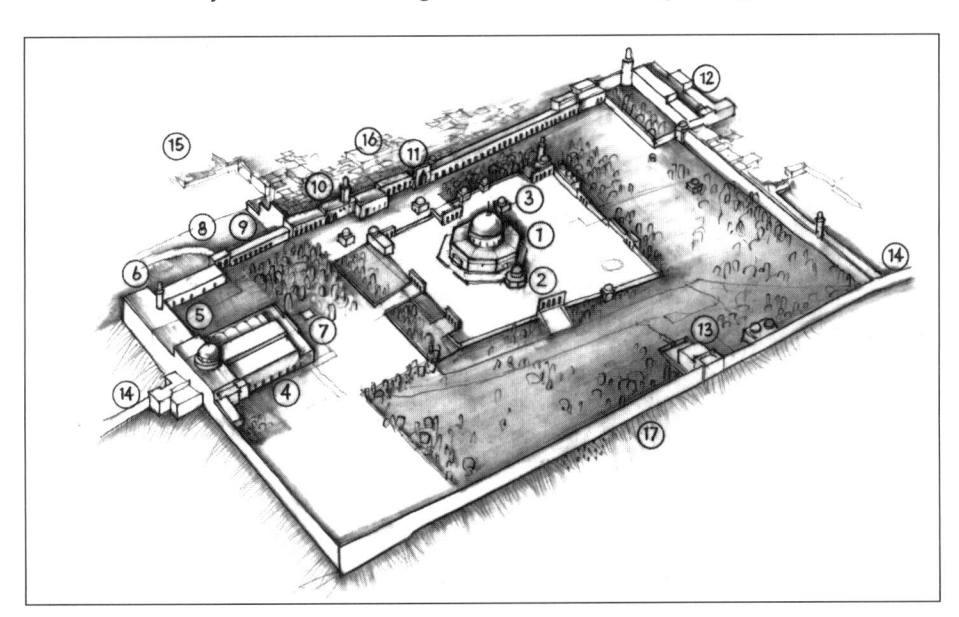

Abb. 58: Felsendom

Abb. 59: Tempelberg. Legende: 1. Felsendom 2. Kettendom 3. Himmelfahrtsdom 4. Al-Aqsa Moschee 5. Weiße Moschee (Frauenmoschee) 6. Islamisches Museum 7. Reinigungsbrunnen 8. Maghrebinertor 9. Klagemauer 10. Kettentor 11. Baumwolltor 12. Omariye-Medrese 13. Goldenes Tor 14. Stadtmauer 15. Altstadt, jüdisches Viertel 16. Altstadt muslimisches Viertel 17. Kidrontal.

DIE MOSCHEE

porus, arbeiteten in den Manufakturen hauptsächlich zwangsumgesiedelte, christliche Armenier. Was aus diesen Kacheln dann im Jerusalem geschaffen wurde, ist reinste, höchste islamische Kunst. Große Felder mit einmaligen Unendlichkeitsmustern werden nach oben hin begrenzt durch umlaufende Kalligraphie-Friese mit Texten aus Sure 17.

Die ursprünglich feierlich-schwarze Bleikuppel wurde 1963 vom jordanischen König Hussein durch protzige, vergoldete Aluminiumplatten ersetzt.

Moscheegebäude und Moscheeausstattung

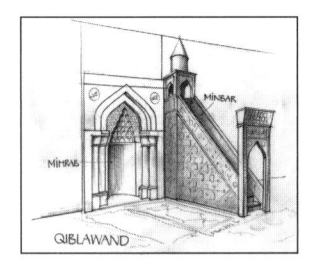

Abb. 60: Qibla-Wand

Als Urform der Moschee gilt der große rechteckige Hof von Mohammeds Wohnhaus in Medina. Dort versammelte sich die Urgemeinde zum Gebet. Um diesen Vorgang als kollektives Erlebnis bewusst zu machen, legte Mohammed eine gemeinsame Gebetsrichtung fest, zunächst zusammen mit den Juden nach Jerusalem und später, als Folge der Auseinandersetzungen mit diesen, in Richtung Abraham-Heiligtum in Mekka. *Qibla* nennt man die Aursichtung auf diesen Pol, und die richtunggebende Moscheewand, vor der die Betenden stehen, somit *Qibla-Wand*. Als Konzentrationspunkt für den meditativen Akt des Gebets war in dieser Wand eine kleine türähnliche Nische (*Mihrab*) ausgespart, vor der Mohammed in seiner Funktion als Imam (Vorbeter) saß. Diese Qibla-Wand mit der Mihrab-Nische ist bis heute das Kernelement jeder Moschee.

Im Laufe der langen Entwicklungsgeschichte der Moscheebauten wurde die Mihrab-Nische als Kunstobjekt stark aufgewertet, sodass man sie schon bald als meditativ-symbolisches Tor zum Paradies verstehen konnte, d.h. als Tor zu der von keinerlei menschlichen Begierden entstellten Ordnungswelt Allahs, das höchstens bei der Meditation des Gebets durchschritten werden kann.

Abb. 61: Hölzerner Minbar in der Freitagsmoschee von Divrigi, Anatolien, um 1240

Seine Predigten an die Gemeinde hielt Mohammed von einem treppenartigen Podest aus, das rechts neben dem Mihrab aufgestellt war. Noch heute steht der *Minbar*, die Kanzel für die Freitagspredigt, an diesem Ort. Minbare sind heute in der Regel aus Stein ausgeführt. Aus früherer Zeit sind noch viele hölzerne Minbare erhalten, deren künstlerische Gestaltung Zeugnis extremster handwerklicher Virtuosität darstellen.

Schon zu Mohammeds Zeit war der Raum unmittelbar vor der Qibla-Wand zum Schutz vor Sonne und Regen überdacht. Im Laufe der Entwicklungsgeschichte der Moschee wurde dieser überdachte Raum immer größer und zudem in der Zone unmittelbar vor dem Mihrab oft mit einer *Kuppel* versehen. Unter dem Einfluss der byzantinischen Baukunst in Anatolien wuchsen diese Kuppeln in der osmanischen Zeit so sehr ins Riesenhafte, dass sie schließlich den gesamten Raum vor der Qibla-Wand einnahmen und der Moscheehof zu einer Art Anhängsel wurde.

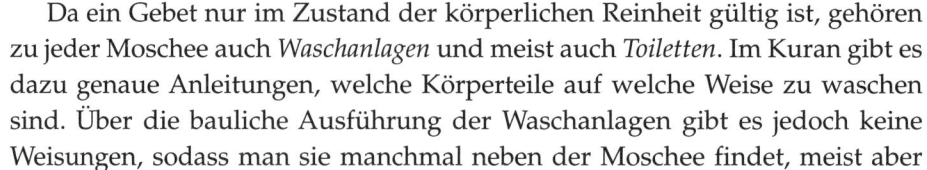

Da ein Gebet nur im Zustand der körperlichen Reinheit gültig ist, gehören zu jeder Moschee auch *Waschanlagen* und meist auch *Toiletten*. Im Kuran gibt es dazu genaue Anleitungen, welche Körperteile auf welche Weise zu waschen sind. Über die bauliche Ausführung der Waschanlagen gibt es jedoch keine Weisungen, sodass man sie manchmal neben der Moschee findet, meist aber als Brunnen im Moscheehof.

Abb. 62: Reinigungsbrunnen

Das *Minarett*, aus europäischer Sicht ein besonders wichtiger Teil der Moschee, gab es zur Zeit Mohammeds noch nicht. Der *Muezzin* rief damals die

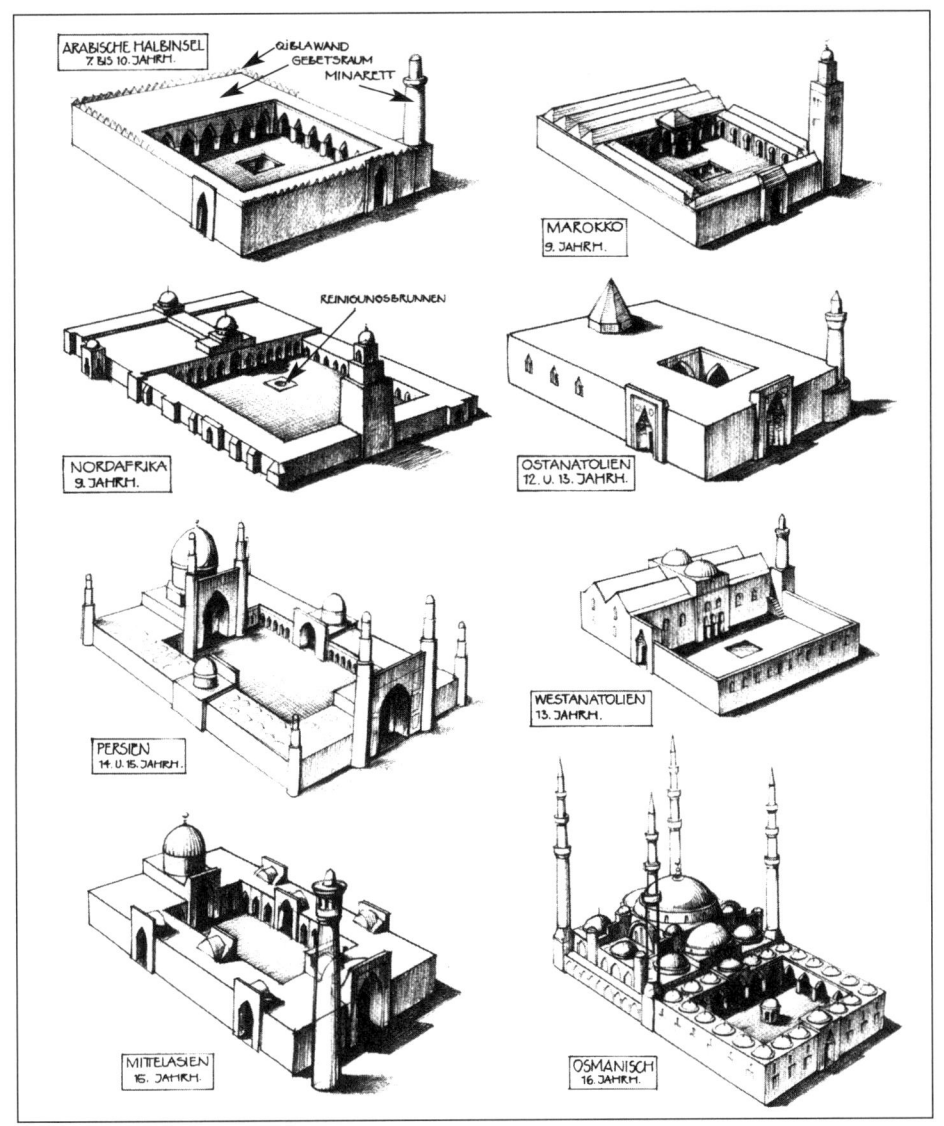

Abb. 63: Moscheegenealogie. Aus der Urform der Moschee, dem rechteckigen Versammlungs- und Gebetshof, sind im Laufe der Zeit unter dem Einfluss anderer Bautraditionen verschiedene Moscheetypen entstanden. Bei den meisten lässt sich die Abstammung von der Grundform noch erkennen.

Abb. 64: Die Amr-Moschee in Fustad bei Kairo aus dem 7. Jahrhundert ist eine der ältesten Moscheen überhaupt. Obwohl sie mehrfach umgebaut und erweitert wurde, bietet der Blick in den Innenhof noch immer das gleiche Bild wie zur Zeit der ersten Entstehung.

Abb. 65: Eine der jüngsten und zugleich größten Moscheen der ganzen islamischen Welt ist die Faisal-Moschee in der pakistanischen Hauptstadt Islamabad. Der zeltförmige Gebetsraum ist hier viel deutlicher vom Moscheehof abgesetzt als bei älteren Moscheen.

Gebetsstunde von irgendeinem erhöhten Platz bei der Moschee aus, und in manchen Gegenden der islamischen Welt geschieht das noch heute so. Die Türme für die Gebetsrufer entstanden erst später, und innerhalb der verschiedenen regionalen Bautraditionen haben sich zwischen Mittelasien und Marokko sehr unterschiedliche Minarettformen herausgebildet.

Selbstverständlich entwickelt sich die Moscheearchitektur auch heute noch immer weiter, aber die hier genannten Elemente dürften auch in ferner Zukunft zur Grundausstattung jeder Moschee gehören.

Die Meditationsinsel – der Ort für das Gebet

Teppiche

Weil Gott überall präsent ist, muss es auch möglich sein, ihm an jedem beliebigen Ort im Gebet gegenüberzustehen. Allerdings gibt es da eine Einschränkung: Um Gott gegenüberzustehen, braucht es ein Mindestmaß an Würde, also wenigstens den Zustand der Reinheit, auch für den Ort, an dem dies geschieht. Wer also sein Gebet nicht in der Moschee verrichten kann, dem eigens dafür vorgesehenen Ort, der begibt sich mindestens symbolisch in eine

Abb. 66: Gebetsteppich aus Konya, Mittelanatolien

gedachte Moschee, auf eine kleine private Insel, die aus der gemeinen Alltagswelt herausgehoben ist: den Gebetsteppich. Er erfüllt perfekt die Funktion eines mobilen, reinen und zugleich persönlichen Betplatzes. Sein Format entspricht daher dem ungefähren Platzbedarf eines erwachsenen Menschen bei den rituellen Gebetsübungen. Schon das bewusste Betreten dieser mobilen Moschee – natürlich ohne Schuhe – ist ein Stück Gebet.

Wer sich je mit Teppichen befasst hat, weiß, dass sich die mit einer Bordüre eingefassten geknüpften oder gewebten Muster fast immer zu unendlichen Rapporten fortsetzen lassen, womit die persönliche »Insel« zugleich an ihre Einbindung in Allahs Unendlichkeit erinnert. Es gibt viele schöne Bilder für die symbolische Funktion des Gebetsteppichs. Das schönste stammt von einem anatolischen Imam: Für ihn ist der Teppich ein kleines Stück aus Allahs unendlicher Blumenwiese. Und Blumenmotive finden sich in fast allen Teppichmustern. Manche Teppiche sind statt mit Blumenmustern in der Form einer Mihrab-Nische gestaltet. Und von dieser wissen wir ja, dass sie das Tor zum Paradies symbolisiert.

Gebetshallen

Abb. 67: Mesqita, Cordoba, erbaut 785/86, erweitert 962/966

Abb. 68: Freitagsmoschee in Chiwa, Usbekistan, Innenraum, 11. Jahrhundert

Eine normale Moschee ist im Grunde nichts anderes als ein Gebetsteppich, nur eben etwas größer, damit mehrere Leute zusammenkommen können. Dieses *Erlebnis der Gemeinsamkeit* ist aber ungeheuer wichtig, und daher ist ein Gebetsteppich immer nur ein behelfsmäßiger Ersatz für die Moschee, wo man mit anderen zusammen vor der Qibla-Wand steht. Die Wurzel des arabischen Wortes *Qibla* enthält die Vorstellung von »sich gegenüberstehen«, von »akzeptieren« oder »annehmen«, womit der Charakter des muslimischen Gebetes treffend beschrieben ist. Es geht hier also nicht um das Bitten oder gar Fordern, sondern um das sich Fügen, auch im Sinne von Einfügen.

Um dieses Einfügen in die Gemeinschaft zu betonen, betet der Muslim nicht, wenn er gerade Zeit hat, sondern zu festgelegten Stunden, die der Muezzin fünfmal (bei Schiiten dreimal) am Tag ausruft. Wenigstens eines der täglichen Gebete sollte aus diesem Grund in der Moschee stattfinden, mindestens aber das Freitagsgebet.

»Dschuma« ist das arabische Wort für Freitag und in seinem Wortstamm steckt alles, was mit »Zusammenkunft«, »Teilhabe« oder »Gemeinschaft« zu tun hat. Die *Freitagsmoschee* oder *Mesdschid al Dschuma* ist also die große zentrale Versammlungsstätte, in der man sich aus allen möglichen Anlässen trifft, vor allem aber zum gemeinsamen Gebet.

Das Erlebnis der Gemeinsamkeit geht aber weit über den Personenkreis hinaus, der sich gerade in der Moschee befindet. Es bezieht sich auf die Gemeinde aller Gläubigen, ja aller Menschen überhaupt und im Grunde auf das Bewusstsein, in die gesamte Schöpfung eingebunden zu sein. Auf nichts anderes zielen die riesigen Gebetshallen der großen Moscheen mit ihren scheinbar unendlichen Säulenwäldern.

Abb. 69: Auch in der modernen Architektursprache der Gegenwart lassen sich riesige Gebetshallen gestalten. Der Gebetsraum der Faisal-Moschee in Islamabad (Baujahr 1988) bietet Platz für einige tausend Gläubige

Das Gebet

As-Salat, die zweite Glaubenspflicht (s. S. 88)

Die uns geläufige Vorstellung vom Gebet als persönliche Zwiesprache mit Gott, z.B. als Bittgebet, als Fürbitte oder als Dankgebet, gilt natürlich auch für die Muslime. Sie allerdings unterscheiden zwischen diesem individuellen Gebet, das nicht an bestimmte Formen gebunden ist, und *as-Salat*, dem rituellen Gebet, das sie als eine ihrer religiösen Pflichten fünfmal am Tag zu verrichten haben.

Aus profaner Sicht könnte man dieses »Pflichtgebet« auch als Meditationsübung verstehen, die dazu dient, den Tag in einer auf Gott ausgerichteten Weise zu strukturieren. So sind die Gebetszeiten genau festgelegt und werden vom Muezzin täglich ausgerufen (*Adhan*):

Morgens eine halbe Stunde vor Sonnenaufgang, mittags, wenn die Sonne im Zenit steht, nachmittags ca. eineinhalb Stunden nach dem Mittagsgebet (die Schiiten legen dieses Gebet mit dem Mittagsgebet zusammen), abends unmittelbar nach Sonnenuntergang und nachts bei Einbruch völliger Dunkelheit.

Adhan – der Gebetsruf

Bei den Sunniten
4x Gott ist größer.
2x Ich bezeuge, dass es keinen Gott gibt, außer Gott.
2x Ich bezeuge, dass Muhammad der Gesandte Gottes ist.
2x Komm zum Gebet.
2x Komm zum Erfolg.
2x Das Gebet ist besser als der Schlaf *(nur beim Morgenadhan)*.
2x Gott ist größer.
1x Es gibt keinen Gott, außer Gott.

Bei den Schiiten
4x Gott ist größer.
2x Ich bezeuge, dass es keinen Gott gibt, außer Gott.
2x Ich bezeuge, dass Muhammad der Gesandte Gottes ist.
2x Ich bezeuge, dass Ali Freund Gottes ist.
2x Komm zum Gebet.
2x Komm zum Erfolg.
2x Komm zur besten Tat.
2x Gott ist größer.
1x Es gibt keinen Gott, außer Gott.

Eine wichtige Voraussetzung für das Gebet ist die Reinheit des Gebetsortes (siehe »Teppiche« etc.) sowie das Waschen von Füßen, Händen, Unterarmen, Gesicht usw. nach einem Ablaufschema, das man als Muslim/Muslima bereits im Kindesalter lernt. Auch der Ablauf des Gebets in einzelnen Phasen und die dazugehörigen Körperhaltungen sind genau festgelegt.

Gebetsphasen beim Pflichtgebet (as-Salat)
1. Konzentrationsphase, Ausstieg aus dem Alltagsgeschehen, Orientierung zur Qibla. Der Beter wiederholt den Adhan; dann spricht er: »Das Gebet hat wirklich angefangen.«

Abb. 70: *Gebetsphasen beim Pflichtgebet (as-Salat)*

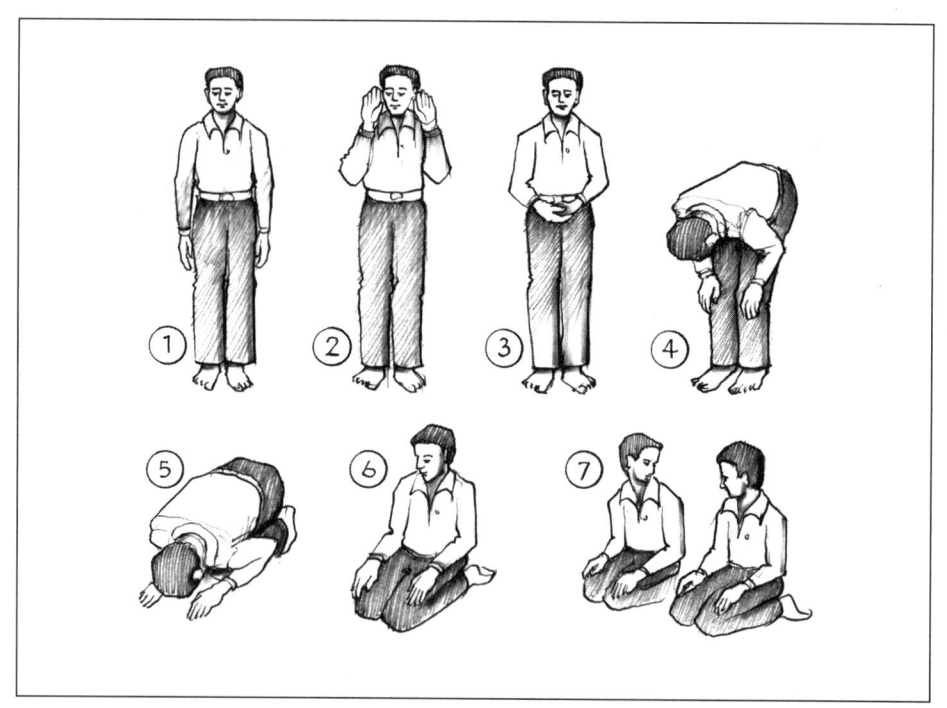

2. Beginn des eigentlichen Gebets, wobei die jeweilige Gebetszeit genannt wird.

3. Rezitation der »Fatiha« (Sure 1) und eine der kurzen Suren, z.B. der Sure 112:

   Al-Fatiha
   »Im Namen Allahs, des Erbarmers, des Barmherzigen!
   Lob sei Allah dem Weltenherren,
   Dem Erbarmer, dem Barmherzigen,
   Dem König am Tag des Gerichts!
   Dir dienen wir und zu dir rufen um Hilfe wir;
   Leite uns den rechten Pfad,
   Den Pfad derer, denen du gnädig bist,
   Nicht derer, denen du zürnst, und nicht der Irrenden.«

   Sure 112
   »Im Namen Allahs, des Erbarmers, des Barmherzigen!
   Sprich: Er ist der eine Gott,
   Der ewige Gott;
   Er zeugt nicht und wird nicht gezeugt,
   Und keiner ist ihm gleich.«

4. Lobpreisung: »Gott ist größer, Lob und Preis meinem mächtigen Herrn«, danach Übergangsstellung (wie 1.) »Gott ist größer«, »Gott erhört den, der ihn preist«.

5. Niederwerfung: »Lobpreis meinem Herrn, dem Allerhöchsten«.
   Die Schiiten berühren in dieser Phase mit der Stirn einen mitgebrachten Gebetsstein aus gebrannter Erde von einem der den Schiiten heiligen Orten (z.B. Kerbela oder Nadschaf im Irak).

Beim Wiederaufstehen: »Gott ist größer«, »ich stehe auf durch die Macht Gottes«.

6. Sitz auf den Fersen: Lobpreisung Gottes und des Propheten:

»Gott sei gelobt, Gott sei gedankt, ich bezeuge: Es gibt keinen Gott außer Gott und bezeuge, dass Muhammad Gottes Gesandter ist. Gott segne Muhammad und seine Nachkommenschaft, wie du Abraham und seine Nachkommenschaft gesegnet hast. Gott segne uns im Diesseits und im Jenseits und rette uns von den Qualen des Feuers.«

Die Schiiten fügen hinzu:
»Friede sei mit dem Propheten Muhammad und seiner Nachkommenschaft. Friede sei mit uns und den Gottesdienern.«

7. Friedensgruß zum Gebetsnachbarn
   Zum rechten und linken Nachbar sagt man beim Reichen der rechten Hand: »Friede und Gnade Gottes sei mit dir«.

   Je nach der Gebetszeit (morgens, mittags, abends) werden einzelne Gebetsphasen (1. bis 6.) mehrfach wiederholt.

8. Es wird erwartet, dass alle Muslime *as-Salat* in arabischer Sprache beten.

Wenn Christen beten

Vaterunser – das Gebet der Christenheit

> Jesus spricht (Matthäus 6,5ff): »Wenn ihr betet, macht es nicht wie die Heuchler. Sie stellen sich beim Gebet gern in die Synagoge und an die Straßenecken, damit sie von den Leuten gesehen werden. Amen, ich sage euch: Sie haben (damit) ihren Lohn bereits erhalten.
>
> Du aber geh in deine Kammer, wenn du betest, und schließ die Tür zu; dann bete zu deinem Vater, der im Verborgenen ist. Dein Vater, der auch in das Verborgene sieht, wird es dir vergelten.
>
> Wenn ihr betet, sollt ihr nicht plappern wie die Heiden, die meinen, sie werden nur erhört, wenn sie viele Worte machen. Macht es nicht wie sie; denn euer Vater weiß, was ihr braucht, noch ehe ihr ihn bittet.
>
> So sollt ihr beten:
> Vater unser im Himmel.
> Geheiligt werde Dein Name.
> Dein Reich komme.
> Dein Wille geschehe, wie im Himmel so auf Erden.
> Unser tägliches Brot gib uns heute.
> Und vergib uns unsere Schuld, wie auch wir vergeben unseren Schuldigern.
> Und führe uns nicht in Versuchung, sondern erlöse uns von dem Bösen.
> Denn Dein ist das Reich und die Kraft und die Herrlichkeit in Ewigkeit.
> Amen.«

In diesen Versen des Matthäusevangeliums steckt alles drin, was das christliche Gebet charakterisiert, denn das Vaterunser ist *das* Gebet der Christenheit.

Ein persönliches, offenes, freundliches, herzliches Verhältnis zwischen Gott, der hier nur als Vater angeredet wird, und den Betenden, ist Voraussetzung des Gebetes. Der Betende fühlt und weiß sich von Gott angenommen. Er benötigt keine vorgegebenen Zeiten, keine besonderen Riten, auch keine ausgesuchten Personen als Mittler, um den Kontakt zu Gott, seinem Vater, herzustellen. Ein Christ kann zu jeder Zeit und überall beten.

Entsprechend dem ursprünglichen Wortsinn von »Gebet« ist das Beten die vor Gott gebrachte »Bitte«. Das Bittgebet ist deshalb Zentrum des Betens.

Und wenn der Christ, der Gott, seinen Vater, für wahrhaftig und ehrlich hält, diesen Vater um etwas bittet, darf er sich der Erhörung seines Bittens auch gewiss sein. Nur das Wie der Erhörung darf er nicht bestimmen wollen und natürlich sind auch nicht alle Bitten und Wünsche würdig, ins Gebet aufgenommen zu werden.

Der Lobpreis darf nicht fehlen: »Geheiligt werde Dein Name!« denn der Dank des Betenden ergibt sich wie von selbst.

Die beiden zuletzt genannten Gebets-Anreden Gottes, Preis und Dank, finden sich in den Liedern, die Christen singen, den Chorälen; diese sind sehr häufig gesungene Lob-Preis- oder Dankgebete, wie zum Beispiel EG 334:

»Danke für diesen guten Morgen,
Danke für jeden neuen Tag.
Danke, dass ich all meine Sorgen
Auf dich werfen mag.«

Oder EG 316:

»Lobe den Herren, den mächtigen König der Ehren!«

Damit ist ein Bogen gespannt von der »Kammer« in die weite Öffentlichkeit.

Öffentliche Gebete, z.B. bei Trauerfällen oder anlässlich freudiger Ereignisse, werden bei uns häufig in besonderen Gottesdiensten gesprochen und somit wird darauf geachtet, dass niemand gegen seine Überzeugung am christlichen Gebet teilnehmen muss.

Es existieren viele verschiedene Arten und Formen des Gebets – private, öffentliche, freie, ritualisierte – aber es gibt nur ein Gebet, an dem alle gemessen werden: das Vaterunser aus der Bergpredigt.

Exkurs: Gegenwärtige Auslegung der Bergpredigt

Unter Bergpredigt verstehen wir die erste große, vor den Jüngern und dem versammelten Volk gehaltene Rede Jesu (Mt 5–7; Lk 6,20–49) im Matthäusevangelium. Ähnlich wie der Paralletext im Lukasevangelium (Feldrede) beginnt die matthäische Fassung mit den acht so genannten Seligpreisungen, in denen der mit dem Geist Gottes gesalbte Messias als Inbegriff der Gerechtigkeit den Armen das Evangelium verkündigt. Vor allem Traditionen aus Jes 11/Jes 61 und Ex 19–20 werden von Jesus rezipiert und als Tora des neuen Bundes, der mit der Gottesherrschaft gekommen ist, vorgestellt. Die Praxis und die Bedeutung der Gerechtigkeit sind zentrale Themen der matthäischen Bergpredigt und diese bietet deswegen auch elementare ethische Impulse auf der Basis von Torapraxis für alle Menschen. Die lukanische Fassung, bekannt als Feldrede, ist kürzer und schließt mit dem Gleichnis vom Hausbau. Wir finden weitere Stücke der B. verstreut in verschiedenen Kapiteln bei Lukas aufgezeichnet, während Markus keine Parallele zur B. bietet. Darüber hinaus hat Matthäus ein eigenes Sondergut, d.h. wichtige Abschnitte der B., die nur bei ihm enthalten sind. Hierher gehören besonders Mt 5,17–37 und 6,1–8.16–18. Von der Gottesherrschaft her sind die Seligpreisungen zu verstehen; sie handeln von der gegenwärtigen Not und der bekundeten Solidarität zu den Armen, die aber als so genannte geistlich Arme das von Gott gewollte Solidarrecht bezeugen. Die mit den Seligpreisungen an die Armen verbundenen Verheißungen stellen den Lohn für ihr ganz auf die Hilfe Gottes gerichtetes Warten in Demut, Gehorsam und Liebe dar. Solche JüngerInnen sind für die Erde Salz und Licht (Mt 5,13–16), also erhaltendes und sinngebendes Element. Die Bilder und Metaphern in Mt 5,13–16 geben Zeugnis der Gerechtigkeit Gottes ab und erinnern die Hörenden an Verheißungen in Ex 19, Jes 2 und Jes 49: Gute Werke im Sinn einer solidarischen Toraobservanz führen zum Lob Gottes. Jesus selbst ist die Verkörperung sowohl der Verheißung als auch der entsprechenden Lebenspraxis. Hier wird Jesu außerordentliche Vollmacht offenbar, mit der er Tora auf ihr Wesen hin interpretiert und vertieft. Dieser Umgang mit der Tora stellt in der matthäischen Fassung so etwas wie die Erfüllung der Tora dar und ist deswegen auch nicht von der Person des Gerechten Messias Jesus abzulösen. Jesus zeigt den Jüngern, wie eine gerechte und solidarische Lebenspraxis auszusehen hat und zeigt dies an Beispielen, die der jüdischen Lehr- und Schultradition entstammen. Gerechtigkeit wird erworben zuerst die Praxis der am Sinai vorgegebenen Weisungen und darüber hinaus durch freiwillige Werke, die im Sinn der Sinaiweisungen stehen. Als Beispiele stehen hierbei die Gebote Nr. 5, 6, 8 des Dekalogs und die Talionsweisung und das Gebot der Nächstenliebe; eingeleitet sind die Neuinterpretationen Jesu jeweils mit einer rabbinischen Diskussionsformel (erhalten als Fragment: Ich aber sage euch ...) und begründet mit der Liebe Gottes als des himmlischen Vaters, der den Menschen jeglicher unnötiger Sorge für den morgigen Tag enthebt. Jesus lehrt das Liebesgebot nicht nur, sondern bewährt es auch in seinem Leben und Leiden. Die Liebe zum Menschen muss von der Liebe zu Gott begründet sein. Das Almosen geben steht an der Spitze der von Jesus herausgenommenen Praxisbeispiele in Bezug auf den Mitmenschen. Fasten und Beten beziehen sich hingegen wieder auf das Verhältnis des Menschen zu Gott (Vater Unser). Die Bergpredigt durchzieht als Thema Formen der Achtsamkeit gegenüber Gott, gegenüber dem Mitmenschen und gegenüber sich selbst (hierzu auch das Gleichnis vom Weltgericht in Mt 25,31ff und vor allem die so genannte Goldene Regel als Zentrum der Ethik in der Bergpredigt Mt 7,12).

Es gibt eine Fülle von Deutungsversuchen der Bergpredigt, angefangen von dem Versuch, die B. als verpflichtend für das öffentliche Leben hinzustellen (etwa Tolstoi oder innerhalb der Täuferbewegung), bis hin zu der mittelalterlich-katholischen Unterscheidung zwischen Geboten, die für alle Christen gelten (praecepta dei) und »evangelischen Ratschlägen« (consilia evangelica), durch deren Beachtung man eine höhere Stufe der Vollkommenheit vor Gott erreiche. Im letzten Falle würde also die B. so etwas wie eine Tugendlehre für solche sein, die eine höhere Vollkommenheit anstreben. Die B. ist aber weder ein Freibrief für radikale Versuche einer Weltverbesserung, etwa durch Abschaffung des Eigentums u. dergl., noch ist sie gedacht als Generalangriff auf die bestehende kritikbedürftige Gesellschaftsordnung. Für Luther sind die Forderungen der B. nicht Teil einer Sonderethik, sondern gelten für alle Christen. Weil der Christ jedoch in der Welt lebt, muss er dort die Liebe, die den Sinn der B. darstellt, anders als im Wortlaut der Antithesen (Mt 5,21–47) erfüllen.

Luther unterscheidet den Christen in Bezug auf sich selbst und den Christen im (weltlichen) Amt (Zwei-Reiche-Lehre). Wenn es nur um ihn selbst geht, kann er die Welt überwinden (und z.B. auf Gegengewalt verzichten); im Amt aber, wenn auch andere (etwa die Familie) betroffen sind, gilt es, das Leben der Anbefohlenen erst einmal zu bewahren, damit die Gottesbeziehung auch darin wahr werden kann. Die B. gibt kein Recht zur Weltflucht, um in kleinen abgeschlossenen Gemeinschaften Ideale zu verwirklichen (so die Täufer und Schwärmer in der Reformation), sie will aber auch ganz sicher mehr als nur der Erweckung der Sündenerkenntnis dienen und dem Verlangen nach Vergebung Vorschub leisten (so die auf die Reformation folgende luth. Orthodoxie). Daher wird ihr eine radikale Beschränkung ihrer Geltung nur auf den Bereich der Innerlichkeit und des Privaten auch nicht gerecht, der dann eine Eigengesetzlichkeit der anderen Bereiche (Wirtschaft, Politik usw.) entsprechen würde, sodass das Gebot Gottes für diese Bereiche keine Gültigkeit hätte. Wiewohl die B. als solche nicht einfach als Regierungsprogramm genommen werden kann (weil z.B. die Abschaffung aller Gewalt, etwa der der Polizei, viel größere Gewalt zur Folge hätte), können Impulse von ihr doch auch für die Gestaltung der Gesellschaft ausgehen, so daß die Umsetzung der B. bei den Nachfolgern Christi zum Zeichen und zur Anregung auch nach außen wird (Salz und Licht: Mt 5,13ff). Dagegen kann ein Verhalten nach der B. anderen nicht aufgezwungen werden – damit würde man ihr gerade nicht gerecht.

Sie ist nichts anderes als das Grundgesetz der Königsherrschaft Christi, die schon heute in den Kindern des Lichtes angebrochen ist und einst weltweit vollendet werden wird.

Literatur:
Calwer Bibellexikon, Bd. 1 u. Bd. 2, Stuttgart 2003, S. 785 u. S. 791–1518.
Fritz Rienecker, Quadro-Bibel. Die vier großen deutschen Übersetzungen auf CD-ROM mit Lexikon zur Bibel für Windows und Windows 95, Wuppertal/Stuttgart 1997.
Peter Fiedler, Das Matthäusevangelium, Stuttgart 2006.
Holger Finze-Michaelsen, Das andere Glück. Die Seligpreisungen Jesu in der Bergpredigt, Göttingen 2006.
Manfred Köhnlein, Die Bergpredigt, Zeichnungen von Jehuda Bacon, Stuttgart 2005.
Martin Stiewe / François Vouga, Die Bergpredigt und ihre Rezeption als kurze Darstellung des Christentums, Tübingen/Basel 2001.

Beten in der Bibel

»Zu Gott beten« wird im Ersten Testament oft mit »rufen«, »flehen«, »loben«, »schreien«, »weinen«, »jubeln« usw. umschrieben; später (auch im NT) kamen fürbittendes »Eintreten für andere« oder »Gelübde« oder »Bekenntnisse« hinzu, die mit »Beten« ebenfalls gemeint sein können. Das biblische Beten ist eine Anrufung Gottes (Joh 4,24; Röm 8,15.26), zu der der Mensch durch die Kraft des Heiligen Geistes instand gesetzt wird. Deshalb ist jedes echte Gebet Beten in der Kraft des Geistes.

Das Gebet ist die Lebensform des Glaubenden (Röm 12,12; Kol 4,2; 1.Thess 5,17 »betet ohne Unterlass« u.ö.). Beten ist hier nicht nur gemeint im engeren Sinne des Sprechens mit Gott, sondern auch im Sinne eines Lebens im Bewusstsein der Gegenwart Gottes (1.Thess 5,10). Jesus weist seine Jünger an, in seinem Namen, im Namen Jesu, zu beten (Joh 14,13; 16,24.26; vgl. Mt 18,20), sich in Gott festzumachen. Die Haltung des Betenden wird von der Bitte des Vaterunsers bestimmt: »Dein Wille geschehe« (Mt 6,10). Die getroste Zuversicht des Glaubens wird nicht dadurch gelähmt, dass Gott die Bitte oft in einer anderen Weise erhört, als wir Menschen es uns vorstellen. Die innere Grundhaltung des Beters und seine Stellung zu Gott prägen sich auch in bestimmten äußeren Gebetshaltungen aus.

a) Nach orientalischem Hofzeremoniell warf sich der Untertan vor seinem Herrscher auf das Angesicht. Er lag in voller Länge vor seinem König, bis der ihn aufhob oder ihm aufzustehen gebot. Diese Haltung ist auch als Gebetshaltung in der Bibel erwähnt (Jos 7,10; Dan 9,18). Der griech. Ausdruck dafür ist *proskynein*.

b) Auch das Knien war dem Hofleben des Orients nicht unbekannt (vgl. Est 3,2). Es drückt ebenfalls die Demut des Beters aus (2.Chr 6,13; Esr 9,5; Ps 22,30; Jes 45,23; Dan 6,11; Mk 15,19; Lk 5,8; Eph 3,14; Phil 2,10 u.ö.).

c) Häufig wurde aber auch im Stehen gebetet (Mk 11,25), was Ausdruck der Freimütigkeit sein kann (Gen 18,22). Das Gebet im Stehen geschah mit ausgestreckten, nach oben geöffneten Händen (1.Kön 8,22; Ps 141,2; Jes 1,15).

d) In stehender wie in kniender Haltung streckte man beim Gebet seine Hände in die Höhe (Ex 17,11; Ps 134,2; 141,2; 1.Tim 2,8), nach oben geöffnet, wie zum Empfang der göttlichen Gaben bereit (Ex 9,29; 1.Kön 8,22; Ps 90,14; 123,1; 1.Tim 2,8). Der Zöllner hingegen schlägt, um seine Sünde vor Gott wissend, an seine Brust (Lk 18,13). Die Geste des Händefaltens kommt erst in germanischer Zeit auf, sie drückt ursprünglich das Gelöbnis von Treue und Gehorsam aus.

2) Die gewöhnlichen Gebetszeiten sind der Morgen (Ps 5,4; 88,14; 119,147), der Mittag (Apg 10,9) und der Abend (Esr 9,5; Ps 4,9; 55,18). Auch in der Nacht sind Gebete zum Himmel gesandt worden (Ps 42,9; 119,55), und Jesus hat bisweilen Nächte hindurch gebetet (Lk 6,12). Auch Paulus will das Gebet nicht auf einzelne Gebetszeiten verteilt wissen, sondern ermahnt die Gemeinde, im immerwährenden, unaufhörlichen Gebet zu verharren (Röm 12,12; Kol 3,17; 1.Thess 5,17; vgl. Lk 18,1). Daniel hielt bestimmte Gebetszeiten ein, die wohl den Opferzeiten im Tempel von Jerusalem entsprachen (Dan 6,11; vgl. Ps 55,18; 141,2).

3) Den Ordnungen der Gebetszeiten entsprechen solche des Gebetsortes. So war das Obergemach ein beliebter Gebetsplatz (Dan 6,11; Apg 10,9 »Dach«), ebenso das »Kämmerlein« (Mt 6,6; wohl eine kleine Kammer auf dem flachen Dach des Hauses, vgl. 2.Kön 4,10f.33). Das Heiligtum, der Tempel, war nicht nur Ort gottesdienstlichen Gebetes, sondern auch bevorzugter Anbetungsort des Einzelnen (1.Sam 1,3.10ff; Lk 2,37; Apg 3,1). Außerhalb des Tempels betete man in Richtung auf das Heiligtum (1.Kön 8,38; 2.Chr 6,34f) und außerhalb des Landes in Richtung auf Israel (1.Kön 8,48; Dan 6,11).

Nach dem Kommen des Verheißenen sind nicht mehr bestimmte Gebetsorte wesentlich, sondern die Haltung des Betenden (Joh 4,20–26).

Aus: Fritz Rienecker / Gerhard Maier: Lexikon zur Bibel (CD-ROM), © 2008 R. Brockhaus Verlag im SCM-Verlag GmbH & Co. KG, Witten.

Das monastische Gebet

Christlicherseits ist das monastische Prinzip *Ora et labora* bekannt geworden. *Ora et labora* heißt auf deutsch »Bete und arbeite« und stammt aus der Tradition des Benediktinerordens. In voller Länge heißt es weiter: *Ora et labora, Deus adest sine mora.* (»Bete und arbeite, Gott ist da [bzw.: Gott hilft]) ohne Verzug.«) Das Leben der Mönche bedeutet demnach nichts anderes als den Alltag durch einen Rhythmus von beten und arbeiten zu gestalten. Die *Regula Benedicti* (RB) oder »Benediktsregel« ist eine von Benedikt von Nursia im 6. Jahrhundert verfasste Mönchsregel. Vorbild war vermutlich die so genannte *Magisterregel*, neben der auch Einflüsse eines Teils der sog. »Augustinusregel« erkennbar sind. Benedikt betrachtet sie als eine Regel für Anfänger im klösterlichen Leben und empfiehlt als Ergänzung für Fortgeschrittene die Regel des heiligen Basilius von Caesarea. Die RB umfasst einen Prolog und 73 Kapitel.

Nach: http://de.wikipedia.org/wiki/Ora_et_labora /// http://de.wikipedia.org/ wiki/Regula_Benedicti.

Wenn die Glocken läuten

Wenn vom Kirchturm die Glocken läuten, kann das profane oder sakrale Bedeutung haben.

Das Stundenläuten ist profan wie auch das Warnen vor Unwettern oder das Erschallen der Glocken bei freudigen Anlässen. Zur Erinnerung: In Maranello wird immer geläutet, wenn ein Ferrari-Rennfahrer in seinem feuerroten Wagen Weltmeister wurde.

Sakral ist die Einladung der Glocken zu Gottesdiensten, Hochzeiten, Beerdigungen sowie das Läuten zu bestimmten gottesdienslichhen Handlungen.

Aber auch eine Strukturierung des Tages durch Glockengeläut gibt es bei den Christen: morgens, mittags um zwölf und abends rufen sie zum Gebet. Die Bedeutung dieses Läutens ist weithin in Vergessenheit geraten.

Aufgabe:
Informieren Sie sich im Evangelischen Gesangbuch (Anhang) über die Gebetszeiten und die verschiedenen Gebete.

Von Derwischen, Orden und islamischer Mystik

Derwisch

Den Begriff »Derwisch« kann man nicht einfach mit »muslimischer Mönch« übersetzen, obwohl tatsächlich einige Ähnlichkeiten bestehen. Der Islam kennt jedoch weder Klöster noch das Gebot des Zölibates, wohl aber Ordensgemeinschaften von Menschen, die ihren Weg zu Gott nicht nur im formalen Befolgen des orthodoxen Regelwerkes der Scharia suchen, sondern im Bemühen, den geistigen Wesensgehalt oder den spirituellen Sinn der Glaubensgebote zu erfassen und danach zu leben. Sie betrachten diesen Weg als individuellen Pfad (*Tariqa*) innerhalb der breiten Straße der Scharia und scharen sich dabei gerne um einen Meister oder Lehrer, das geistige Oberhaupt einer Ordensgemeinschaft. Als äußeres Zeichen trugen die Angehörigen solcher Orden oft eine besondere Kleidung, woraus möglicherweise die für diese Mystiker gebrauchte Bezeichnung *Sufi* abgeleitet ist, denn as-Suf ist das arabische Wort für Wolle, aus welcher das einfache Gewand der Derwische hergestellt war.

Geschichte

Die ersten Mystiker waren Einzelgänger, fromme Gelehrte, welche starre Glaubensformen ablehnten. Sie haben praktisch von Anbeginn an den orthodoxen Scharia-Islam als Kontrast begleitet. Ihre religiösen und gesellschaftlichen Vorstellungen waren dabei sehr vielfältig, aber allen gemein war:
- die Ablehnung jeder Form des Staates, weil dieser nach ihrer Meinung die Menschen um ihre Freiheit bringt.
- die Ablehnung des Geldes, weil mit ihm die Regierungen Legitimation und Macht kaufen können,
- die Ablehnung von Institutionen, die im Namen der Religion handeln, weil sie den Staaten die Legitimation liefern.

Nach ihrer Auffassung kann nur der Mensch alleine sein Verhältnis zu Gott regeln, indem er ihn liebt. Er braucht dann keine Regeln von übergeordneten Organisationen und Mächten. Kein anderer kann ihm den Weg zu Gott zeigen, er muss ihn selbst finden.

Trotz ihrer durchweg strengen Bindung an den Kuran gerieten die islamischen Mystiker häufig in die Kritik sowohl der orthodoxen islamischen Glaubenshüter als auch der Regierungsgewalt. Nicht wenige von ihnen wurden wegen ihrer Überzeugung grausam verfolgt. Am bekanntesten ist hier sicherlich das Schicksal des im 10. Jahrhundert wegen seiner sozialkritischen Haltung von den Mächtigen gefürchteten und schließlich in Bagdad hingerichteten al-Halladsch geworden. Sein Ausspruch: *Ana al-haqq* (»ich bin die Wahrheit«), mit dem er auf das Ziel seiner Vereinigung mit Gott hinweisen wollte, wurde als blasphemische Ketzerei verstanden

In Persien, Afghanistan und Indien erfuhr die islamische Mystik durch die Begegnung mit Elementen anderer Religionen – z.B. des nestorianischen Christentums, der Zoroastrier, des Buddhismus und des Hinduismus – eine Erweiterung und Vertiefung. Ab dem 8. Jahrhundert entstanden die ersten

Bruderschaften oder Derwischorden. Sie bildeten sich da, wo ein Sufi-Meister oder Scheich eine größere Zahl von Schülern um sich scharte, weil er den mystischen Pfad zu Gott weisen konnte. Etliche dieser Orden wurden für die islamische Gesellschaft – vor allem in Persien und Anatolien – von großer Bedeutung. So hatten z.B. die aus ihnen hervorgegangenen *Achi*-Bünde ein enormes erzieherisches Gewicht. Es handelte sich dabei um zunftähnlich organisierte Jungmännervereinigungen, in denen tugendhaftes Verhalten gelehrt und eingeübt wurde. Man kann sie als die Vorbilder der späteren europäischen Handwerkerzünfte und auch der Freimaurerlogen bezeichnen.

Einige der späteren Sufi-Orden gerieten aus religiös-politischer Überzeugung in die Nähe der von den frühen Mystikern so verpönten politischen Macht: der türkische Bektaschi-Orden mit seiner engen Verbindung zum osmanischen Janitscharen-Heer oder der nordiranische Orden der Safawiye, aus dem die schiitisch-persische Schah-Dynastie der Safawiden (15. bis 17. Jahrhundert) hervorgegangen ist.

Wichtige Lehrer

Die islamische Mystik hat schon sehr früh eine große Zahl bedeutender Gelehrter hervorgebracht, deren Einfluss bereits zu ihren Lebzeiten enorm war und deren Gedankengut bis heute in der Welt des Islam lebendig geblieben ist.

Einer der ersten war der persische Religionsphilosoph und Rechtsgelehrte *al-Ghazzali* (1058–1111). Er hat in seinem berühmten und auch für die christliche Theologie des Mittelalters bedeutsamen Hauptwerk »Die Wiederbelebung der religiösen Wissenschaften« das Wesen der islamischen Mystik zusammenfassend beschrieben: »Dem tieferen Wissen und der unveränderlichen ewigen Wahrheit um den Urgrund aller Dinge und der Erkenntnis des Guten und Bösen, all dem, wie es im Kuran offenbart ist, ... kann jeder nahe kommen, nicht auf den Wegen der Vernunft, sondern in der Vereinigung der Seele mit Gott in der Entrücktheit von allem Irdischen.«

Nach: Stephan und Nandy Ronart, Lexikon der arabischen Welt, Zürich 1972, S. 375.

Einer der einflussreichsten islamischen Mystiker war *Ibn Arabi* aus Andalusien (gest. 1240 in Damaskus). Seine Gedanken vom »perfekten Menschen«, in dem Gott seine Schöpfung erkennt, haben die Sufis vom späten 13. Jahrhundert an tief durchdrungen, auch wenn sie in orthodoxen Kreisen tabu waren. Seine Vorstellungen von Gott, Schöpfung und Mensch sind – wenn auch oft in verwässerter Form – überall dort gepflegt worden, wo es Sufis gab. Einer seiner Verse wurde zu einem Lieblingswort vor allem westlicher Sufi-Freunde:

> Ich folge der Religion der Liebe
> Wohin immer ihre Reittiere ziehen.

Der Weg zu Gott führt für alle islamischen Mystiker über die Liebe, und die muslimische Mystik unterscheidet sich daher von der Mystik anderer Religionen nicht wesentlich. Vergleiche zu deutschen Mystikern, etwa zu dem um 1260 verstorbenen Meister Eckehart, zu Hildegard von Bingen (gest. um 1100) oder zu Jakob Böhme (gest. 1624) sind nicht nur in dieser Hinsicht durchaus angebracht.

Wer sich über die schier unermessliche Fülle mystischer Islamgelehrsamkeit weiter informieren möchte, sei auf die deutsche Islamwissenschaftlerin Annemarie Schimmel verwiesen, die sich in ihrem umfangreichen Lebenswerk besonders intensiv mit diesem Thema befasst hat (z.B. ihr knapp gefasstes Buch: Sufismus, eine Einführung in die islamische Mystik, München 2000).

Abb. 71: Mevlana Tanzgruppe in Konya

Volksfrömmigkeit und Dichtung

Auch wenn sufistisches Gedankengut in der gesamten islamischen Welt verbreitet ist, so wurde es doch besonders charakteristisch für Persien und die Türkei. Mit den vor den Mongolen fliehenden Menschen aus Mittelasien und dem Osten Persiens haben im 12. und 13. Jahrhundert auch viele Sufi-Wanderprediger in Westpersien, Syrien und vor allem in Anatolien Zuflucht gesucht. Für die des Lesens und Schreibens unkundigen Bauern und Hirten auf dem Lande wurden aber gerade diese Sufi-Mystiker mit ihrem synkretistischen Gedankengut zu den wichtigsten Lehrern in Fragen der Religion, denn die orthodoxe Unterweisung in den Medresen (Koranschulen) erreichte in der Regel nur die gebildeteren Schichten in den Städten. So hat die Sufi-Mystik vor allem die Volksfrömmigkeit im vorderen Orient stark geprägt, und auch die Dichtkunst in diesen Ländern wäre ohne die Mystik nicht denkbar. Viele dieser Dichter sind auch in Europa bekannt, z.B.:

– *Dschalaluddin Rumi*, »Mevlana«, (ca. 1200–1273), aus dem Ostiran, lebte und lehrte in Konya und wurde vor allem bekannt durch seine wundervollen Gedichte über die (mystische) Liebe;
– *Yunus Emre* (14. Jh.), einfacher Volksdichter aus Anatolien, von dem fast jeder Türke irgendein Gedicht kennt;
– *Omar Khayam* (12. Jh.), ebenfalls aus dem Ostiran, bedeutender Mathematiker und Dichter der Vierzeiler, den Ruba'i; berühmt sind seine Gedichte über den Wein;
– *Hafiz* (14. Jh.), Goethes »geistiger Zwillingsbruder« und Anlass zum West-Östlichen Divan.

Abb. 72: Dschalaluddin Rumi, genannt »Mevlana«, nach einer persischen Zeichnung aus dem 19. Jahrhundert

Der Mevlevi-Orden

Von den zahllosen Sufi-Orden ist in Europa die von Dschalaluddin Rumi im 13. Jahrhundert in Anatolien gegründete Mevlevi-Bruderschaft – der Orden der tanzenden Derwische – am bekanntesten geworden. In der drehenden Tanzbewegung verbunden mit höchster Konzentration suchen sie eine mystische Vereinigung mit Gott.

Obwohl der Orden in der modernen Türkei Attatürks um 1924 verboten wurde, blieb ihm in der Bevölkerung eine große Anhängerschaft erhalten. Heute erfreuen sich die Tanzdarbietungen verbunden mit Aufführungen klassisch-islamischer Musik (»Sema«) zunehmender Beliebtheit.

Abb. 73: Die Grabstätte Mevlanas in Konya ist für viele Muslime bis heute ein Wallfahrtsort.

> **Aufgabe:**
> Yunus Emre – sein Leben, seine Gedichte. Erabeiten Sie ein Referat.

ZEITRECHNUNG, KALENDER UND FESTE

Das Jahr
Das muslimische Mondjahr hat 354 Tage (im Schaltjahr einen mehr). Deshalb wandert das Neujahrsfest rückwärts durch die Jahreszeiten.

Zeitrechnung
Umrechnung: H = Hidschrajahr, C = Jahr nach der christlichen Zeitrechnung

> **Kalender**: Das muslimische Mondjahr hat 354 Tage (im Schaltjahr einen mehr). Deshalb wandert das Neujahrsfest rückwärts durch die Jahreszeiten.
> Umrechnung: H = Hidschrajahr, C = Jahr nach der christlichen Zeitrechnung.
> $$H \cdot \frac{32}{33} + 622 = C \qquad \text{oder} \qquad (C - 622) \cdot \frac{33}{32} = H$$

Der Tag
Religiös gesehen markiert den Tagesbeginn das Morgengebet, etwa eine halbe Stunde vor Sonnenaufgang. Der Tag endet nach dem Abendgebet. Der exakte Zeitpunkt dieser Gebete richtet sich nach der alten Regel: Wenn man einen schwarzen Faden von einem weißen unterscheiden kann, beginnt der Morgen – und wenn man keinen Unterschied mehr sieht, die Nacht.

Die Woche
Die Sieben-Tage-Woche beginnt mit dem Sonntag. Im Arabischen werden die Wochen-Tage, bis auf eine Ausnahme durchgezählt:
    Sonntag: *al-Ahad*, der Erste
    Montag: *al-Ithnein*, der Zweite
    Dienstag: *al-Thalatha*, der Dritte
    Mittwoch: *al-'Arba'a*, der Vierte
    Donnerstag: *al-Chamis*, der Fünfte
    Freitag: *al-Dschum'a*, der Versammlungs (-tag)
    Samstag: *as-Sabat*, der Siebte.

Das muslimische Festjahr
Das muslimische Jahr besteht aus zwölf Monaten. Die Anzahl der Tage richtet sich nach dem Mond.

Die Monate tragen arabische Namen:
1. Muharam: am ersten Tag dieses Monats fängt das islamische Jahr an. Neujahr 1431 n.H. – 18.12.2009. Neujahr 1432 n.H. – 7.12.2010. (n.H. = »nach Hidschra«, also nach Beginn der islamischen Zeitrechnung)
   Die Schiiten trauern am 10. Tag: *'Aschura*. Dies geschieht in Erinnerung an die Schlacht von Kerbela (Irak), im Jahre 680, in der der dritte Imam der Schiiten, al-Hussain ibu Ali, getötet wurde.
2. Safar
3. Rabi'u l-aual: am 12. Tag Erinnerung an *Muhammads Geburtstag*.
4. Rabi'u th-thani
5. Dschumadu l-aual
6. Dschumadu th-thani

7. **Radschab**: am 27. Tag gedenkt man der Himmelfahrt des Propheten: Jaum al-Isra wal-Mi'radsch.
8. **Schaban**
9. *Ramadan*: am ersten Tag dieses Monats fängt die *Fastenzeit* in der ganzen islamischen Welt an. In der Nacht vom 26. auf den 27. gedenken die Muslime der Kuranoffenbarung – *Lailatu l-Qadr*. Für die Volksfrömmigkeit ist diese Nacht bedeutsam. Als die Offenbarung geschah, war der Himmel geöffnet. Dies wiederholt sich jährlich, aber man kennt nicht die Stunde. Deshalb beten die Frommen die ganze Nacht, weil irgendwann der Himmel offen steht und die Engel alle Wünsche entgegennehmen.
10. *Schawal*: Vom 1.–3. Tag wird das Ende der Fastenzeit gefeiert – 'Id al-Fitr, das Fastenbrechen. Es gibt viele Geschenke, neue Kleider und Geld für die Kinder. Für Kinder werden auch Jahrmärkte in den Städten abgehalten.
11. **Dhul Qada**
12. *Dhul Hidscha*: am 10. Tag dieses Monats feiert man vier Tage lang die Beendigung der Pilgerfahrt nach Mekka: 'Id al-Adha, das Opferfest. Dabei spielt es keine Rolle, ob man selbst in Mekka ist oder nicht. Wie beim 'Id al-Fitr bekommen Kinder Geschenke.

Ursprünglich sind nur die beiden großen religiösen Feste 'Id al-Fitr und 'Id al-Adha. Sie sind bis heute die Hauptfeste geblieben. Nur zu diesen Festen gratuliert man sich gegenseitig und schickt sich Glückwünsche.

Feiertage nach dem muslimischen Kalender
- ☐ Nach der Pilgerfahrt: vier Tage Opferfest
- ☐ Nach dem Fasten: drei Tage Fastenbrechen
- ☐ Muhammads Geburtstag: ein Tag
- ☐ Neujahr: ein Tag

Feste in der Türkei
In der Türkei und den meisten islamischen Ländern, außer z.B. Iran und Saudi-Arabien, hat sich die europäische Zeitrechnung durchgesetzt. Wochentage und Monate tragen Namen aus der Landessprache.

Aber auch in der Türkei werden die beiden großen Feste nach dem muslimischen Mondjahr gefeiert. Sie tragen dort türkische Namen. Es sind gesetzliche Feiertage, an denen schulfrei ist und Ämter, Banken und viele Geschäfte geschlossen bleiben.

Şeker Bayrami ('Id al-Fitr), das »Zuckerfest«: Abschlussfest des Fastenmonats Ramadan. Es hat seinen Namen von der alten Sitte, dass Kinder von den Nachbarn Süßigkeiten erhalten.

Kurban Bayrami ('Id al-Adha) ist das Opferfest.

Andere religiöse Feste als gesetzliche Feiertage kennt die Türkei nicht.

In allen muslimischen Staaten existieren auch nationale Gedenk- und Feiertage. Das sind aber rein säkulare Feste, auch wenn gelegentlich viel religiöses Pathos mitschwingt.

Aufgabe:
Wie werden die religiösen Feiertage an Ihrer Schule berücksichtigt oder begangen?

Umweltethik, Umweltpolitik, Umwelterziehung und Abu Wasi'

Auf einem Stein sitzt sie da vor mir. Grau, schwarz oder vielleicht doch dunkelblau, wie mag dieses Kleid ursprünglich ausgesehen haben? Jetzt ist es von der Sonne gebleicht und ausgewaschen. Wie von einer zweiten Haut ist sie umwickelt. Ledersandalen, nackte Füße. Sie muss sehr alt sein, diese Hirtin, denke ich und fast gleichzeitig geht mir durch den Kopf: Hirtin, gibt es das überhaupt im Deutschen? Ich grüße die Frau. Nun fällt mir ihre dunkelbraune Hautfarbe auf. Im Reiseführer hatte ich gelesen, dass irgend so ein türkischer Chef, vor langer Zeit, viele Schwarzafrikaner hierher in diese Gegend geholt hat und dass es in dem verschlafenen Städtchen da drüben, das die Araber Ariha und der Rest der Welt Jericho nennt, deshalb dunkelhäutige Palästinenser gäbe. Und so jemand sitzt nun vor mir, blitzt von unten mit hellwachen Augen herauf und fragt mich: »Seid ihr alle verrückt?« Zunächst bin ich erstaunt, dass ich sie verstehe, ich freue mich richtig. Denn bisher haben alle mich verstanden, wenn ich in meinem Hocharabisch, das ich in der Volkshochschule mühsam, recht und schlecht erlernt hatte, ein Gespräch zu eröffnen suchte. Was aber dann regelmäßig als Antwort kam, war und ist einfach Frust: Dialekt! Kaum ein Wort kann ich identifizieren.

Und hier verstehe ich jemanden, der Arabisch spricht! Und dann fällt mir ein, dass ich antworten muss. Ob wir verrückt seien? Was soll ich denn darauf antworten? »Limatha, warum?«, mehr will mir nicht einfallen. Weil wir zu Fuß unterwegs seien und nicht mit dem Bus, wie alle anderen Touristen, ans Tote Meer fahren und dort baden, meint sie. Nun sehe ich, wie der Schalk aus ihren jung gebliebenen Augen sprüht. »Abu …«: den Namen, den sie nennt, verstehe ich nicht, obwohl sie langsam und deutlich spricht. Also dieser Abu … habe ein Auto. »Er fährt nur noch Auto und seine Füße sind ganz wasi'!« und sie grinst breit. Ihr Grinsen steckt an. Und nun fällt mir auch ein: »wasi'« heißt »breit, geräumig!« Jetzt wird auch mein Grinsen immer breiter. Sie sei in den Wagen noch nie eingestiegen und würde dies auch nie tun, solange sie lebe.

Ich bemerke, dass sich inzwischen die Gewitterfront über den Bergen bedrohlich genähert hat, verabschiede mich höflich und spute mich die Freunde einzuholen. Die haben in einer Tankstelle Zuflucht gefunden. Ein unglaublich heftiges Wintergewitter geht nieder. Und ich denke, ist das etwa Abu Wasi', der Zufriedene da, der gemütlich an seinem Tisch sitzt und in den Zähnen stochert?

Eine Blechlawine hat den Orient überrollt. Autos, Busse, Lastwagen. Kaum Bahnen, keine Motorräder, keine Fahrräder. Nur in den für Touristen ›freigesperrten‹ Innenstädten und auf einigen Wanderwegen, auf denen man aber nie Einheimische sieht, lebst du einigermaßen sicher ohne Automobil. In Damaskus sind viele Bordsteine fast kniehoch, zum Schutz der Passanten; aber wehe, du schickst dich an, eine Straße zu überqueren! Ein ohrenbetäubendes Hupkonzert schwillt an und dein Fuß zuckt zurück auf den rettenden Gehweg. Wenn du aber hinüber musst, dann wirst du zur lebenden Zielscheibe und dein Schreien vernimmt niemand. Nicht einmal du selbst!

Umweltethik, Umweltpolitik, Umwelterziehung, weit und breit ist nichts davon zu entdecken in den Ländern des Orients.

Ein Jahr nach der geschilderten Begegnung vor Jericho. Wir besuchen Hama in Syrien. Steife Beine, zu lang im Auto gesessen. Wir freuen uns auf einen Fußmarsch zum Gasthaus am Orontes bei den Norias. Osterzeit, es hatte geregnet, in einer Senke steht die Brühe metertief. Ein Lastwagen nähert sich mit großer Geschwindigkeit, er lässt uns keine Chance. Von oben bis unten verschlammt und nass, eingesaut wie noch nie im Leben, reagiert jeder der Gruppe sehr individuell. Ich schicke viele, viele überaus fromme Wünsche lautstark diesem Ibn 'Ahira hinterher und beruhige mich erst, als mir die alte Frau auf dem Stein vor Jericho in den Sinn kommt. Ihre Ironie. Ich hätte es wissen müssen: zu Fuß gehen nur Verrückte! Das Gasthaus bei den berühmten Wasserrädern, den Norias, haben wir dennoch besucht, in genau diesem verdreckten Zustand.

Mittelalterliche Ingenieurskunst

In Wissenschaft und Technik war die muslimische Welt dem Abendland lange Zeit weit überlegen. Noch heute zeugen technische Meisterwerke, wie die Norias in Hama von der Genialität dieser Ingenieure. Mit automatischen Schöpfwerken konnten riesige höher gelegene Feldflächen, ohne jede fremde Energiezufuhr, bewässert werden. Der diese Räder antreibende und mit Wasser versorgende Fluss, der Orontes, ist inzwischen zur übel stinkenden Kloake verkommen.

Abb. 74: Die Norias in Hama (Syrien).

Der Islam und die Tiere

Die Katze des Propheten

Der Prophet lag im Gebet
Am Nachmittag, inzwischen lag,
Während er schwebt' auf der Andacht Gipfel,
Die Katz' auf seines Ärmels Zipfel,
Dehnte sich spinnend und entschlief,
Und atmete tief,
Indes die heilige Übung verlief.
Als er sich wollt' erheben nun,
Sah er die Katz' in Frieden ruhn,
Und schnitt,
Damit sie ruhig bleibe
Sich den Ärmel von dem Leibe.
Aber mit leisem, weisen Bedeuten
Sprach er zu den sich verwundernden Leuten:
Schlaf ist eine Erquickung vom Herrn;
Wer lässt darin sich stören gern?
Zumal wer im Gebet entschlafen,
Ruht sicher in des Friedens Hafen.
Lasset die Katz'
An ihrem Platz
Und schafft für die Ärmel mir einen Ersatz.
Übersetzung: Friedrich Rückert. Aus: Michael Kurzer, Weisheit der Araber, Würzburg 1995, S. 29.

Im Kuran

Auch die Tiere sind Geschöpfe Gottes. Sie werden, genau wie die Menschen, nach dem Tod auferstehen: »Es gibt keine Tiere auf der Erde und keine Vögel, die mit ihren Flügeln fliegen, die nicht Gemeinschaften wären gleich euch (Menschen). Wir haben sie im Buch nicht übergangen. Dann werden sie zu ihrem Herren versammelt« (6,38).

Abb. 75: Ein Katzenfreund in der jemenitischen Hauptstadt Sana'a

Der Kuran stellt fest, dass die Tiere Gott fürchten und sie sich vor ihm niederwerfen. »Vor Gott wirft sich nieder, was in den Himmeln und was auf der Erde ist, ob Tiere oder Engel, und sie verhalten sich nicht hochmütig … Sie fürchten ihren Herren, der über ihnen steht, und sie tun, was ihnen befohlen wird« (16,49–50).

Rassekatzen aus Persien; Angorakatzen aus Ankara! Dass Katzen zu den Lieblingstieren der Muslime gehören, ist allgemein bekannt. Und so beliebt, wie sie sind, so häufig sieht man sie überall im Orient.

Vom damaszener Herrenhaus ihres Großvaters berichtet die Autorin Rana Kabbani:

»Wenn der Tag sich dann langsam neigte und die Hitze allmählich nachließ, öffnete der die hohen Mauern überwuchernde Jasmin seine weißen Blüten. Wasser rieselte aus einem bronzenen Speirohr in der Mitte eines Marmorbrunnens, auf dessen glattem Rand die Katze saß und, der Menschen nun überdrüssig geworden, den hin und her schießenden Goldfisch beäugte«.

Diese Vorliebe für Katzen ist kein Wunder, denn eine Katze gehörte auch zum Hause des Propheten Muhammad, und von manchen Weggefährten des Propheten wird berichtet, dass sie enge Beziehungen zu diesen Tieren hatten. Einer der bedeutenden Hadith-Erzähler heißt *Abu Huraira*: Abu Huraira, der »Kätzchenvater«!

Noch viele andere Tierarten sind im Kuran erwähnt. Aber der Taube und der Spinne gebührt ein ganz besonderer Ehrenplatz, weil sie dem Propheten das Leben gerettet haben (s. S. 71).

Nur drei Tierarten werden im kuranischen Text negativ dargestellt. Das Schwein, in Verbindung mit dem Verbot sein Fleisch zu essen (16,115), der Esel, seiner »widerlichen« Stimme wegen (31,19), und der Affe: »Wen Allah verflucht hat und wem er zürnt – und verwandelt hat er einige von ihnen zu Affen und Schweinen« (5,65).

Sechs Kuran-Suren tragen Tiernamen.

Aufgabe:
Stellen Sie die Suren zusammen, die Tiernamen tragen.

Tiere in der islamischen Tradition

Die Vorstellung von »rein und unrein« bestimmt viele Lebensbereiche. Auch Tiere werden danach eingeteilt.

Aber davon, dass Hunde ganz besonders unrein seien, wie viele Muslime meinen, steht im Kuran überhaupt nichts. Im Gegenteil: In Sure 18 (»Die Höhle«), wird ganz unbefangen der Hund zu den Menschen dazugezählt: »Drei waren es (drei Männer, die jahrhundertelang in einen Wunderschlaf gefallen waren), vier mit ihrem Hund!« (18,22) Sie lagen da und schliefen, »und ihr Hund mit ausgestreckten Läufen am Eingang« der Höhle (18,18).

Ein sehr vertrauliches Tier-Mensch-Verhältnis pflegen die Beduinen! Sie sind seit Jahrtausenden auf ihre Hunde angewiesen, sie wissen, was sie an ihnen haben. Kein Beduine misshandelt seinen Hund.

Aber überall in Dörfern und Städten behandeln Menschen heutzutage Hunde oft sehr grausam. Schwarze Hunde, vollkommen schwarze, gelten als ganz besonders abstoßend. Muhammad habe gesagt, dass kein Engel einen Raum betrete, in dem sich so ein Tier befinde.

Bei allen anderen Hunden ist es der Speichel, der unrein sei. Eine Berührung damit wird als etwas ganz außerordentlich Verunreinigendes empfunden. Und wenn jemand mit dem Trinknapf seines Hundes aus einem Brunnen schöpft, verunreinigt er damit das ganze Wasser.

Hunde erleiden in islamischen Ländern häufig Höllenqualen. Aber die Menschen, die Urheber dieser Qualen, sind sich ihrer Bosheit in der Regel nicht bewusst. Sie meinen, ihr Tun sei von der Religion her gerechtfertigt. Nicht nachzuvollziehen ist, dass deshalb fast keiner auch nur eine Spur von schlechtem Gewissen erkennen lässt, wenn er derart mit Gottes Geschöpfen umgeht!

GRUNDZÜGE DER ANTHROPOLOGIE

Eine eigenständige Disziplin »Anthropologie« kennt die muslimische Theologie nicht. Islamische Theologen reden immer, wenn sie vom Menschen sprechen, von seiner Beziehung zu Gott. Wenn also der islamische Theologe aus Kairo sagt: »Den Menschen definiert seine Fähigkeit zu vergessen« – redet er nicht allgemein vom Menschen, sondern er spricht davon, dass der Mensch seinen Schöpfer vergisst, dass er vergisst, was er von ihm an Gutem erhalten hat und vor allem, was ihm aufgetragen wurde. Im folgenden Text sind die wichtigsten Themen des muslimischen Nachdenkens über den Menschen enthalten:

Den Menschen definiert seine Fähigkeit zu vergessen. »Insan«, das Wort, welches im Kuran für »Mensch« gebraucht wird, ist etymologisch verwandt mit »nisian«, dem »Vergessen«. Der Mensch befindet sich nicht, wie bei Christen gelehrt wird, im Zustand der Erbsünde, sondern im Gegensatz dazu in einem Zustand der Gnade. Aber er verliert nach und nach das Bewusstsein der unmittelbaren Gegenwart Gottes.

Aufgabe der Religion ist es, uns dazu zu bringen, dass wir uns erinnern. Lehre und Handeln sind im Islam vereint im zweifachen Glaubenszeugnis. Diese beiden Teile dienen dazu, eine verwirrte Menschheit daran zu erinnern, wer wir sind und wo wir stehen (Lehre) und wie wir dieses Wissen festigen und stärken können durch die Art, wie wir unser Leben führen (Handeln: Gottesdienst, Ethik und Gesetz). Diese Grundüberzeugungen gründen auf der Annahme eines tiefen Geheimnisses der Schöpfung: das Paradoxon des freien Willens.

Der Gläubige sieht Gottes Hand in allen Dingen wirken. Er weiß jedoch, dass aufgrund der zentralen Stellung der Menschheit im Kosmos Gott ihm ebenfalls erlauben kann – außer sich an der Schönheit der Welt zu erfreuen –, sich zu bemühen, sein eigenes Leben und die Welt, die von den Unwissenden in schlimmer Weise verdorben wurde, zu verbessern. Und dies vermöge seiner Stellung als »Vizeregent« seines Herrn. Diese Erkenntnis, dass wir als verantwortliche Treuhänder ermächtigt sind, mit dem Universum so umzugehen, wie wir es für richtig erachten, muss in uns ein tiefes und andauerndes Gefühl der Dankbarkeit erwecken. Im Leben der Männer und Frauen, die Gottes Liebe und die von ihm verliehene Ehre erkennen – Zeichen dieser Ehre sind die geistigen und materiellen Geschenke, die er ihnen hat zukommen lassen – muss Dankbarkeit die herausragende Gefühlsregung sein. Reinere und höhere Dankbarkeit wandelt sich in Lobpreisungen. Anders ausgedrückt, der Bezug ist nicht mehr der Mensch, der Gott dankt, sondern Gott, dem von der Menschheit gedankt wird. Eine neue Bewegung im Kosmos entsteht: Zuerst hat Gott seine Geschenke ausgeschüttet und dem Menschen die Fähigkeit verliehen, diese zu gebrauchen, und nun folgen, als Gegenbewegung, Lob und Preis des Menschen an seinen Schöpfer.

Abdul Wadoud Shalabi, Islam Religion of Live, Kairo 1990, S. 46–48. Übersetzt von H. Ball.

Aufgabe:
1. Fassen Sie den zentralen Gedanken dieses Textes in eigene Worte.
2. Vergleichen Sie die Aussagen dieses Textes mit denen zum islamischen Raumverständnis (vgl. S. 105).

Christliche Anthropologie

Ausgehend vom biblischen Buch Genesis spricht christliche Anthropologie vom Sündenfall, von Erbsünde und Schuld. Und ausgehend von der Erfahrung, dass der Mensch sich nicht alleine von Sünde und Schuld befreien kann, fasst Paulus eine der Grundkonstanten des christlichen Menschenbildes in die Worte: »… das Wollen ist bei mir vorhanden, aber ich vermag das Gute nicht zu verwirklichen. Denn ich tue nicht das Gute, das ich will, sondern das Böse, das ich nicht will« (Röm 7,18f). Ausgehend davon, redet christliche Theologie von der Erlösungsbedürftigkeit des Menschen. Der Erlöser aber ist Christus (s. S. 67 Jesu Leiden und Sterben).

Zur christlichen Anthropologie siehe: Wilhelm Schwendemann / Matthias Stahlmann, Anthropologie – biblische Perspektiven. Eine Unterrichtseinheit für die Oberstufe, Stuttgart 2006.

Aspekte muslimischer Ethik

Muslimische Ethik ist konkreter als die christliche

Zwischen *halal* und *haram* einerseits, das heißt zwischen dem, was erlaubt und verboten ist, und zwischen *tahir* und *nijis* andererseits, das heißt zwischen dem, was rein, und dem, was unrein ist, unterscheiden zu lernen, ist das Fundament jeder moslemischen Erziehung. Was mich anbetrifft, so sind mir diese beiden Gegensätze so sehr in Fleisch und Blut übergegangen, dass sie mein ganzes Fühlen, Sinnen und Trachten bestimmen – angefangen bei meiner Aversion gegen Hunde im Haus, meinem Horror vor Mäusen, meiner Abneigung gegen den Geruch von Schinken, bis hin zu meinem Sauberkeitszwang und meinen genauen Vorstellungen von Haushaltsführung. Die moslemische Ethik ist konkreter als die christliche Ethik: Sie bezieht sich gleichermaßen auf praktische Dinge wie auf abstrakte Prinzipien.

Zweimal im Jahr packt mich das unbändige Verlangen nach einem »Frühjahrsputz« in meinem Haus. Dieser Instinkt ist so stark, dass ich mitten in der Nacht aufwache und mir Gedanken darüber mache, nach welchem Plan ich vorgehen werde. Nach dem Fest, das das Ende des Ramadans anzeigt, und dann noch einmal sechs Monate später, pflegte meine Mutter mit Wasser und Seife die Teppiche zu reinigen, die Fußböden, Wände, Decken und Fensterläden abzuschrubben sowie alle Polsterbezüge und das gesamte Bettzeug zu waschen. Bei diesem zweimal im Jahr stattfindenden Großeinsatz halfen ihr fünf oder sechs Frauen, die man eigens dazu anheuerte. Bei den ärmeren Familien schließen sich fünf oder sechs Frauen zusammen, um sich gegenseitig zu helfen und die Arbeit gemeinsam zu machen, denn der halbjährliche Großputz findet in allen Häusern statt. Die modernen Wohnungen in Damaskus haben häufig in jedem Zimmer einen Abfluss in einer Ecke, um den Bedürfnissen der moslemischen Hausfrauen, Wasser über den gefliesten Fußboden zu schwemmen, Rechnung zu tragen. Meine Großmutter, die den Frühjahrsputz zu einer täglichen Aufgabe machte, pflegte sogar die Blätter der Zitronenbäume in ihrem Innenhof im alten Damaskus abzuseifen. Mein Großvater hielt ihr zwar entgegen, dass diese Arbeit witzlos sei, wenn er sah, dass es sowieso bald regnen würde, doch ihre Antwort darauf war nur: »Gott hat verboten, dass der Regen auf Schmutz fällt.«

Der Waschzwang ist im Bewusstsein der Moslems ein Ausdruck ihrer Ehrerbietung gegenüber Gott, denn – so ihr Argument – wenn man seinen Körper pflegt, zollt man damit dem Tribut, der ihn gemacht hat.

Rana Kabbani, Offener Brief an die Christenheit, © 1991 Econ Verlag in der Ullstein Buchverlage GmbH, Berlin, S. 56f.

... dass das Essen etwas Heiliges ist

Schon als wir noch ganz klein waren, brachte man meiner Schwester und mir bei, dass das Essen etwas Heiliges ist – na'ma, unser Wort für »Nahrung, Essen«, bedeutet ursprünglich Segen, Geschenk Gottes – und dass es ein Verbrechen ist, etwas wegzuwerfen. So war es auch strikt verboten, etwas auf dem Teller zurückzulassen, und zwar nicht etwa, weil es von schlechten Manieren zeugt, sondern weil unser Essen etwas Kostbares ist und weil es andere Leute gibt, die Not leiden.

Wenn wir auf der Straße ein Stück Brot sahen, wurden wir angehalten, es aufzuheben, es zu küssen und mit der Stirn zu berühren. Dann legten wir es an einen Platz zurück, wo es nicht mit den Füßen getreten werden konnte.

Wenn bei uns zu Hause Essen gekocht wurde, so war es üblich, eine Portion davon zu Nachbarn hinüber zu bringen, eine Aufgabe, die mir oft zufiel. Die Nachbarn sollten nämlich nicht den Duft des Essens riechen müssen, ohne davon auch kosten zu können. Auch heute wird in Mietshäusern immer noch Essen treppauf, treppab von einer Familie zur anderen getragen.

Rana Kabbani, Offener Brief an die Christenheit, © 1991 Econ Verlag in der Ullstein Buchverlage GmbH, Berlin, S. 54f.

Die körperliche Reinheit

Der Islam schreibt ein strenges Waschritual vor dem Gebet vor: Hände, Ellenbogen, Füße, Gesicht, Ohren, Hals – und die intimeren Bereiche müssen mit Wasser abgespült werden. Diese Waschungen müssen vor dem ersten der fünf täglichen Gebete vorgenommen werden und sind vor jedem Gebet zu wiederholen, falls man zwischenzeitlich Geschlechtsverkehr hatte, falls man sich bei der Arbeit übermäßig schmutzig gemacht hat oder falls das Badezimmer benutzt wurde. Selbst Blähungen machen ein nochmaliges Waschzeremoniell erforderlich.

Sowohl für Männer als auch für Frauen ist es unabdingbar, sich vor und nach dem Geschlechtsverkehr zu waschen. Frauen lernen darüber hinaus, dass es »reiner« ist, sich den Körper zu enthaaren, eine recht schmerzhafte Prozedur, bei der man eine Paste aus gekochtem Zucker auf die Haut aufträgt, die man dann wieder abzieht. Die Mensis der Frau gilt als unreiner Zustand, der es verbietet zu fasten, zu beten, den Kuran zu lesen oder die Moschee zu besuchen. Wenn die Periode vorüber ist, wäscht man sich sehr gründlich und bittet Gott, die körperliche Reinheit wieder herzustellen. Die Beschneidung der Jungen erfolgt aus der Sorge heraus, dass sich in der Vorhaut Schmutz absetzen könnte.

Rana Kabbani, Offener Brief an die Christenheit, © 1991 Econ Verlag in der Ullstein Buchverlage GmbH, Berlin, S. 59f.

Wie man Menschen anredet

Abu heißt Vater, *Ibn* Sohn und *Umm* Mutter. Die Nordafrikaner kürzen ab: *Bu* und *Ben*. Väter werden nicht mit ihren eigenen Namen angeredet, sondern mit dem ihres Erstgeborenen, also: *Abu Hamid*, Vater von Hamid und entsprechend *Umm Hamid*.

Wenn aber ein Mann keinen eigenen Sohn hat, gilt folgende Regel: Er wird so angeredet wie ein berühmter Namensvetter in der Geschichte.

Wenn Muhammad, Ihr Taxifahrer, keinen Sohn hätte, würde er sich *Abu Qasim* nennen, nach dem Propheten Muhammad. Denn Qasim war dessen erstgeborener Sohn, der allerdings schon im Säuglingsalter verstorben ist. Heißt einer aber Ali, dann trägt er den Namen des Schwiegersohnes des Propheten und nennt sich *Abu Hussein*. Und wieder ein anderer Mann heißt Hussein, dann wird dieser *Abu Ali* angeredet, denn des Propheten Urenkel trug wieder den Namen Ali.

Es gibt natürlich auch Träger moderner Namen: Basil oder Salam. Diese Männer spricht man, wenn sie keinen Sohn haben, im Allgemeinen mit *Abu Gha'eb* an: Vater des nicht Anwesenden.

Bint heißt Tochter. *Banat* ist der Plural von Bint: Töchter. Und *Abu Banat* sollte man besser zu niemandem sagen! Das ist nämlich ein Schimpfwort.

Sehr alte, fremde Personen grüßt man mit *Ammu*, Onkelchen oder *Chale*, Tante. Sie wissen den Weg nicht, wollen einen danach fragen und dieser trägt herkömmliche arabische Kleidung, ist nicht sehr alt, nicht sehr jung, dann ist *Hadschi* richtig! *As-Salamu 'aleikum ja Hadschi, marhaba ja Hadschia*, wenn es eine Frau sein sollte. Europäisch gekleidet? ... *ja Sajid*, Herr! – und man wird Sie freundlich beraten. Nur nie *Sajidi*, mein Herr! So tönt es nämlich beim Militär.

Kinder und Jugendliche, etwa bis 14 Jahre: zu denen sagen Sie *ibni* oder *binti*. Aber dann sollten Sie selbst schon deutlich älter sein.

Das Allerwichtigste sind jedoch die Titel. Wissen Sie um einen solchen, vergessen Sie getrost alles andere!

Was macht eigentlich ein ...?

- *Imam*: Es gibt zwei Möglichkeiten, er ist Vorbeter und jener, der die Freitagspredigt hält, bei Sunniten und Schiiten. Und: Einer der zwölf Nachfolger von Ali und dessen Sohn Hussein bei den Schiiten.
- *Mullah* oder *Hoça* hat die Menschen zu beraten, den Kindern den Kuran zu lehren, Jugendliche zu unterweisen.
- *Muazzin* (*Muezzin*) ruft die Gläubigen zum Gebet. Sein Ruf, der Adhan, ist manchmal ein besonderes Kunstwerk.
- *Mufti* ist der religiöse Richter. Er löst religiöse Streitprobleme im Sinne des islamischen Rechts. Staatsbeamter.
- *Scheich*, ein Stammesführer, Sippenführer oder ein Berater in religiösen Angelegenheiten. Auch ein Leiter religiöser Bruderschaften oder Orden.
- *Ajatullah* (*Ajatolla*) »Kuranvers Gottes«. Kurangelehrter, veröffentlicht wissenschaftliche Arbeiten zur islamischen Lehre.
- *Sajid*, ein einfacher Mensch, der vom Propheten abstammt.
- *Qadi* (*Kadi*) der Richter, der im Gericht Recht spricht.
- *Hadschi, Hadschia*, eine/r, eine, der/die die Wallfahrt nach Mekka vollzogen hat.

- *Hafis* kann den Kuran auswendig rezitieren.
- *Ra'is*, ein weltlicher Herrscher. Präsidenten nennen sich gerne so, aber auch alle anderen Chefs und natürlich auch jene, die von sich meinen, sie wären so etwas Ähnliches.

Vom Weingenuss

Als die muslimische Gemeinschaft und die muslimische Religion noch sehr neu waren in Mekka, wurde der Prophet Muhammad um eine Stellungnahme zum Weingenuss gebeten. Der Kuran überliefert dazu: »Sie fragen dich über Wein und Glücksspiele. Sprich: In beiden ist großes Übel und auch Nutzen für die Menschen; doch ihr Übel ist größer als ihr Nutzen« (2,200).

Dieser Vers legt nur dar, dass die Nachteile überwiegen. Deshalb sind die Menschen davon ausgegangen, dass es kein Verbot gibt und haben weiter Wein getrunken. Eines Tages aber kam ein Muslim zum Gebet und war nicht mehr ganz klar im Kopf. Er verwechselte im Gebet die Verse und brachte sie durcheinander. Wegen solcher Vorfälle hat der Kuran dann eine klare Absage an das Sich-Berauschen durch Wein vor dem Beten erteilt: »Ihr Gläubigen! Nahet nicht dem Gebet, wenn ihr nicht bei Sinnen seid, bis ihr versteht, was ihr sprecht!« (4,43)

Viele Jahre später hat ein Muslim in alkoholisiertem Zustand schwere Fehler begangen. Inzwischen war die muslimische Gesellschaft aber in der Lage, auch radikale Veränderungen zu akzeptieren. Deshalb fällt der Kuran ein eindeutiges Urteil: »O ihr, die ihr glaubt, Wein und Glücksspiel, Götzenbilder und Lospfeile sind ein Gräuel, ein Werk Satans. Meidet sie allesamt, auf dass ihr Erfolg habt!« (5,92)

Aus dem Dargelegten geht hervor, dass die Aussagen des Kurans über den Weingenuss situationsgebunden sind. Es lassen sich Entwicklungen erkennen. Von besonderer Bedeutung aber ist, dass Gott nichts Sinnloses verlangt. Das Verbot wird begründet: »Der Satan will nur zwischen euch Feindschaft und Hass werfen durch Wein und Spiel und euch abwenden von dem Gedanken an Allah und dem Gebet.«

Am Weingenuss und am Glücksspiel droht die Gemeinschaft der Muslime zu zerbrechen und in Hass, Feindschaft und Abkehr von Gott umzuschlagen. Muhammad mahnt mit beschwörender Frage: »Wollt ihr deshalb nicht davon ablassen?« (5,93)

Orthodoxe Rechtsschulen haben aus diesen Kuranzitaten ein generelles Verbot von allem Berauschendem abgeleitet. In manchen Ländern wird der Genuss dieser Mittel für genau so schlimm wie Mord angesehen und bestraft. Wieder andere Staaten kümmern sich überhaupt nicht um diese Sache.

> Ich trinke nicht aus bloßer Lust am Zechen,
> Noch um des Korans Lehre zu durchbrechen,
> Nur um des Nichtseins kurze Illusion! –
> Das ist der Grund, aus dem die Weisen zechen.

> Wenn ich einst sterbe, waschet mich mit Wein,
> Ein lustig Trinklied soll mein Grablied sein!
> Und wenn am Jüngsten Tag man nach mir fragt,
> So sucht im Staub der Schenke mein Gebein.

In Persien war lange Zeit der Vierzeiler (*Roba'i*) sehr beliebt. Die berühmtesten stammen von dem Dichter, Mathematiker und Astronom Omar Khayyam (gest. 1121), der sich in seiner Poesie, wie viele andere, wenig um das Weinverbot scherte. Allerdings war Wein in der Dichtersprache oft auch Metapher für die mystische Liebe zu Gott.

Beschneidung

Von Jungen

Eine jüdische Tradition wurde übernommen. In Genesis 17,10f spricht Gott: »Alles, was männlich ist unter euch, soll beschnitten werden«, an der Vorhaut. Die Beschneidung wird im Judentum am achten Lebenstag vollzogen. Sie ist das Zeichen des Bundes zwischen Abraham, seinen Nachkommen und Gott. Beschneidung und das dazugehörende Fest sind zentrale Bestandteile der jüdischen Religion.

Bei den Muslimen ist dies anders. Die Beschneidung muss nicht schon am achten Lebenstag geschehen. Es ist aber zur Tradition geworden, die Beschneidung der muslimischen Jungen nicht viel später als im sechsten Lebensjahr zu vollziehen.

Dabei wird zwar auch von der Erfüllung der Ibrahimstradition gesprochen, aber im Kuran wird die Beschneidung nicht erwähnt. Und deshalb ist kein Imam und kein Hoça (türkische Bezeichnung des Vorbeters) nötig, wenn das große Familienfest steigt. Überall, wo es Muslime gibt, wird dieses Fest, in manchmal gewaltigem Rahmen, gefeiert. Hunderte können eingeladen werden. Und im Mittelpunkt steht der Knabe, phantasievoll ausstaffiert mit extra für diesen Anlass bestimmten Kleidern. Er wurde von der Familie darauf vorbereitet, ihm wurden viele Geschenke in Aussicht gestellt, gesagt, dass er bald ein Mann sein werde, und die Eltern betrachten das Fest als Erfüllung ihres Auftrags Gott gegenüber. Von nun an ist der Knabe ein Mitglied der 'Umma.

Entfernt wird bei der Zirkumzision, so der Fachausdruck, die Vorhaut. Vollzogen wird heutzutage die Beschneidung durch einen Arzt, gelegentlich gibt es auch eigene Beschneider der Gemeinden, früher machten das die Frisöre.

Die Beschneidung gilt auch als Zeichen der Reinheit und Sauberkeit. Ein ähnlich großes, bedeutsames Fest, im Zusammenhang mit der Religion, gibt es für Mädchen nicht.

Von Mädchen

Die »Beschneidung« von Mädchen wird von der WHO Female Genital Mutilation (FMG) genannt. Denn weil dieser Eingriff ungleich schwerwiegender ist als der bei Jungen, weil den Mädchen und Frauen ein lebenslanges körperliches und seelisches Leiden zugefügt wird, warnen Experten vor dem Begriff »Beschneidung«, sie sprechen von weiblicher Genitalverstümmelung.

Am weitesten verbreitet ist diese Verstümmelung in Somalia, dem nördlichen Sudan, Erithrea, Sierra Leone, Djibouti, im Jemen und anderen südlichen Teilen der arabischen Halbinsel, in muslimischen Gemeinden Indiens, Malaysias und Indonesiens. In jenen Ländern wird die FMG aber auch bei Christen, Juden und Angehörigen anderer Religionen praktiziert.

Diese ursprünglich afrikanische Unsitte ist völlig unislamisch.

Leider gibt es auch viele Mullahs, die den Eingriff für religiöses Gebot halten und damit die Grausamkeit unterstützen.

Literatur:
H. Kentenich / I. Utz-Billing, Lebenslanges Leiden, Deutsches Ärzteblatt, 13/2006, S. 692ff.

Fortschritt im Kampf gegen Mädchenbeschneidung
Ende November 2006 kam es zu einem bedeutenden Fortschritt im Kampf gegen die weibliche Genitalverstümmelung.

Dem Aktivisten Rüdiger Nehberger und dessen Lebensgefährtin Anne Weber gelang es, hochrangige islamische Gelehrte an der Al-Azhar Universität in Kairo zu versammeln, um in einem Gutachten klären zu lassen, ob der Koran eine Aufforderung oder gar Verpflichtung zur Mädchenbeschneidung enthält.

Das Gegenteil ist der Fall. Das Ergebnis der zweitägigen Konferenz und deren Schlussformulierungen sind eindeutig. Dort heißt es: Die Genitalverstümmelung bei Frauen ist eine ererbte Unsitte ... ohne textliche Grundlage im Koran ... Die heutzutage praktizierte weibliche Genitalbeschneidung fügt der Frau physische und psychische Schäden zu. Daher müssen die Praktiken unterbunden werden in Anlehnung an einen der höchsten Werte des Islam, nämlich den Menschen unbegründet keinen Schaden zuzufügen.

Wir gratulieren Rüdiger Nehberg und Anne Weber zu diesem wichtigen Fortschritt.

Jetzt hoffen wir auf eine schnelle Übersetzung des Kairo-Dokuments und wollen uns an der möglichst weiten Verbreitung in muslimisch-geprägten Ländern beteiligen. Die Menschen und insbesondere die Imame vor Ort müssen den Inhalt des neuen Gutachtens kennen, damit sich diese Lehrmeinung möglichst schnell durchsetzt.

(I)NTACT wird seine Projektpartner über die Ergebnisse der Kairo-Konferenz informieren und dadurch zur Weiterverbreitung der Kairoer Ergebnisse beitragen.

Quelle: (I)NTACT Internationale Aktion gegen die Beschneidung von Mädchen und Frauen e.V., Johannisstraße 4, D-66111 Saarbrücken, Tel. +49-(0)681–32400, Fax. +49-(0)681–9388002, www.intact-ev.de.

Die angesehenste sunnitische Universität ist al-Azhar in Kairo. Mehrere hochrangige Gelehrte haben dort an der Klärung der Frage, »ob der Kuran eine Aufforderung oder gar eine Verpflichtung zur Mädchenbeschneidung enthält« gearbeitet, darum ist das Gewicht und die Würde dieses Gutachtens von herausragender Bedeutung, und solch eine Fatwa findet in der sunnitischen Welt höchste Beachtung.

Für die Schiiten sind diese Sprüche nicht von großem Gewicht oder gar bindend. Mädchenbeschneidung ist für sie kein unmittelbar angehendes Thema, denn dort, wo Schiiten leben, kommt diese Unsitte nicht vor.

Buchempfehlung:
Waris Dirie, Wüstenblume, Berlin ⁴1999.

Kleider und Kleiderordnungen

Nur zwei Kuranstellen befassen sich mit der Frage, wie muslimische Männer und Frauen gekleidet sein sollen.

Sure 24,30 und 31: »Sprich zu den Gläubigen, dass sie ihre Blicke zu Boden schlagen und ihre Scham hüten. Das ist reiner für sie. Siehe Allah kennt ihr Tun.

Und sprich zu den gläubigen Frauen, dass sie ihre Blicke niederschlagen und ihre Scham hüten und dass sie nicht ihre Reize zur Schau tragen, es sei denn, was außen ist, und dass sie ihren Schleier über ihren Busen schlagen und ihre Reize nur ihrem Ehegatten zeigen oder ihren Vätern ... (es wird die männliche Verwandtschaft aufgezählt, in deren Präsenz diese Kleiderordnung nicht angewandt werden braucht).«

Bei allen anderen Vorschriften, die heutzutage vor allem Frauen gemacht werden, wie die *Burka* in Afghanistan oder der *Schador* im Iran, handelt es sich ausschließlich um Traditionen, die von Männern für Frauen aufrechterhalten und durchgesetzt werden.

Im Kuran geht es bei diesen Kleiderfragen um Scham und Schutz der Intimsphäre, und dies gilt gleichermaßen für beide Geschlechter.

Sure 33,59: »O Prophet, sprich zu deinen Gattinnen und deinen Töchtern und zu den Frauen der Gläubigen, dass sie sich in ihren Überwurf verhüllen. So werden sie eher (als anständige Frauen) erkannt und werden nicht verletzt.«

Danach kommt dieser Kleiderordnung eine Schutzfunktion zu, in einer frauenfeindlichen Welt.

Was die Kopftücher der Männer bedeuten

'Amama heißt das rund um den Kopf gebundene Tuch. Schwarz trug Ajatolla Khomeini, denn er stammte vom Propheten Muhammad ab und war ein religiöser Führer. Auch eine grüne Amama weist auf die Abstammung vom Propheten hin.

Andere religiöse Amtsinhaber, die aber nicht auf diese besondere Abstammung verweisen können, tragen eine weiße 'Amama.

Im Jemen erkennt man einen Kurangelehrten am goldbestickten Käppchen, um das ein weißes Tuch so geschlungen ist, dass man von dem Käppchen nur die Hälfte sehen kann.

Abb. 76: Ein iranischer Mullah mit 'Amama

Von Jassir Arafat berühmt gemacht wurde die *Qafia* (*Kefieh*). Dies ist das normale Kopftuch normaler Leute. Es hat keine besondere Bedeutung. Aber die Art, wie es um den Kopf gebunden ist, erlaubt häufig Rückschlüsse auf bestimmte Stammeszugehörigkeiten und Situationen: Bei der Beerdigung schlingen die Männer das Tuch so um den Kopf, dass nur ihr Gesicht sichtbar bleibt.

Abb. 77: Die Korangelehrten des Jemen tragen kostbare goldbestickte Käppchen

Frau und Mann

Alle Festlegungen religiöser oder gesetzlicher Art, also was die Rechte der Frauen sind, wie sie diese Rechte ausüben können, wie es um ihre Würde bestellt ist, wie sie sich wehren können, wenn diese verletzt wird, alle diese Bestimmungen gehen auf Männer zurück, nicht nur im Islam! Was die normgebenden Männer gerne dabei übersehen und fast immer übersehen haben, ist, dass sie sich mit diesen Frauen-Definitionen grundsätzlich selbst definieren. Selbstgefällig, machtbewusst, machtbesessen, hart, meistens nur gegen andere und unerträglich patriarchalisch treten sie auf, die Traditionswächter, und wissen sich bei ihren Aktionen und Reaktionen immer auf der Seite der Gerechten.

Die Christen berufen sich auf Jesus, die Muslime auf Muhammad. Aber wer sich bei irgendeiner unterdrückerischen Maßnahme auf Jesus oder Muhammad beruft, hat mit Sicherheit die falschen Kronzeugen.

Liberale Muslime beschreiben das so: Im Arabien vor Muhammad war die gesellschaftliche Stellung der Frau eine Katastrophe. Frauen waren rechtlos, oft schutzlos. Denn bei den nicht endenden kriegerischen Auseinandersetzungen zwischen den einzelnen Stämmen wurden Frauen der Unterlegenen geraubt und so behandelt wie alle Beute. Hinzu kam, dass diese menschliche Beute ganz besonders als Zeichen der Stärke und Überlegenheit des eigenen Stammes betrachtet wurde, weil die Trauer um den Verlust eines Menschen sich von den Gefühlen deutlich unterscheidet, die auftreten, wenn einem irgendein Besitztum genommen wird.

Nicht nur die Angst vor Armut, auch das Wissen um den Frauenraub, haben viele Familien veranlasst, neugeborene Mädchen zu töten. Muhammad hat das verboten.

Muhammad hat den bis da hin völlig rechtlosen Frauen Arabiens gesicherte Rechte und Pflichten und damit die Würde gegeben. Die patriarchalische Grundstruktur war damit nicht weggewischt, aber die Männer als die Stärkeren, Wehrhafteren in die Verantwortung genommen: »Die Männer sind den Frauen überlegen wegen dessen, was Allah den einen vor den anderen gegeben hat ...« und: »Die rechtschaffenen Frauen sind gehorsam und sorgsam ..., diejenigen aber, für deren Widerspenstigkeit ihr fürchtet – warnet sie, verbannt sie in die Schlafgemächer und schlagt sie. So sie euch gehorchen, sucht keinen Weg wider sie, Allah ist hoch und groß« (4,38).

Die Eheschließung wurde gesetzlich so geregelt, dass die finanzielle und wirtschaftliche Selbständigkeit der Frau durch die Morgengabe und die anderen Geschenke gesichert wird, sowohl in der Ehe als auch nach einer möglichen Ehescheidung. Den bis dahin rechtlosen Frauen wurde ein Erbrecht und damit Zukunftssicherung zugestanden. Alle erdenklichen Lebensbereiche wurden den Frauen zugesichert, damit der recht- und schutzlose Zustand beendet werden konnte.

Über allem steht aber die Neubestimmung in der Religion: Ein Muslim, eine Muslima, für beide gelten dieselben Freiheiten und Pflichten.

»Für die muslimischen Männer und Frauen, die gläubig, ergeben, wahrhaftig, geduldig, demütig sind, die Almosen geben, fasten, ihre Scham bewahren und Gottes viel gedenken – für sie hat Gott Vergebung und einen großartigen Lohn bereitet« (33,35).

Nun gibt es zwei Wege
Die einen meinen, dass dieser von Muhammad eingeschlagene Weg in der sich dauernd ändernden Welt weitergegangen werden muss in dem emanzipatorischen Sinne, wie ihn der Prophet einst begann. Die so denken, sind in der Minderheit.

Die Mehrheit meint, dass das Grundübel dieser Zeit der Abfall von den Bestimmungen und ewig gültigen Regelungen des Kuran sei. Und einige kämpfen dafür, dass diese Gesetze und Ordnungen aus dem 7. Jahrhundert n.Chr., die Scharia, wie sie sie verstehen, verbindlich für die ganze Welt werden.

Monogamie oder Polygamie?

Der Kuran (4,3) gestattet tatsächlich die Polygamie, was aber nicht als eine vollendete, unverrückbare Tatsache betrachtet werden kann. Denn: Die Vielehe wurde in einer Zeit erlaubt, in der es einen sehr großen Frauenüberschuss gab, bedingt vor allem durch die vielen Kriege. Unverheiratete Frauen besaßen keine soziale Absicherung. Deshalb und weil die Männer wegen der Kriege häufig für sehr lange Zeit von ihren Familien getrennt waren, wurde ihnen erlaubt, mehrere Frauen zu heiraten. Diese Erlaubnis war aber mit einer Bedingung verbunden, nämlich: die gerechte Behandlung aller Frauen! Wenn diese Bedingung nicht verwirklicht werden kann, dann ist die Polygamie nicht erlaubt: »... wenn ihr aber fürchtet, nicht gerecht zu handeln, dann nur eine!« (4,3)

Dass Männer diese von ihnen geforderte Gerechtigkeit auch tatsächlich ausüben, ist also feste Bedingung. Dass dies Männern gelingen kann, betrachtet der Kuran jedoch als Illusion: »... und ihr werdet die Frauen nicht gerecht behandeln können, ihr mögt noch so sehr darauf aus sein!« (4,139).

Heutzutage ist Polygamie ein Phänomen des Reichtums und des damit verbundenen Prestiges und nicht der Religion. Während im Westen viele Männer außereheliche Nebenbeziehungen pflegen, besitzen viele Reiche in islamischen Ländern mehrere Ehefrauen gleichzeitig.

Sie begründen ihre Vielehe mit dem kuranischen Vers 4,3, ohne seine Verbindung mit 4,139 zu berücksichtigen, und darüber hinaus damit, dass der Prophet Muhammad selbst sie praktiziert habe. Diese reichen »Muslime« vergessen aber, dass der Prophet im Sinne der Religion zu einer Zeit gehandelt hatte, als dieses Verhalten mit dem von Allah erteilten Auftrag verbunden war, die Beziehungen des Propheten zu verschiedenen Sippen und Stämmen, die teilweise miteinander verfeindet waren, zu stärken, damit die neue Religion in dieser Stämmegesellschaft sich festigen konnte.

De facto bedeutet dies, dass die Polygamie im Islam eigentlich verboten ist. Wenn Gott die gerechte Behandlung mehrerer Frauen als unbedingte Voraussetzung sieht, um eine Vielehe vollziehen zu dürfen, und er gleichzeitig feststellt, dass der Mann diese Gerechtigkeit nicht garantieren kann, so handeln wir gegen Gottes Gebot, wenn wir von uns behaupten, die Gerechtigkeit dennoch vollziehen zu können, wie die reichen, polygamen Männer dies tun. Wie überall in der Welt können solche reichen »Muslime« mit ihrem vielen Geld sich die religiöse Legitimation dafür ohne Probleme verschaffen.

Vier Frauen

Brotfrauen

»Ein wenig bedrückend empfinde ich meine tägliche Begegnung mit den Brotfrauen von Sana'a. Auch nach Wochen kann ich mich immer noch nicht an diese Wesen ohne Gesicht gewöhnen. Das buntbedruckte Tuch, mit dem ihre ganze Gestalt eingehüllt ist, wird nur hier in Sana'a und Umgebung getragen. ›Sitara‹ nennt man diese großen Baumwolllaken, die es im Suk, nahe dem Bab-al-Jemen zu kaufen gibt. Man könnte sich die Tücher auch leicht als dekorative Tischdecken für daheim vorstellen, wenn die aufgedruckten Muster etwas präziser gesetzt wären. Durch die vielen Falten, die sich bei der üblichen sackartigen Einwickeltechnik um die Frauengestalt herum bilden, fallen die Ungenauigkeiten dort nicht so auf. Außerdem wagt man es auch gar nicht, diese Frauen samt ihrer Verpackung so eingehend zu betrachten. Der krapprote Vorhang mit den blauschwarzen Flecken, welcher das Gesicht der Damen vollständig verhüllt, hat eine merkwürdig abweisende Wirkung, und ich bin regelmäßig überrascht, ja erschreckt, wenn darunter eine helle Stimme hervortönt ...

Es gibt eine Reihe fester Plätze in der Stadt, an denen sich diese Brotfrauen jeden Vormittag niederlassen, um die selbstgebackenen Fladen zu verkaufen. Mein Schulweg führt täglich an einer Gruppe von drei, manchmal auch vier Damen vorbei. Sie thronen sehr malerisch auf dem Trottoir vor einem kleinen Laden am Midan-al-Ga', die Fladenbrote auf ihrem Schoß oder neben sich in einer Pappschachtel zu Stapeln aufgeschichtet.

Schon seit dem ersten Brot, das ich erstanden habe, werde ich offenbar als Stammkunde betrachtet, denn ich kann die Brotdamen nicht mehr passieren, ohne angesprochen, ja manchmal sogar an der Jacke gezupft zu werden. Das erstaunt mich jedesmal aufs Neue, weil es mir einfach nicht möglich ist, diese eingehüllten Figuren als normale menschliche Wesen zu sehen.«

Aus: T. Wöhrlin, »Begegnungen mit dem Jemen«, S. 23.

Abb. 78: Brotfrauen in Sana'a

Eine Bäuerin in Syrien

Nach einigen Tagen in der Millionenstadt Damaskus zieht es uns hinaus. Wir fragen unseren syrischen Begleiter, ob er uns ein ganz normales syrisches Dorf zeigen könne. Er habe keine Verwandten oder Bekannten auf dem Lande, wolle es aber probieren. Hinten im Bild (Abb. 79): das Minarett der Dorfmoschee. Kinder laufen eilig nach Hause: »Fremde im Dorf!« Hussam klopft an die Holztür links. Es wird geöffnet. Kurze Unterhaltung mit einer jungen Frau. Diese führt uns in den Hof und dort gleich scharf nach rechts zu einer Trennmauer. Auf dieser Mauer liegen die Schuhe, in die sie schlüpft, immer, wenn sie das Stallgelände hinter der Mauer betreten. Im Hintergrund sehen wir wieder das Minarett. Wir »besichtigen« den Stall.

Abb. 79: »Fremde im Dorf!«

Damit fertig, wird uns klar, weshalb wir zuerst dorthin geführt worden waren. In Windeseile war der Hof hergerichtet worden. Die Bäuerin empfängt uns. Sie ist Witwe. Langsam füllt sich der Innenhof mit Verwandten und Bekannten der Familie. Wir erleben einen wunderschönen, interessanten Nachmittag, werden von der Freundlichkeit regelrecht erdrückt. Die alte Dame, die Mutter, ist das Zentrum der ganzen Großfamilie. Ihre offizielle Berufsbezeichnung (bei den Ämtern) lautet »Rabbat Bajit«, »Herrin des Hauses«. Da Araber Gott mit »Rabbi«, also »mein Herr« anreden, ist »Hausfrau« eigentlich »Göttin des Hauses«. Sie ist dort die absolute Herrscherin. Außerhalb des häuslichen Anwesens haben nur die Männer das Sagen.

Abb. 80: Die Mutter, das Zentrum der Großfamilie

GRUNDZÜGE DER ANTHROPOLOGIE   **151**

Hylia und Tolga

Hylias Familie gehören die meisten Felder unten im Tal. Früher war das eine zweischneidige Angelegenheit. Weil es genügend Wasser gab, konnten die Çifçis auch in heißen trockenen Jahren ihr Gemüse ernten und auf dem Markt der nahe gelegenen Kleinstadt anbieten. Aber immer wieder kam es vor, dass im Frühling von den hohen Bergen herab Fluten durchs Tal schossen und alles zerstörten, was gepflanzt war.

Seit dem Bau des Staudammes führt der Bach jahraus jahrein fast gleich viel Wasser; Gemüse und Obst gedeihen und die neue Forellenzucht wirft einiges ab.

Die größte Schafherde der Gegend gehört den Kumbaraçilars, dazu reichlich Aprikosenbäume und Reben. Schon mit drei Jahren begleitete Tolga die Hirten. Er zog mit ihnen wochenlang durch die Einöden des anatolischen Hochlandes. Wie alt er war, als ihm seine Eltern erzählten, dass er Hylia heiraten wird, weiß er nicht mehr. Er kann sich nur erinnern, dass schon viel Zeit vergangen ist, seit seine Eltern ihm eher beiläufig diese Eröffnung gemacht haben.

Hylia kannte er aus der Schule. Sie war immer die beste in allen Fächern. Ihr Schulabschluss war so gut, dass sie zum Studium in Ankara vorgeschlagen wurde. Auch dieses absolvierte sie mit Bravour und bald nach dem Examen arbeitete sie erfolgreich als Juniorpartnerin in einer Anwaltskanzlei. Sie lebte nun in Istanbul, besaß eine Wohnung, ein Auto und ihr Freundeskreis war groß und sie sehr beliebt.

Tolga konnte nur mühsam lesen und ziemlich schlecht schreiben. Er war Hirte geworden, hütete im Sommer die Schafe der Familie und während der langen Wintermonate kümmerte er sich nach alter Väter Sitte um den Hof, ordnete und reparierte. Viele Nächte blieb er wach, denn die Wölfe, immer zahlreicher geworden, setzten den Herden arg zu, wenn es ihnen gelang, in die Verschläge einzubrechen. Und er wartete auf seine Hochzeit. Kontakte zu Hylia gab es nicht, aber auch keine Zweifel, dass das, was die wichtigsten Familien des Dorfes vor vielen Jahren zusammengefügt hatten, nicht mehr gültig sei, nur weil Hylia jetzt als Anwältin in Istanbul arbeitete.

Die junge Frau kannte die ungeschriebenen Gesetze ihres Dorfes. Sie wusste, dass es um die Ehre der zwei Familien ging, und sie kannte die Folgen einer Verletzung dieser Traditionen nur zu genau. Und deshalb willigte sie ein, Tolga zu heiraten. Mehrere Tage lang dauerten die Feierlichkeiten, das ganze Dorf war eingeladen. Direkt nach der Hochzeit fuhren die Jungvermählten nach Istanbul. Sie lebten dort in Hylias Wohnung; Hylia stellte Tolga ihren Freunden vor, besuchte mit ihm ein Heimspiel von Fenerbace, zeigte ihm von der Stadt das, was er sehen wollte. Zu intimen Kontakten ist es nicht gekommen und nach vierzehn Tagen, wie vereinbart, sprach Tolga vor einigen Freunden als Zeugen das dreimalige »Ich verstoße dich!« und verließ Istanbul.

Kein Mensch im Dorf äußerte sich abfällig. Aber nicht wenige beneideten den jungen Mann, denn der wendige Allrad-Japaner, in dem er aus Istanbul zurückgekommen war, wurde allgemein als Prunkstück bewundert – und für Tolgas Beruf war er ungemein praktisch.

Erfunden sind die Namen, der Rest hat sich so ereignet, wie hier berichtet, im Jahr 2002 oder 2003.

Aufgabe:
Beurteilen Sie Hylias Verhalten. Führen Sie ein Streitgespräch.

Konça Kuriş, islamische Feministin
In vielen islamischen Ländern melden sich immer mehr hochgebildete, engagierte Frauen zu Wort, die mit ihren Aktionen und durch ihre Veröffentlichungen die Rechte der Frauen erkämpfen oder stärken wollen. Eine Vorkämpferin der islamischen Frauenbewegung in der Türkei war Konça Kuriş.

Aufgabe:
Tragen Sie zusammen, was man im Internet über ihr Leben und ihre Ziele finden kann.

Weitere prominente Frauen, deren Stimmen großes Gewicht zugesprochen wird, sind:
1. Nawal El Saadawi
2. Nahed Selim
3. Schirin Ebadi

Aufgabe:
Auch über diese Frauen finden Sie im Internet eine Fülle von Einträgen. Stellen Sie die wichtigsten Informationen zusammen.

Rana Kabbani zum Thema »Frau«

Unterdrückung der Frau
»Der Islam wird in der Regel als die Religion dargestellt, die die Frauen unterdrückt. In Wirklichkeit sind alle drei monotheistischen Religionen, das Judentum und das Christentum genauso wie der Islam, patriarchalisch und sie werden gleichermaßen von männlichen Apparaten dominiert. Auf dieser Ebene muss man also entweder alle drei Religionen verurteilen oder keine von ihnen.

Natürlich gibt es im Islam Aspekte, die wirklich eine Unterdrückung der Frau bedeuten und mit denen man sich als Feministin auseinander setzen muss. Solche Aspekte – wie beispielsweise Vormundschafts- oder Erbrecht – sind in der Tat Gegenstand lebhafter Debatten innerhalb der moslemischen Gesellschaft und unter Frauen, die sich genau wie ihre westlichen Schwestern in verschiedene Lager spalten. Aber die Unterdrückung trägt keine einheitlichen Züge, da die Auslegung der religiösen Texte sehr differiert und da Praktiken, die in einem moslemischen Land undenkbar sind, in einem anderen durchaus gang und gäbe sein können, und zwar aus politischen, nicht aus religiösen Gründen. Tatsächlich ist die Unterdrückung der Frau in der islamischen Gesellschaft eher das Resultat von Armut und mangelnder Bildung als Ausdruck der Religion. Eine arme Moslemin wird wahrscheinlich mehr darunter leiden als eine reiche« (S. 28).

Die verschleierte Bedrohung
»Mit der Rolle, die der Schleier in der islamischen Kultur spielt, tut sich der Westen wohl ganz besonders schwer. In den Vereinigten Staaten und in Europa ist der Gesichtsschleier im Bewusstsein der Leute das Symbol des Islam schlechthin. Doch man sollte vielleicht daran erinnern, dass er christlichen Ursprungs ist und dass die Araber ihn erst übernahmen, als sie im 7. Jahrhundert Syrien eroberten und die dortige Oberschicht, die sie vertrieben, zu kopie-

ren trachteten. Der Schleier sollte nicht mit dem islamischen *hijab* verwechselt werden, der die Haare der Frau bedeckt, die als attraktiv und verführerisch gelten. Zu Lebzeiten des Propheten wurde der *hijab* sogar nur von dessen Ehefrauen getragen, um sie von den anderen Frauen zu unterscheiden. Später wurde er in dem Bemühen, den »Müttern der Gläubigen« nachzueifern, von den moslemischen Frauen übernommen. Der Kuran predigt Sittsamkeit der Kleidung insofern, als eine Frau außerhalb ihrer Familie weder ihr Haar noch ihre nackten Gliedmaßen noch ihren Busen zeigen soll (33,59).

In diesem (20.) Jahrhundert schlich sich hier und dort – insbesondere in Ländern mit westlichen Regierungen – eine gewisse Lockerung dieser Vorschriften in die moslemische Praxis ein. Doch man begegnete solchen Veränderungen nicht ohne starke Vorbehalte. Als der Minirock auftauchte und man mir erlaubte, so einen Rock zu tragen, war meine Großmutter väterlicherseits, die sich in der Öffentlichkeit nie ohne *hijab* zeigte, entsetzt. ›Das Knie ist schamlos‹, murrte sie« (S. 37).

»Wenn die Araber heute ihre Gesellschaft betrachten – und dasselbe gilt in etwa auch für alle anderen Moslems – so stellt sie sich ihnen als Travestie eines Modernismus dar, der weder authentisch westlich noch charakteristisch östlich, in jedem Fall aber unbefriedigend ist. Die rasante Wiederbelebung islamischen Brauchtums lässt sich nur als Reaktion auf diese Situation verstehen. Die Frauen, die sich dazu entschließen, den *hijab* wieder zu tragen – jene ›Flagge‹ islamischer Bindung – geben damit keinen Zentimeter von dem Boden, den ihre Großmütter gewonnen haben, preis. So wie es vor fünfzig Jahren eine politische Entscheidung war, den *hijab* abzulegen, eine freie Entscheidung von großer Tragweite, so ist der Entschluss heute, den *hijab* wieder anzulegen, gleichermaßen bedeutsam und gleichermaßen politisch.

Diese Frauen ziehen sich nicht in eine archaische Vergangenheit zurück und sie verspüren auch nicht den Wunsch, bescheiden zu Hause zu bleiben.

Die meisten von ihnen sind berufstätig, arbeiten als Ärztinnen, Lehrerinnen, Pharmazeutinnen oder Anwältinnen. Politisch gesehen sind sie Aktivistinnen – eine Art moslemische Schwesternschaft, ganz ähnlich der moslemischen Bruderschaft militanter männlicher Moslems, mit der sie jedoch nichts zu tun haben. Das Tragen islamischer Kleidung gibt diesen Frauen eher mehr denn weniger Freiheit und Mobilität, denn in dieser schmucklosen herben Tracht in Verbindung mit der Geisteshaltung, die dahinter steht, laufen sie wahrscheinlich weit weniger Gefahr, von ihren Familien streng überwacht zu werden.

Das Tragen des *hijab* kann eine Befreiung sein; es befreit die Frau davon, als Lustobjekt gesehen zu werden, es befreit sie aus der Fallgrube westlicher Kleidung und macht sie unabhängig vom Diktat westlicher Modeströmungen« (S. 42f).

Das Zeremoniell traditionellen weiblichen Verhaltens
»Wenn meine Großmutter väterlicherseits ihre Hausnachmittage veranstaltete, hatte ich reichlich Gelegenheit, das Zeremoniell traditionellen weiblichen Verhaltens zu beobachten. Das Muster war in armen und in bürgerlichen Haushalten gleich. Die Frauen trafen sich untereinander und genossen – befreit vom Druck ihres Haushaltes – ihre gegenseitige Gesellschaft. Der Morgen verging im Haus meiner Großmutter mit Vorbereitungen: Limonade wurde mit geraspelter Zitronenschale in großen Bottichen zubereitet; man stellte Schüsseln mit

Eiermilch zum Abkühlen in die dunkle Speisekammer und alles wurde blitzblank geputzt: Die Fußböden wurden gefegt und mit Wasser und Seife geschrubbt, die Kommoden abgestaubt und anschließend mit Öl eingerieben, damit die Intarsien gut zur Geltung kamen, und die Diwanbezüge kamen in die Wäsche und wurden neu gestärkt. Man stellte Schüsseln mit Zuckermandeln bereit und dachte auch an die *nargilehs* (Wasserpfeifen) für jene alten Damen, die rauchten und deren nörgelnde Ehemänner verstorben waren.

Die Frauen betraten das Haus durch die Haremstür. Im Schutz der für sie reservierten Zimmer legten sie sofort ihren *hijab* und die Straßenkleidung ab. Für den Rest des Tages war dieser Teil des Hauses für die Männer absolut tabu, so dass die Gäste sich voll entspannen konnten. Viele von ihnen trugen ihren Sonntagsstaat, hatten ihr Haar mit Brennscheren in Form gebracht und ihre Augen mit kohl (schwarze Schminke für die Wimpern) geschminkt. Auch ärmellose und dekolletierte Kleider fielen mir auf. Manche hatten ihre ledigen Töchter mitgebracht, da andere gekommen waren, um nach einer Frau für ihre unverheirateten Söhne Ausschau zu halten. Frisch Verlobte trugen – egal ob arm oder reich – ihren Verlobungsschmuck, auf dass jeder ihn bewundern konnte. Einige hatten eine Laute oder einen Tambourin mitgebracht, um die Gesellschaft zu unterhalten, während andere sangen, tanzten oder Geschichten erzählten. Die Frommeren hielten auch schon einmal einen religiösen Vortrag« (S. 38/39).

Vom Heiraten
»Heiratsabsprachen in moslemischen Gesellschaften bedeuten einfach, dass die Familien ihre Söhne und Töchter als mögliche Ehekandidaten einander vorstellen. Gewöhnlich sprechen die Mutter und die Schwestern des jungen Mannes bei der jungen Frau und ihren weiblichen Verwandten vor, um ein erstes Sondierungsgespräch zu führen. Wenn die Frauen einverstanden sind – und sie sind es, die diese Dinge letztlich de facto entscheiden –, werden der junge Mann und sein Vater zu einem zweiten Treffen eingeladen, um das Mädchen und den Rest der Familie kennen zu lernen. Wenn sich die beiden jungen Leute sympathisch finden, treffen die Eltern ein Arrangement, das dem jungen Paar die Gelegenheit geben soll, sich besser kennen zu lernen, sei es auf Familienausflügen, sei es bei Familienbesuchen oder auch bei anderen Gelegenheiten in Begleitung einer Anstandsdame. Solche Arrangements betreffen nicht nur die Mittelschicht, sie haben für die gesamte Gesellschaft Gültigkeit.

Ein moslemisches Mädchen kann nicht gegen seinen Willen zur Heirat gezwungen werden, obwohl man es – das hängt von der Familie ab und steht häufig in Zusammenhang mit finanziellen Schwierigkeiten – stark unter Druck setzen kann. Die Frau hat das Recht, jeden Partner, den die Familie für sie ausgesucht hat, abzulehnen. Vor der Trauungszeremonie muss der Mullah sie fragen, ob sie die Ehe aus freiem Willen eingeht, und er wird den Trauungsakt nicht eher vollziehen, bis er nicht davon überzeugt ist, dass das wirklich der Fall ist.

Wenn alles gut geht und das Paar wirklich den Wunsch hat zu heiraten, beginnen die Verhandlungen über den Ehevertrag, die gewöhnlich von den beiden Elternpaaren geführt werden. Bei diesen Verhandlungen geht es in erster Linie um die Mitgift, die der Ehemann der Frau zu zahlen hat, also genau anders herum, als es in nicht-moslemischen Kulturen üblich ist. Ich erinnere mich noch, wie überrascht ich war, als ich erfuhr, dass bei den Christen oder beispielsweise auch bei den Hindus die Frau ihrem Ehemann eine Mitgift mitbringt.

Die Mitgift besteht aus zwei Teilen: Der ›Vorschuss‹, der in der Mittelschicht im Allgemeinen aus Grundbesitz, Schmuck und Bargeld besteht, wird der Frau kurz vor dem Vollzug der Ehe übergeben, um ihr eine gewisse finanzielle Sicherheit und Unabhängigkeit zu garantieren. Die zweite Rate wird nur dann fällig, wenn der Ehemann sich von ihr scheiden lässt. Damit ist das Problem von Alimenten und Unterhaltszahlungen ein für alle Mal vom Tisch, so dass sich weitere Kontakte und Verhandlungen zwischen den geschiedenen Eheleuten erübrigen. Das Feilschen um die Mitgift zu Anfang ist deswegen von wesentlicher Bedeutung, da es über die gesamte finanzielle Zukunft der Frau entscheidet. Wenn man zu keiner Einigung kommt, wird nichts aus der Hochzeit« (S. 30).

Alle Zitate aus: Rana Kabbani, Offener Brief an die Christenheit, © 1991 Econ Verlag in der Ullstein Buchverlage GmbH, Berlin.

Namen und Namensgebung

Ein arabischer Sippenführer wurde gefragt: »Warum gebt ihr euren Sklaven die feinsten Namen wie Leuchter, Perle oder Der Gesegnete, aber euren Söhne die härtesten Namen wie Fels, Donner oder Der Bittere?« Der Sippenführer antwortete: »Die Namen unserer Sklaven sind für uns, aber die Namen unserer Söhne sind für unsere Feinde!«

Im Arabischen ist der Name mit der Person verbunden. Er soll auf eine oder mehrere Eigenschaften des Namensträgers hinweisen. Deshalb ist die Namensgebung in der arabischen Welt eine wichtige Angelegenheit und muss sorgfältig überlegt werden.

Zunächst ist der Name eine Ableitung der Wurzel des Wortes. Deshalb kann die Form des Namens sich ändern, aber die Bedeutung bleibt unverändert. Der Name des Propheten Muhammad stammt aus der Wurzel *hmd* und das bedeutet »loben«. Diese Bedeutung bleibt auch bei dem Namen Ahmad. Deshalb finden wir an vielen Stellen der arabischen Literatur den Namen Ahmad für den Propheten und nicht den erwarteten Namen Muhammad.

Wie bekommt ein neugeborenes Kind seinen Namen?
Nach den alten arabischen Sitten, die noch mit dem Stammesbewusstsein verbunden sind, gilt nach wie vor die Regel von den Sklaven und Söhnen. Die Mädchen bekommen normalerweise die Namen, die entweder mit der Ehre und Tradition der Sippe verbunden sind, wie Scharifa, die Ehrenvolle oder Kamila, die Vollständige.

Bei vielen Familien werden die Namen von bekannten oder beliebten Persönlichkeiten innerhalb oder außerhalb der Familie einfach übernommen. So kann ein neugeborenes Mädchen nach dem Namen der Urgroßtante oder -mutter genannt werden. Und genauso können die Söhne ihren Namen nach dem Namen des Onkels oder dem eines bekannten Dichters bekommen.

Die frommen Menschen versuchen mit Hilfe von zwei Methoden einen passenden Namen für ihr neugeborenes Kind zu finden.

Die erste Methode funktioniert mit dem Aufschlagen des Kurans. Man nimmt den Kuran zu sich und legte ihn ehrenvoll auf den schon aufgerollten Gebetsteppich. Nach einem kurzen Gebet bleibt man sitzen, ohne die Gebetsrichtung zu verändern, und nimmt den Kuran zu sich.

Mit geschlossenen Augen sagt man »Im Namen Gottes, des Erbarmers, des Barmherzigen« und schlägt irgendeine Kuranseite auf und liest. Der erste Name, der beim Lesen vorkommt, wird für das neugeborene Kind genommen.

Die zweite Methode ist die Namensgebung nach dem arabischen Sprichwort: »*Chairu-l-asmai ma hummide we ubbid.*« Das bedeutet sinngemäß:

Die besten Namen sind die, die mit Lob und Knechtschaft verbunden sind. Mit dem Lob meint man die Wurzel *hmd*, woraus der Name des Propheten abgeleitet ist. Und mit der Knechtschaft meinte man die göttliche Verehrung, also: Knecht Gottes. Deshalb sind die Namen mit der Wurzel *hmd* sehr häufig in der islamisch-arabischen Welt, z.B. Muhammad, Ahmad, Mahmud, Hamid, Hamdan usw. Die Namen, die göttliche Verehrung ausdrücken und erweisen sollen, bestehen immer aus zwei Wörtern. Das erste Wort '*Abd* bedeutet Knecht und das zweite Wort besteht aus dem arabischen Artikel *al* oder *el*, verbunden mit dem Wort Gott oder mit einem der »99 schönsten Namen Gottes«. Also: 'Abdullah – Knecht Gottes!

Islamische Namen
Die Verbindung zwischen den beiden Wörtern folgt grammatikalischen Regeln und kann sich daher nach der jeweiligen Stellung im Satzgefüge ändern. Namen wie 'Abdullah, 'Abdulilah, 'Abdulkadir oder 'Abdurrahman sind in der arabisch-islamischen Welt weit verbreitet.

Die Verbindung mit dem Wort »Knechtschaft« ist so ausgedehnt worden, dass die Verehrung nicht nur Gott, sondern auch seine Propheten umfasst. Deshalb finden wir die Namen 'Abdurrasul oder 'Abdulnabi (Rasul und Nabi bedeuten Gesandte Gottes). Die arabischen Christen verwenden den Namen 'Abdulmasih (Knecht des Messias).

Die Schiiten haben diese Möglichkeit der Namensgebung auf die Namen der Prophetenfamilie ausgedehnt. Deshalb sind die Namen wie 'Abdali, 'Abdulhassan, 'Abdulhussein oder 'Abdulzahra typische schiitische Namen.

Auch typisch schiitisch ist die Verbindung zwischen dem Namen des Propheten und einem Namen der zwölf Imame der Schiiten. So entstehen die Doppelnamen wie Mohammed Hassan, Mohammed Ali, Mohammed Mahdi usw.

Eine andere Art Namen ergibt sich aus der Kombination einer der Gotteseigenschaften (99 schönste Namen ...) verbunden mit dem Wort für Gott: Allah. Deshalb können wir Namen wie Nassurullah (Sieg Gottes) oder Rahmmatullah (Gnade Gottes) überall finden.

Es existieren auch Verbindungen mit dem Wort Religion (arabisch: Din), wie z.B. Nassurudin (Sieg der Religion) oder Sallahudin (Gültigkeit der Religion).

Arabische und islamische Namen können auch von bekannten oder besonderen Orten hergeleitet werden, wie z.B. Arafat, nach dem verehrten Arafat-Berg in Mekka, oder Furat, nach dem Fluss Euphrat. Dies sind die Männernamen.

Bei den Frauennamen verhält es sich analog zu den Männernamen. Diese werden also entweder aus der Wurzel *hmd* abgeleitet, wie Hamdiah oder Hamida, oder es handelt sich um die weiblichen Namen der Prophetenfamilie wie Aischa, Fatima oder Zaynab. Mädchen werden auch nach besonderen Frauen wie Miriam (Maria), Sara oder Hagar genannt.

Moderne weibliche und männliche Namen sind in der letzten Zeit häufiger geworden. Diese Namen sind aus anderen Kulturen übernommen worden und stehen mit der arabisch-islamischen Tradition nicht in Beziehungen, wie z.B. Susan oder Iskandar.

STERBEN UND TOD: RÜCKKEHR ZU GOTT

Der Glaube

Sure 56,60: »Wir haben für euch den Tod verhängt ...«. Gott selbst setzt für jeden Menschen den Zeitpunkt fest, an dem ein Mensch stirbt. Selbsttötung ist deshalb verboten: »... tötet euch nicht selber« (4,33).
Sure 32,11: »Sprich: Fortnehmen wird euch der Engel des Todes, der mit euch betraut ist. Dann werdet ihr zu eurem Herrn zurückkehren.« Der Todesengel, Muslime nennen ihn Izra'il, trennt die Seele vom Leib und geleitet sie zum Himmel, wo sie in einem ersten Gericht entweder Annahme erfährt oder ihr die Abweisung mitgeteilt wird. Die Seelen kehren ins Grab zurück, wo sie bis zum Endgericht verweilen. Die Wartezeit erscheint ihnen, »als hätten sie nur eine Stunde am Tag gesäumt« (10,46). Die einen erwartet am Jüngsten Tag dann ewige Glückseligkeit, »was aber die Gottlosen anbelangt – ihre Wohnung ist das Feuer« (32,20).

Nach anderer Tradition geschieht im Grab eine erste Glaubensbefragung aller Verstorbenen. Wer ihr Gott ist, wie ihr Prophet heißt, welches der Name ihrer Religion und welches die richtige Gebetsrichtung ist, werden sie gefragt. Und die Schiiten glauben, dass die Frage nach dem Imam Ali auch dazu gehört. Vom Ausgang dieser Befragung hängt es ab, ob die Verstorbenen bereits im Grab den Beginn der Qualen oder den friedlichen Schlummer zum Paradies hin erleben.

Die Riten

Dem oder der Sterbenden wird die Sure 36 vorgelesen. Diese Rezitation kann auch unmittelbar nach dem Ableben erfolgen.
    Die Beerdigung muss möglichst unmittelbar nach dem Tod stattfinden. Die Leiche wird zu Hause in einen offenen Sarg gelegt, mit einer Decke zugedeckt und in einen Waschraum gebracht. Solche Waschräume befinden sich meist in der Nähe der Friedhöfe. Nach dem Waschen wird die Leiche mit Eukalyptusöl eingeölt und in ein weißes Tuch (arab. *Kaffen*) gehüllt. Für Menschen, die in Mekka waren, wird das weiße Tuch aus der Hadsch (arab. *Libasulihram*) zum Leichentuch.
    Im offenen Sarg, zugedeckt mit einer Decke, wird der verstorbene Muslim, die verstorbene Muslima zum Friedhof gebracht. Dabei helfen alle Familienmitglieder, Nachbarn, Freunde, sogar zufällig anwesende Fremde mit. Alle tragen ein Stück weit den Sarg, denn das zu Grabe Tragen eines Verstorbenen wird von Gott als gute Tat angerechnet, so glauben die Muslime. Vor dem Grab spricht ein Imam das Totengebet, welches mit der Fatiha, der Sure 1, beginnt und auch verschiedene Hadithe beinhalten kann. Der Leichnam wird aus dem Sarg genommen und direkt auf den Boden des Grabes, auf seine rechte Körperseite, gelegt, so dass sein Gesicht nach Mekka schaut. Die Teilnehmer der Trauerfeier schaufeln dann das Grab zu.
    Nach den alten Traditionen der arabischen Halbinsel betrachtet man die Beerdigung der Toten als Aufgabe der Männer. Diese Traditionen sind bei den

meisten Muslimen auch heute noch lebendig. Deshalb nehmen Frauen an Beerdigungen nicht teil.

Kremation ist verboten.

Die Grablegung ist nicht der wichtigste Teil der Trauerfeier (*al-Azaa*), die vom Todestag bis zum Ende des dritten Tages danach dauert. Während dieser drei Tage haben haben Männer und Frauen des Ortes, Verwandte, Freunde und Bekannte der Toten und alle andere Menschen, die es wünschen, in nach Geschlechtern getrennten Gruppen, die Gelegenheit, ihr Beileid auszusprechen und der Familie in ihrer Trauer und Not beizustehen.

In vielen Fällen, besonders auf dem Lande, ist diese Trauerfeier mit Mittags- und Abendessen für die Gäste verbunden. In den großen Orten und Städten wird nur am dritten Tag ein Abendessen von der Familie der Verstorbenen angeboten.

Vierzig Tage später veranstaltet die Familie einen Trauerabend, an dem viel aus dem Kuran vorgelesen oder über die heiligen Märtyrer der islamischen Tradition (z.B. bei den Schiiten über den Tod des dritten Imams der Schia, al-Hussein bin Ali) gesprochen wird. Bei den Sunniten ist dieser Trauerabend mit *Dhikir* (Gesang) verbunden. Die Familie lädt die Gäste zum Abendessen ein.

Abb. 81: Friedhof auf dem Lande, Westanatolien

Friedhöfe

Viele Friedhöfe befinden sich in der Nähe des Grabes eines Heiligen oder an einem religiös bedeutenden Ort. Aber auch die kleinen und weit verstreut liegenden Dörfer haben ihre Friedhöfe, allerdings etwas außerhalb der Wohngebiete.

Friedhöfe gehören dem Staat. Der Boden ist Allgemeingut. Die Gräber werden durch die Vermittlung der Bestattungsunternehmen und der örtlichen Verwaltung gegen eine geringe Gebühr vergeben. Es gibt auch Familiengräber, und einige wohlhabende Familien kaufen sich ein Stück Land und bauen darauf ihren eigenen Friedhof.

Auf jedem Grab stehen zwei Steine; sie zeigen den Kopf und die Füße an. Der Kopfstein kann größer sein; darauf stehen der Name des oder der Verstor-

Abb. 82: Städtischer Friedhof, Nordsyrien

benen und darüber einige Kuranzitate. Der Raum zwischen Kopf- und Fußstein ist *haram* (s. S. 106). Er wird grundsätzlich nicht betreten oder überschritten.

Gräber werden nicht gepflegt, weil sie keine Pflege brauchen. Natürlich renovieren die Angehörigen verwitterte und beschädigte Gräber. Und nur auf modernen Friedhöfen gibt es Wärter, die für die allgemeine Pflege zuständig sind. Ihren Lohn erhalten sie von den Friedhofsbesuchern.

Wenn Muslime Gräber besuchen, bringen sie nichts mit. Sie kommen, um Kuranzitate vorzutragen und Gott darum zu bitten, dass der oder die Verstorbene in Gottes Händen und in Frieden ruhen möge.

Gärten und Höfe – Paradiese im Diesseits

Die Vorstellung vom Paradies ist dem gläubigen Muslim als Ziel seines irdischen Daseins allgegenwärtig. Im Kuran (13,35) heißt es dazu: »Das Paradies, das den Frommen versprochen ist, ist von Bächen durchströmt. Es enthält auf ewig Früchte und Nahrung und bietet immerwährend kühlen Schatten. Dies ist der Frommen Lohn. Der Lohn der Ungläubigen aber ist das Höllenfeuer.«

Das Paradies ist damit ganz allgemein die erwartete, vollkommene Welt, und Hinweise darauf finden sich in der islamischen Kultur fast überall: in den großen und prächtig ausgestatteten Moscheen, wo der Mihrab als mystisches Tor zum Paradies gedeutet werden kann, auf den Teppichen, deren Musterung sehr oft Ausschnitte aus Allahs unendlicher Blumenwiese darstellen, an Fliesenwänden, Türen und Fenstergittern, wo die Künstler als farbiges Fayence-Mosaik oder als holzgeschnitzte unendliche Arabeskenvariation eine abstrahierte Paradieslandschaft gestaltet haben.

Abb. 83: Die Gartenanlage und das Grabgebäude des Taj Mahal in Agra/Indien wurde als irdisches Abbild des Paradises geplant und gebaut.

Die islamische Kultur kennt aber auch sehr viele Versuche, das im Kuran beschriebene Paradies in recht konkreter Form schon hier im Diesseits Wirklichkeit werden zu lassen: in den Gärten, die zu den Palästen der Herrschenden gehören. Alle in Sure 13,35 beschriebenen Elemente des Paradieses finden sich dort regelmäßig wieder: das fließende oder sprudelnde Wasser, die ewig blühenden Blumen, Früchte tragende Gewächse und der kühle Schatten der

Bäume. Zwischen Delhi und Agra (der Stadt des Taj Mahal) in Indien und Granada (Park des Generalife) in Andalusien sind zahllose solcher Gärten bewusst nach der kuranischen Paradiesbeschreibung angelegt worden, allerdings stets nach dem im Kuran nicht ausdrücklich genannten Prinzip der Ordnung – vermutlich, weil eine göttliche Welt ohne Ordnung für Muslime einfach nicht denkbar ist. Das häufigste Ordnungsmuster dieser Paradiesgärten wird durch einen geraden Wasserlauf bestimmt, an dem sich Hecken, Blumenbeete und Baumgruppen orientieren.

Aber die muslimischen Paradiesvorstellungen werden nicht nur in diesen wundervollen Palastgärten konkret. Auch im kleinsten und bescheidensten Innenhof können sie lebendig werden. Wer je eine der glühenden, lebensfeindlichen Wüstenlandschaften erlebt hat, in denen die Glaubenswelt des Islam entstanden ist, dem werden die Paradieselemente Wasser, kühlender Schatten und blühende oder Frucht tragende Pflanzen als die Sehnsuchtsziele schlechthin verständlich sein. Eine blühende Bougainvillea, eine schattenspendende Palme oder das leise Plätschern eines Brunnens werden so zum Paradiessymbol.

Aus der Farbenlehre kennen wir die Wärmeempfindungen, die durch bestimmte Farbtöne erzeugt werden. Danach kann die Farbe des Paradieses niemals das mit der Feuerglut identische Rot-Orange sein, die wärmste Farbe, die wir kennen. Es ist vielmehr das kühle helle Blau-Grün, der Türkiston des Wassers, den man auch als die Farbe des Propheten bezeichnet. Zahllose Dorfmoscheen, Türen, Fensterläden, Kuppeln und sonstige Architekturteile sind in dieser Farbe bemalt und selbst in die trostlosesten und winzigsten Innenhöfe ärmerer Leute zaubert ein türkisgrüner Wandanstrich wenigstens den Hauch einer Ahnung vom Paradies.

Nach: Stefano Bianca, Hofhaus und Paradiesgarten, München 1991.

Garten der Ewigkeit (Paradies) – Dschannat al-Chuld

Muslime sprechen vom »ersten Leben« und meinen damit das irdische, von dem sie in schlichtem Zeremoniell Abschied nehmen und an das die einfachen Gräber auf den kargen Friedhöfen erinnern. Sie sprechen aber auch vom »zweiten Leben«, dem Leben im Paradies: »… der Garten der Ewigkeit, welcher den Gottesfürchtigen verheißen ward.«

Über 130-mal ist im Kuran vom Paradies die Rede, was zeigt, wie ungeheuer wichtig diese Vorstellung für den gläubigen Muslim ist.

Wie der Kuran das erste, irdische Leben beurteilt, zeigt eindrücklich folgender Kuran-Vers: »… das Gleichnis des irdischen Lebens ist nur wie das Wasser, das wir (Gott) von dem Himmel hinabsenden; und es wird aufgenommen vom Gewächs der Erde, von dem Menschen und Vieh sich nähren, bis dass, wenn die Erde empfangen und sich geputzt hat und ihre Bewohner glauben, sie hätten Macht über sie, dann kommt zu ihr unser Befehl in der Nacht oder am Tag und wir machen sie abgemäht, gleich als ob sie gestern nicht reich gewesen. Also machen wir die Zeichen klar für ein nachdenkendes Volk« (10,24).

Was erwartet die Menschen aber im zweiten Leben? »Allah lädt ein zur Wohnung des Friedens« (10,25). »… sie werden ewig darinnen verweilen« (10,26).

Und wer das ist, der den Zugang zur »Wohnung des Friedens« erlangt, bringt 10,26 auf die einfache Formel: »Denen, die Gutes taten, wird Gutes und noch mehr«.

Dieses »Noch mehr« ist Gottes Wohlgefallen, das höchste Glück, das Menschen erwartet (9,72).

Bei diesen Aussagen bleibt es nicht. »Was die Seele begehrt und was für die Augen eine Wonne ist«, kommt da im Paradies auf die Menschen zu. Diese Wonnen schildert der Kuran in üppigen Farben. Es sind typische Wunschvorstellungen von Beduinen der arabischen Wüste, denn der geschützte Garten (manche Stellen reden von zwei, andere von mehreren Gärten) mit reichlich sprudelnden Quellen, nie austrocknenden Bächen und mächtigen, Schatten spendenden Bäumen bedeutet für diese Menschen unerreichbares Glück. Es sind aber auch sehr männliche Phantasien. Denn in diesen Gärten »... sind keusch blickende Mädchen, die weder ein Mensch noch ein Dschan zuvor berührte« (55,56).

Und: »Auf durchwobenen Polstern sich lehnend, einander gegenüber. Die Runde machen bei ihnen unsterbliche Knaben mit Humpen und Eimern und einem Becher .... nicht sollen sie Kopfschmerz von ihm haben und nicht das Bewusstsein verlieren. Erlesene Früchte und Fleisch von Geflügel, wie sie's begehren, und großäugigen Huris gleich verborgenen Perlen als Lohn für ihr Tun« (56,15–24).

Das Getränk des Paradieses ist der auf der Erde verbotene Wein. Hier fließen »Bäche von Wein, köstlich den Trinkenden« (47,15).

Für die große Menge der Gläubigen sind das nicht Bilder, Gleichnisse oder Metaphern für das zweite Leben. Alles wird, wie im Kuran geschildert, konkret erwartet. Denn über das Haus des Islam ist nicht, wie über das christliche Abendland im 18. Jahrhundert, eine allgemeine philosophisch-theologische Aufklärung gekommen. Auch mussten die muslimische Theologie und der muslimische Glaube sich nie einer Kritik im feuerbachschen Sinne oder Entdeckungen wie denen Sigmund Freuds stellen. Das reinigende Feuer einer solchen Kritik aus dem eigenen Kulturkreis kennt der Islam nicht.

Arabisches Sprichwort: Wasser – Grün – schönes Gesicht – das Paradies!

Aufgaben:
- Erarbeiten Sie die biblischen Traditionen vom Paradies, Garten Eden und die damit eng verbundenen Vorstellungen vom Reich Gottes.
- Vergleichen Sie kuranische und biblische Traditionen vom Paradies.
- Erstellen Sie Referate zu Feuerbachs und/oder Freuds Religionskritik.
- Wenden Sie die erarbeiteten Thesen Feuerbachs oder Freuds auf die muslimischen Paradiesvorstellungen an.

ISLAMISCHE STAATEN HEUTE

Die Staaten, die sich zum »Haus des Islam« rechnen, bilden ebensowenig einen monolithischen Block wie die Länder, die sich der westlichen Welt zugehörig fühlen, auch wenn in bekannten Büchern wie Samuel Huntingtons »Clash of Civilisations« immer wieder dieser Eindruck erweckt wird. Durch die seit Jahren andauernden politischen Spannungen im Nahen Osten sind die dortigen Staaten allerdings in besonderem Maße ins Blickfeld der Weltöffentlichkeit gerückt und lassen vergessen, dass die große Mehrheit der heutigen Muslime in Ländern wie Pakistan, Indonesien oder Malaysia lebt, in Ländern also, deren Bevölkerung und Geschichte sich erheblich von den Gegebenheiten der Ursprungsländer des Islam unterscheiden. Um sich ein einigermaßen zutreffendes Bild von den politischen Verhältnissen im »Haus des Islam« zu machen, ist es also notwendig, die dazugehörigen Länder oder Ländergruppen differenzierter zu betrachten.

Die arabischen Staaten

Der ägyptische Islamwissenschaftler Nasr Abu Zaid schreibt über den gegenwärtigen Zustand der arabischen Staaten: »Alle Regime der arabischen Welt sind nach einem Militärputsch an die Macht gekommen oder durch Vererbung. Kein einziges System ist demokratisch ... auch dort, wo man von Demokratie spricht, ist es bloß eine Farce, denn die Wahlen sind nicht frei, die Parteien nicht gleichberechtigt ...«

Für den Mangel an echter Demokratie in den arabischen Staaten gibt es vielerlei historische, kulturelle und wirtschaftliche Gründe, aber in den Augen der meisten Menschen zwischen Marokko und dem persischen Golf sind die Ursachen vor allem politischer Art:

1. Die westlichen Regierungen, insbesondere die Weltmacht USA, geben zwar vor, mit ihrer Politik im Dienste der Demokratie zu handeln, aber wenn es ihren Interessen widerspricht, missachten sie demokratisch zustandegekommene Regierungskonstellationen. Zum Beispiel die Ablehnung der algerischen FIS durch Frankreich oder der palästinensischen Hamas durch die USA und die EU-Staaten. Zugleich unterhalten sie beste Beziehungen zu Regimen mit zweifelhafter oder gar keiner demokratischer Legitimation (Ägypten, Saudi-Arabien, Kuwait).
2. Die radikalislamischen Fundamentalisten und deren Terrororganisationen betrachten die Demokratie als eine rein westlich-materialistische Gesellschaftsform, die mit den Grundsätzen der von ihnen propagierten Version des Islam unvereinbar ist. Sie bekämpfen daher demokratische Entwicklungen jeder Art sowohl mit den Methoden politischer Propaganda als auch mit Terror bis hin zum Bürgerkrieg.
3. Zu diesen beiden für die meisten arabischen Bürger offenkundigen Demokratiehemmnissen kommt ein drittes Hindernis hinzu, das nur wenigen bewusst ist: der Mangel an demokratischer Tradition und Identifikation mit dem Staat. Fast alle arabischen Länder haben erst seit wenig mehr als vier oder fünf Jahrzehnten ihre volle politische Souveränität. In manchen

sind die alten Stammesstrukturen daher noch stärker ausgeprägt als die Orientierung auf den gemeinsamen Staat (z.B. Jemen), in anderen sind die hierarchischen Strukturen der Gesellschaft noch so stark, dass sich manche Bürger durch ihre Herkunft bevorrechtigt, andere dagegen für unfähig halten, an den Staatsgeschicken aktiv mitzuwirken (z.B. Ägypten, Maghreb-Staaten).
4. Schließlich ist die massive Bevormundung durch religiöse Fanatiker (z.B. die Wahabiten und Salafiten in Saudi-Arabien oder die Muslimbrüder in Ägypten) nicht förderlich für ein selbstverantwortliches Denken und Handeln der Menschen.

Dennoch kann man überall beobachten, dass die internationalen Medien ein rasch wachsendes, islamisch-bürgerlich-arabisches Selbstbewusstsein fördern. Inwieweit dieses in der Lage ist, sich auch gegen die fundamentalistischen Tendenzen durchzusetzen oder ob es ihnen letztendlich zum Opfer fällt, wird u.a. auch von der Haltung der westlichen Welt abhängen und bleibt somit abzuwarten.

Über die arabischen Staaten
Zu der gegenwärtigen politischen Situation in der arabischen Welt äußert sich Nasr Abu Zaid in seinem Buch »Ein Leben mit dem Islam«.

»Wir haben ein geistiges Problem in unseren Ländern: Das Prinzip der Pluralität muss in der politischen Kultur neu etabliert werden, das Bestehenlassen der Differenz. Die Demokratie als Konzept hat sich im öffentlichen Bewusstsein noch nicht durchgesetzt, schon gar nicht im Bewusstsein der Eliten. Wäre dies der Fall, könnte unsere Gesellschaft auch eine Herrschaft der Islamisten ertragen – falls sie von der Mehrheit gewollt wird und die Möglichkeit ihrer Abwahl besteht. Der Sieg der Islamisten in Algerien wäre in der Tat gefährlich gewesen, weil die Demokratie noch nicht gefestigt war. Aber er hätte auch eine Chance geboten, die Demokratie zu lernen, politischen Widerstand zu organisieren, Formen der friedlichen Auseinandersetzung zu finden. Schlimmer, blutiger als das, was nach dem Militärputsch über die algerische Bevölkerung hereingebrochen ist, hätte es nicht kommen können. Um sich mit dem Islamismus auseinanderzusetzen und ihm zu begegnen, bedarf es nicht der Gewalt, sondern im Gegenteil mehr Freiheit, Offenheit und Demokratie. Wenn die Demokratie existiert, wenn sie wirklich in den Köpfen der Beteiligten verankert worden ist, wird der Islamismus an seine natürlichen Grenzen stoßen. Die Menschen würden ihm diese Grenzen aufzeigen. Die algerische Lösung ist eine Gewaltlösung, die nicht funktionieren kann.

Das Verbrechen besteht darin, dass die Intellektuellen – und hier spreche ich nicht von den Politikern oder Militärs, sondern von allen Intellektuellen, eingeschlossen mich selbst – sich selbst als die Väter der Völker betrachten. Das ist das wirkliche Verbrechen. Wir sollen uns nicht als Vormund des Volkes aufspielen, wir sind dessen Diener. Nasr Abu Zaid, Louis Awad, Gaber Usfur und wie sie alle heißen, sind keine Autoritäten. Wir sind Angestellte wie jeder Straßenkehrer. Wenn der Straßenkehrer seine Arbeit gut verrichtet, dann ist er besser als wir, falls wir unsere Arbeit schlecht gemacht haben. Wir aber reden die ganze Zeit, als seien wir der Vormund des Volkes. Die Politiker, die Theologen und die Militärs sehen sich ebenfalls so. Der ganze politische Diskurs in der arabischen Welt ist ein Diskurs der Bevormundung, als wären unsere Völker zur Demokratie nicht fähig.

> Alle Regime der arabischen Welt sind nach einem Militärputsch an die Macht gekommen oder durch Vererbung. Kein einziges System ist demokratisch, die meisten Führer sind Monarchen wie König Hassan oder Militärs wie Nasser, Sadat und Mubarak. Auch die Demokratie in Ägypten ist bloß eine Farce – die Wahlen sind nicht frei, die Parteien nicht gleichberechtigt ...«

Nasr Hamid Abu Zaid, Ein Leben für den Islam, Herder Verlag, Freiburg 1999, S. 64–66.

Die Türkei

Zur Geschichte

Als langjähriges Mitglied der NATO und als Beitrittskandidat zur EU nimmt die Türkei unter den islamischen Staaten nicht erst in jüngster Zeit eine Sonderstellung ein. Schon die osmanischen Sultane in Istanbul haben sich nicht nur als »Beherrscher der Gläubigen«, sondern wegen ihrer Herrschaft über den Balkan auch als Mitglieder der europäischen Mächte gesehen, und ihre wichtigsten Verbündeten waren dort spätestens ab dem 19. Jahrhundert die preußischen Könige und später die deutschen Kaiser. Erst der Zerfall dieses Riesenreiches als Folge des Ersten Weltkrieges hat die Türkei in der heutigen Form hervorgebracht und jene Kräfte freigesetzt, die aus der rückständigen islamischen Gesellschaft innerhalb weniger Jahrzehnte einen modernen laiizistischen Staat nach europäischem Muster geformt haben.

Geistiger Vater und energischer Verwirklicher dieser neuen Staatsidee war Mustafa Kemal Pascha (1880–1938), genannt *Atatürk* (Vater der Türken), ein erfolgreicher General aus dem Ersten Weltkrieg. Die wichtigsten seiner Reformen waren:

☐ Abschaffung des Kalifats, der religiösen Gerichtshöfe und Ausbildungsstätten
☐ strikte Trennung von Staat und Religion (Säkularismus)
☐ 1926 Ersatz der Scharia durch europäische Gesetzgebung, Einführung des Frauenstimmrechts, der Einehe und des europäischen Kalenders
☐ Einführung der lateinischen Schrift
☐ Einführung der europäischen Maßsysteme

Während ein sehr großer Teil der Türken diese Politik noch immer stürmisch begrüßt und alles unternimmt, die Türkei »europafähig« zu machen, sind dennoch einige Probleme der alten Türkei bis heute unbewältigt geblieben. Hier die wichtigsten:

Das Nationalitätenproblem

Seine Wurzeln reichen weit in die osmanische Ära zurück, wo sich sowohl die Araber im Süden wie die Balkanvölker im Norden gegen die türkische Dominanz gewehrt haben. Auch mit den Kurden im türkisch-persisch-irakisch-syrischen Grenzgebiet, vor allem aber mit den christlichen Armeniern im Land um den Ararat war es immer wieder zu Spannungen gekommen. Durch Russland im Ersten Weltkrieg instrumentalisiert, mündeten diese Spannungen 1915 in jene schrecklichen Massendeportationen und Massenmorde, die das Verhältnis der Türkei zu Europa bis heute belasten.

Obwohl es der modernen türkischen Gesellschaft weitgehend geglückt ist, aus sehr verschiedenen Volksgruppen wie Tscherkessen, Lasen, Arabern, Türken, Juden, den verbliebenen Griechen und anderen ein einigermaßen einheitliches Staatsvolk zu formen, ist die Integration großer Teile der Kurden nicht gelungen. Mit Maßnahmen wie dem Verbot der kurdischen Sprache und kurdischer Lebensformen hatte die türkische Regierung diesen Prozess lange Zeit gewaltsam durchzusetzen versucht und damit den kurdischen Widerstand erst richtig provoziert.

Das Gesellschaftsproblem
Mit dem Ziel, Mitgliedsland der EU zu werden, hat die Türkei in den letzten Jahrzehnten beispiellose Anstrengungen zur Industrialisierung und Modernisierung der bis dahin vorwiegend landwirtschaftlich geprägten Gesellschaft unternommen. Inwieweit es dabei zugleich auch gelungen ist, die damit einhergehenden enormen sozialen Probleme und Spannungen zu meistern, bleibt vorerst noch ungeklärt.

Das Religions- und Kulturproblem
Der rasante Europäisierungsprozess der türkischen Wirtschaft und Gesellschaft hat auch im kulturellen Bereich zu vielerlei Formen der Verwestlichung geführt und damit zugleich zu einer Identitätskrise bei der Hauptmasse der Bevölkerung, die ihre kulturelle Heimat noch immer im Haus des Islam sieht.

Bei der Umwandlung der Türkei in einen modernen laiizistischen Staat hatte man sich vor allem darauf konzentriert, das Gewicht der islamischen Religion drastisch zu verringern und dabei die Chance verpasst, dieser in Formalismen erstarrten Religion selbst mit neuen Impulsen zu einer inneren Reform zu verhelfen. So trägt die als Reaktion auf allzuviel Westliches rasch wachsende Reislamisierung sehr oft die Züge eines fundamentalistischen Islam – obwohl die Türkei im Gegensatz zu den meisten anderen Staaten im »Haus des Islam« mit dem »Präsidium für Religionsangelegenheiten« über eine eigene Behörde zur Kontrolle der Religionspraxis im Lande verfügt. Der größte Teil der türkischen Gesellschaft vertritt jedenfalls bis heute noch immer einen weltoffenen und toleranten Islam, aber ob dies so bleiben wird, dürfte weniger von dieser Kontrolleinrichtung abhängen als von anderen Entwicklungen, nicht zuletzt von der Haltung der westlichen Welt.

> **Aufgabe:**
> Informieren Sie sich über die aktuelle Situation in der Türkei, zum Beispiel die Wiedereinführung der Erlaubnis zum Tragen des Kopftuchs an Universitäten. – Quelle: Bundeszentrale für politische Bildung.

Der Iran

Geschichte
Die Überzeugung, das »Haus des Islam« mit dem Erbe einer uralten stolzen und weit ausstrahlenden Kultur bereichert zu haben, prägt das Bewusstsein der meisten Iraner bis heute. Die Erinnerung an das Weltreich der Achämeniden, an die Dynastien der Parther oder Sassaniden als erfolgreiche Widersacher des römischen Imperiums, lässt in ihren Augen die persische

Geschichte in weit hellerem Glanz erstrahlen als die der beduinischen Araber, auch wenn diese ihnen dank ihrer militärischen Überlegenheit die Religion des Islam gebracht haben.

Die lokalen Herrscher der Perser standen schon sehr bald in Opposition zum arabischen Kalifat des sunnitischen Islam und waren somit auch für schiitische Strömungen besonders empfänglich. Die aus einem Sufi-Orden hervorgegangene Dynastie der Safawiden machte den schiitischen Islam zu Beginn des 16. Jahrhunderts zur Staatsreligion und verteidigte die persische Selbstständigkeit mit Erfolg gegen den Imperialismus der sunnitischen Osmanen.

Dem Imperialismus der europäischen Großmächte war das Persien des 19. Jahrhunderts jedoch nicht gewachsen, und so geriet der Norden des Landes unter den Einfluss der Russen, der ölreiche Süden unter den der Engländer. Das Streben nach politischer Unabhängigkeit und Modernisierung von Staat und Gesellschaft durch die 1925 über einen Militärputsch an die Macht gekommene Dynastie der Pahlevis zeigte aber erst unter dem ab 1941 regierenden Mohammed Reza Schah II. erste Erfolge. Ähnlich wie Atatürk versuchte auch er eine radikale Europäisierung durch die Verwestlichung aller Lebensbereiche, insbesondere durch das Zurückdrängen von Religion und geistlicher Führungselite. Der unsensible Umgang mit Macht und Reichtum, vor allem aber die grobe Missachtung von Menschenrechten und die Verletzung althergebrachter islamischer Rechtsnormen brachte das persische Volk ab der Mitte der 70er Jahre so gegen den Schah auf, dass es 1979 zur offenen Revolte kam, die der aus dem Exil zurückgekehrte charismatische Ayatollah Khomeini in eine islamische Revolution umlenkte.

Gegenwart
Die seit 1979 bestehende islamische Republik Iran zeigt mit ihrem absolutistischen Mullah-Regime einen sehr rigorosen Islam, dessen Regeln vor allem formalistisch instrumentalisiert sind, um die Macht seiner Repräsentanten zu erhalten. Trotz gewaltiger Propaganda und Meinungsüberwachung ist dieser Gottesstaat sowohl bei der eigenen Bevölkerungsmehrheit als auch bei den islamischen Bruderstaaten unbeliebt geblieben. Mit seiner massiven Unterstützung radikaler Palästinenserorganisationen und seiner betont Israel- und USA-feindlichen Politik versucht das Mullah-Regime dennoch seit langem eine Führungsrolle in der islamischen Welt zu übernehmen. Die in jüngster Zeit von einer zivilen islamistischen Regierung forcierte iranische Atompolitik und die damit verbundene Reaktion des Westens dient unter anderem der Reaktivierung eines unter den Mullahs etwas erschlafften persischen Nationalstolzes.

Pakistan

Geschichte
Mit den arabischen Eroberungsfeldzügen und der damit verbundenen ersten Islamisierung Nordindiens begann ab dem 8. Jahrhundert die Zeit der bis heute andauernden, zuweilen kriegerischen Auseinandersetzungen zwischen Hindus und Muslimen. Zumindest in der Zeit der Mogulkaiser war Indien dabei ein wenigstens ebenso strahlendes Zentrum islamischer Kultur wie das Reich der Osmanen im vorderen Orient. Prächtige Bauwerke in Delhi, Agra, Lahore oder Multan zeugen noch heute von dieser Glanzepoche.

Unter der englischen Kolonialherrschaft zeitweise zurückgedrängt, flammten die Konflikte zwischen Hindus und Moslems beim Abzug der Engländer wieder auf und führten 1947 zur Gründung der von vielen indischen Muslimen seit langem geforderten selbständigen Islamischen Republik Pakistan (derzeit ca. 170 Millionen Einwohner) im Nordwesten des indischen Subkontinents. Das ursprünglich damit vereinigte muslimische Bengalen im indischen Nordosten (derzeit ca. 150 Millionen Einwohner) wurde 1971 unter dem Namen *Bangla Desch* ein selbständiger Staat.

Trotz sehr inhomogener Bevölkerung und Fortbestehens alter Stammesstrukturen, trotz erheblicher Belastungen durch die Kriege im benachbarten Afghanistan, trotz zuweilen ernster politischer Krisen und z.T. enormer wirtschaftlicher Probleme hatte sich in Pakistan bis Ende der 80er Jahre eine stabile Demokratie etabliert, die sich seitdem jedoch zu einer Militärdiktatur gewandelt hat.

Gegenwart
Neben den für Pakistan typischen islamischen Mystikern und gemäßigten Muslimen waren hier von Anfang an auch Islamisten wie *Abu l-Ala al Mawdudi* aktiv, denen die Wiederherstellung einer übernationalen islamischen Gemeinschaft nach dem Vorbild der Urgemeinde in Medina vorschwebte. Die von Mawdudi schon 1941 gegründete revolutionäre Organisation *Djamaat-i-islami* nahm damit Ideen der schon früher entstandenen ägyptischen Moslembruderschaft auf. Mit massiver personeller und finanzieller Unterstützung der ideologisch gleichgesinnten Wahabiten aus Saudi-Arabien entstand daraus im Pakistan der 90-er Jahre die Bewegung der Taliban, die nicht nur die Verhältnisse in Afghanistan entscheidend verändert haben, sondern auch für Pakistan zu einer potentiellen Gafahr geworden sind. Auch hier wird die Haltung des Westens einen Einfluss darauf haben, ob es den gemäßigten islamisch-demokratischen Kräften gelingt, sich gegen den Fundamentalismus zu behaupten.

Indonesien

Obwohl in Indonesien mit insgesamt rund 240 Millionen Einwohnern weit mehr Muslime leben (derzeit ca. 192 Millionen) als in allen arabischen Ländern zwischen Marokko und Oman zusammen, denkt man kaum an diesen Staat in Südostasien, wenn von islamischen Ländern die Rede ist. Das hat damit zu tun, dass sich indonesische Muslime bislang nur selten in der von den Nahostkonflikten belasteten Auseinandersetzung zwischen abendländisch-westlicher und islamischer Kultur zu Wort gemeldet haben – abgesehen von einigen terroristischen Aktionen auf der Ferieninsel Bali. Allerdings darf man nicht unbedingt davon ausgehen, dass dies so bleiben wird.

Geschichte und Gegenwart
Entstanden ist der heutige Staat Indonesien nach dem Zweiten Weltkrieg aus dem über den ganzen Inselarchipel zwischen Sumatra und Celebes (Sulawesi) ausgedehnten niederländischen Kolonialreich. Über die seit Jahrhunderten bestehenden Handelsbeziehungen mit den Arabern kam es zur Islamisierung, der nur die Inseln Bali und Westlombok widerstanden. Die im Vergleich zu anderen islamischen Ländern sehr undogmatische und offene Form des indo-

nesischen Islam ist vor allem auf die Missionierung durch den dem Sufitum nahe stehenden, hochverehrten *Wali Songo* zu verdanken, dem trotz strikter Ausrichtung am Kuran das Verbindende mit anderen Religionen und Kulturen wichtiger war als das Trennende. Für die extrem inhomogene Bevölkerungsstruktur war dieser Islam in besonderer Weise angemessen und hat sich daher bis heute erhalten.

Die offiziell an europäischen Vorbildern orientierte Demokratie zeigt allerdings sehr zentralistische Tendenzen mit einer klaren Ausrichtung nach islamischen Werten. Die radikalislamistische Partei FPI konnte in Indonesien jedoch noch kaum an Boden gewinnen, sodass religiös begründete Auseinandersetzungen mit Nichtmuslimen (z.B. auf Sulawesi und den Molukken) bislang lokal begrenzte Ausnahmen geblieben sind. Man kann den indonesischen Islam daher bis heute als Beispiel dafür werten, dass das spannungsfreie Zusammenleben von Muslimen mit Angehörigen anderer Religions- und Kulturtraditionen wie Buddhisten, Hindus, Christen oder Anhängern von Naturreligionen möglich ist.

Juden und Christen in islamischen Staaten

Respekt und Anerkennung im Kuran

Die prinzipielle Haltung des Islam gegenüber den Religionen Judentum und Christentum, den »Leuten des Buches«, beschreibt der Kuran mit den Worten: »Diejenigen, die glauben und diejenigen, die Juden sind und die Christen …, alle die, die an Gott und den Jüngsten Tag glauben und Gutes tun, erhalten ihren Lohn bei ihrem Herrn, sie haben nichts zu befürchten und sie werden nicht traurig sein« (2,62).

Es ist die Haltung des Respekts und der Anerkennung. Alles andere entspricht nicht dem Sinn und Inhalt der islamischen Botschaft.

Wahre Gründe des Konfliks

Medien verbreiten aber immer häufiger Nachrichten über brutales Vorgehen gegen jüdische und christliche Minderheiten in islamischen Ländern; in den letzten Jahren vor allem aus Indonesien, Pakistan, Nigeria, dem Sudan und leider auch aus der Gegend um Bagdad.

Wieso kommt es zu dieser Gewalt? Die objektive Betrachtung des Sachverhalts zeigte uns, dass es keinen Zusammenhang zwischen diesen Maßnahmen und dem Inhalt des Kurans geben kann. Wenn man diese Taten sachlich beurteilt, so muss man sie als anti-islamisch einordnen, weil sie im totalen Widerspruch zur kuranischen Botschaft stehen. Wo liegen aber dann die wahren Gründe dieser Konflikte?

1. Die Religion wird von den Diktaturen instrumentalisiert. Sie versuchen durch die Spaltung der Gesellschaften in Muslime und Nichtmuslime – oder Gläubige und Nichtgläubige – den Widerstand gegen ihre Macht zu schwächen.
2. In vielen dieser Staaten ist die kulturelle und soziale Situation großer Bevölkerungsteile hoffnungslos. Die Mehrheit der Menschen leidet sowohl unter der politischen als auch der sozialen Unterdrückung und Vernachlässigung durch die politischen Systeme. Sie lebt nur von der Hoffnung, eines Tages gerettet zu werden, aber die meisten Menschen resignieren.

Islamisten versuchen die Resignation der Menschen auszunutzen, indem sie die Religion als Retter in ihren politischen Programmen propagieren. So wird alles, was nicht islamisch ist, zum Feind und entsprechend diffamiert und bekämpft.

Muslime und Juden
In den meisten muslimischen Ländern gab es große jüdische Bevölkerungsanteile. Von Anfang an lebten und arbeiteten die Menschen wie selbstverständlich zusammen. So konnten sich bedeutende jüdische Kulturzentren entwickeln, oder sie durften fortbestehen wie im Zweistromland, im Jemen oder in Marokko.

Aber in allen Staaten waren die höchsten Herrschaftspositionen Muslimen vorbehalten. Diese standen Christen und Juden gleichermaßen nicht offen; der Irak (vor 1948) und Ägypten bilden da eine Ausnahme. Es kam auch zu Konflikten und es gab Ausschreitungen gegen jüdische Gemeinden und ungerechte Bestrafungen – auch bedeutender Persönlichkeiten. Von systematischen Verfolgungen, Vertreibungen und Vernichtung, wie wir sie aus dem christlichen Abendland kennen, muss in der Geschichtsschreibung dieser Länder aber nicht berichtet werden. Und dennoch gibt es dort (bis auf die wenigen Ausnahmen Türkei, Syrien und Iran) fast keine Juden und jüdischen Gemeinden mehr.

Es blieb dem 20. Jahrhundert vorbehalten, auch dieses respektvolle Miteinander zu zerstören.

Literatur:
Eli Amir, Der Taubenzüchter von Bagdad, München/Wien 1998. Spannend, viel Autobiographisches und vor allem authentisch!

Der politische Islam: Islamismus

Die politischen Bewegungen und Systeme haben für die Probleme der Menschen in den muslimischen Ländern keine Lösungen gefunden. Ob die Politisch-Religiösen wirklich irgend etwas zum Positiven hin bewegen können, ist zweifelhaft. Sie gehen davon aus, dass die Rückkehr zur wahren Religion die Lösung aller gesellschaftlichen Probleme bescheren würde. Obwohl alle diese Bewegungen sich auf den Islam berufen, entdeckt man bei ihnen erhebliche Differenzen, vor allem bei dem, was sie für die »wahre Religion« halten.

Geschichte

Historisch gesehen lassen sich alle politisch-religiösen Bewegungen und Organisationen auf die »Moslemischen Brüder« zurückführen, die Hassan al-Banna (1906–1949) im Jahre 1928 in Ägypten gegründet hatte. Die zweitwichtigste Bewegung wurde von Abu-l-'ala al-mawdudi (1903–1978) in Pakistan Anfang der 40-er Jahre des 20. Jahrhunderts ins Leben gerufen. Ihr Name ist: Djamaat-i-islami. Deren Vorstellungen wurden dann in Ägypten vom wichtigsten Verfechter des politischen Islam aufgenommen: von Sajid Qutub (1906–1966). Sajid Qutub war *der* Denker des politischen Islam. Seine Ideen haben alle politisch-religiösen Bewegungen maßgeblich bestimmt. Nach dem Tode Qutubs – er wurde 1966 zum Tode verurteilt und hingerichtet – gab es für lange Zeit keine Impulse mehr für den politisch-religiösen Islam. Erst nach dem Sieg der islamischen Revolution im Iran bekamen die Islamisten neue Unterstützung durch Khomeini und seine Mitstreiter.

Alle islamischen Kämpfer erhielten oder erhalten also Hilfe vom Iran und/oder von verschiedenen anderen Seiten, und die Art der Unterstützung lässt keinen Zweifel daran aufkommen, dass dahinter politische und wirtschaftliche Ziele stecken.

Ziele der Islamisten

Die Islamisten sind in zahllose Organisationen und Gruppen zersplittert, deren Ziel sich kaum auf einen gemeinsamen Nenner bringen lassen. Zur groben Orientierung empfiehlt es sich, zwischen denjenigen Gruppierungen, die konkrete, positive Reformen im islamischen Sinne fordern, und solchen, die sich auf eine bloße Anti-Haltung insbesondere gegen alles »Westliche« beschränken, zu unterscheiden:

Gegen wen wenden sich Islamisten?

Erstens gegen alle Andersdenkende, auch wenn diese ihre Aktivitäten selbst vom Islam her begründen.

Die politischen Bewegungen und Parteien betrachten sie als Feinde, die man mit allen Mitteln bekämpfen muss, weil sie nur unislamische Ideen verbreiten wie Demokratie, allgemeines Wahlrecht, Zivilisation, Freiheit in der Lebensgestaltung oder Religionsfreiheit. Unislamische Systeme wie Kapitalismus oder Sozialismus würden gefördert. Demgegenüber stellen sich die islamistischen Gruppierungen mit ihren radikalen Ideen als Retter der Gesellschaft dar.

Der Kampf gegen die USA und ihre Verbündeten im Westen ist der hervorstechende Zug in der politischen Ideologie der Islamisten. Er begründet sich ihrer Meinung nach damit, dass die USA und deren westliche »Helfer« immer jene Regierungen muslimischer Staaten unterstützt hätten, die die Armen im eigenen Lande besonders benachteiligen und zugleich den Wirtschaftsinteressen der USA und des Westens vor allem im Hinblick auf das Erdöl willfährig nachgaben. Kurzum: dass sie sich mit Hilfe von Nichtmuslimen auf Kosten des eigenen Volkes bereicherten. Dies hat islamistische Gruppen aber nicht davon abgehalten, mit den USA Waffengeschäfte zu machen oder sich mit Waffenlieferungen helfen zu lassen, wie es in großem Umfang in Afghanistan während der Zeit des Krieges mit der ehemaligen Sowjetunion geschah. Bin Ladin erhielt damals von US-Instruktoren seine Grundausbildung in dem »Geschäft«, mit dem er bis heute die Welt bedroht.

Zweitens wendet sich der Hass der Islamisten gegen Israel. Die Araber sehen Israel mit anderen Augen an, als wir es tun. Sie empfinden die Politik Israels als eine andauernde Demütigung. Denn von den beiden Hauptpunkten des Abkommens von Camp David, 1978 durch Vermittlung des damaligen Präsidenten J. Carter zustande gekommen, ist zwar der erste Teil erfüllt, ein Friedensvertrag mit Ägypten existiert. Aber das Palästinaproblem, vor allem die Jerusalemfrage, schmerzten wie eine offene Wunde. Und es gibt für die Araber auch nicht den geringsten Hoffnungsschimmer. So denken und fühlen fast alle Araber. Sie unterscheiden sich aber dennnoch von den Islamisten in ihren Reihen, weil diese den Staat Israel nicht anerkennen, nicht mit ihm oder über ihn weiter verhandeln wollen, wie z.B. Jassir Arafat es tat oder Husni Mubarak, Ägyptens Präsident, es noch tut. Die Politisch-Religiösen wollen Israel zerstören, beseitigen. Sie stellen ihren Kampf gegen Israel als Kampf gegen das jüdische Volk dar, bekämpfen aber auch alle Muslime, die nicht ihre Meinung in diesem Kampf vertreten. Durch ihre Terroraktionen haben sie unzählige unschuldige Menschen sowohl in Israel als auch in anderen Ländern umgebracht. Von dieser Zielsetzung rückt die palästinensische Organisation Hamas bislang nicht ab.

Zusammengefasst: Für die Islamisten auf dieser Welt ist jeder ein Gegner, der nicht in ihrem Sinne und ihrer Absicht mitmacht: die USA, alle Staaten und Organisationen, die zusammen mit den US-Streitkräften im Irak agieren, die ehemaligen Kolonialmächte in Europa sowieso, die eigenen Regierungen und auch die UNO. Dabei helfen die Folterungen in Abu Ghureib und die Illegalität von Guantanomo den Islamisten in kaum abzuschätzendem Ausmaß.

Für was setzen sich Islamisten ein?
Bei der Beschreibung der positiven Ziele der Islamisten wird es schwierig. Man muss gut unterscheiden zwischen dem, was sie sagen, und dem, was sie tun. Dort, wo sie Macht innehatten oder -haben, in Afghanistan und im Iran, sind keine vorbildlichen Staatswesen entstanden. Im Gegenteil, Bevormundung, Staatsterror, Vetternwirtschaft und Blutvergießen sind an der Tagesordnung.

Im Libanon, wo unter Syriens Duldung einer der erbittersten Gegner des Westens, die Hisbullah, immer noch öffentlich wirken darf, ist unter der Leitung ihres Scheichs Nassrallah, finanziert durch den Iran, eine im Orient praktisch einzigartige Sozialarbeit aufgebaut worden: Kindergärten, Schulen, Krankenhäuser und vieles mehr für die Menschen, um die sich sonst niemand gekümmert hat. Und Ähnliches wird von der Hamas in den Autonomiegebieten Palästinas berichtet; dieses soziale Engagement hat ihnen geholfen die Wahlen so überzeugend zu gewinnen. Doch, wie bereits angedeutet, man muss unterscheiden zwischen dem, was versprochen wurde, und dem, was jetzt wirklich folgt in Palästina.

Methoden

Um ihre Ziele zu erreichen, schrecken die Islamisten vor nichts zurück:
- 11. September 2001
- Selbstmordattentate in vielen Ländern
- Anschlag auf die Londoner U-Bahn
- Anschläge auf Bali
- Anschlag auf die Synagoge al-Ghariba auf Dscherba
- Terror in Madrid 2004
- Geiselnahmen und -hinrichtungen durch Terroristen
- Streit um die dänischen Muhammad-Karikaturen

Die Berichte von ihren Gräueltaten füllen permanent unsere Medien – und es entsteht durch diese perfekt ausgebildete und indoktrinierte gewaltbereite Minderheit bei vielen ein Zerrbild des Islam: »Islam« flößt Ängste ein, »Islam« bedroht, »Islam ist Terror!«

Aufgabe:
- Stellen Sie Informationen zu den genannten Terroraktionen zusammen.
- Welche islamistischen Aktivitäten beschäftigen gegenwärtig die Medien?
- Welche Auswirkungen bemerken Sie an sich und an Ihrer Umwelt im Hinblick auf Sätze wie: »Der Islam ist eine Bedrohung«. »Er macht Angst«. »Islam ist gleich Terror«?

JUNGE MUSLIME IN DEUTSCHLAND

Nach einem Unterrichtsbesuch im Fach Evangelische Religionslehre in einem Grundkurs der Jahrgangsstufe 12 wartet einer der Autoren, Fachberater des Regierungspräsidiums Freiburg, auf die Studienassessorin, deren Stunde er eben beobachtet hatte und mit der er jetzt gleich das Nachgespräch führen muss. Eine Schülerin aus derselben Jahrgangsstufe kommt ins Klassenzimmer herein und geht auf den Fachberater zu: »Sie haben die Frau ... in Reli besucht? Ging's gut?« »Na klar!« »Meine Eltern kamen aus der Türkei. Sie haben mich muslimisch erzogen. Mit meiner Würde als Frau ist aber diese Religion nicht vereinbar. So musste ich Atheistin werden! Verstehen Sie?«

> **Aufgabe:**
> Diskutieren Sie die Einstellung dieser türkischen Schülerin.

Migration und Situation jugendlicher Migranten und Migrantinnen mit muslimischem Hintergrund:
Die extrem komplexe und komplizierte Situation lässt sich sachgerecht auf engem Raum nicht darstellen. Zum Einstieg in diese Themenkreise hier einige ausgewählte Links:
www.unesco-project-schulen.de
www.integrationsbeauftragte.de
www.jum.baden-wuerttemberg.de
www.migration-info.de
www.bpb.de
www.infodienst.bzga.de
www.idw-online.de
http://www.d-a-s-h.org/dossier/13/11_links.html
www.jugendhilfeportal.de
www.migration-online.de
http://www.nzz.ch/2005/02/07/fe/articleCHPGN.html
http://www.mfas.niedersachsen.de/master/C783118_N667199_L20_D0_I674

Patchworkidentität und Hybride Identität:
http://www.idaev.de/html/JugendlicheMigrantInnen.pdf
http://www.uni-koeln.de/ew-fak/Sozio/ss2000/skript5.pdf
http://www.ipp-muenchen.de/texte/tops.pdf
http://www.ipp-muenchen.de/texte/sich_selber_finden.pdf
http://www.uni-saarland.de/fak5/orga/pdf/SC4.pdf

Gewalt:
http://www.zeit.de/2006/15/Gewalt

DIALOG ZWISCHEN ISLAM UND CHRISTENTUM

Multikulturelle und multireligiöse Situation als Bereicherung

> Närrisch, dass jeder in seinem Falle
> Seine besondere Meinung preist!
> Wenn Islam Gott ergeben heißt,
> Im Islam leben und sterben wir alle.

Viele Menschen unseres Landes empfinden die gegenwärtige multikulturelle und multireligiöse Situation als Bereicherung. Sie bemühen sich um gegenseitiges Verständnis und gutes Zusammenleben. Dies bedeutet aber nicht, dass alles, was von »außen« in unser Land hereinkommt, von ihnen vorbehaltlos akzeptiert wird! Die freiheitlich-demokratische Grundordnung darf nicht in Frage gestellt werden. Als Vater solch ausgewogener Denkweise könnte man für Deutschland Goethe bezeichnen.

Sommer 1818, der Geheime Rat Johann Wolfgang von Goethe geht auf die 70 zu. Er ist verliebt, genießt seine Gefühle und freut sich überschwänglich. Denn nur wenn er liebt kann er dichten.

Bei dieser Liebe gibt es aber ein Problem. Marianne von Willemer kann auch dichten: Und nun weiß niemand, von wem der »Westöstliche Divan« stammt! Von ihr, von ihm, von beiden zusammen ... und wenn, was stammt von wem?

> Wer sich selbst und andre kennt,
> Wird auch hier erkennen:
> Orient und Okzident
> Sind nicht mehr zu trennen.
> Sinnig zwischen beiden Welten
> Sich zu wiegen, lass' ich gelten;
> Also zwischen Ost und Westen
> Sich bewegen sei zum Besten!

Im Nachlass des »Westöstlichen Divan« findet sich dieses Gedicht. Es zeigt Goethes Denkansatz, dass die Werte und Vorstellungen des Westens und die des Ostens schon längst in uns verbunden sind: zu unserem Besten! Ganz besonders beeindruckt ist Goethe vom persischen Dichter Hafiz (1327–1390). Eigentlich heißt dieser Schams ad-Din Muhammad, »Sonne des Glaubens ist Muhammad!«. Schon einige Jahre kennt Goethe die Übersetzung von dessen Gedichten und verehrt den großen Künstler. Und nun gibt ihm seine Liebe die Kraft, diesem Dichter aus der zeitlichen und räumlichen Ferne eine Huldigung zu widmen. So entsteht der »Westöstliche Divan«, eine umfangreiche Gedichtsammlung. Dazu verfasst Goethe einen noch viel umfangreicheren wissenschaftlichen Nachtrag über »Geschichte und Literatur einer so höchst merkwürdigen Weltreligion«, »in der Absicht, dass ein unmittelbares Verständnis Lesern daraus erwachse, die mit dem Osten wenig oder nicht bekannt sind« (S. 126). Damit erarbeitet er eine solide Wissensgrundlage und schafft sich und seinen Lesern die Möglichkeit echter Kritik.

Was die Dichtkunst anbelangt, insbesondere die des Hafiz, fasst Goethe seine eigene Meinung so zusammen:

> Herrlich ist der Orient
> Übers Mittelmeer gedrungen!

Goethes Werke, Hamburg 1965, Bd. 2.

Grundunterschiede in der Gottesfrage

In der Gottesfrage unterscheiden sich die muslimische und die christliche Theologie in drei Themenbereichen voneinander.

Der erste ist die Kreuzigung Jesu. Die Muslime gehen davon aus, dass Gott Jesus vor seinen Feinden gerettet hat, indem er ihn zu sich genommen hat. Am Kreuz ließ Gott den Feinden eine andere, Jesus ähnliche Gestalt erscheinen.

Der zweite ist die Sohn-Vater-Beziehung zwischen Jesus und Gott. Der Islam glaubt nicht an die leibliche Beziehung zwischen Gott und Menschen. Gott hat mit seiner Macht alles erschaffen, was im Himmel ist, auf der Erde und was dazwischen liegt, ohne einen leiblichen Kontakt zwischen Schöpfer und Geschöpfen.

Und das dritte heikle Thema ist die Trinitätslehre. Muslime glauben natürlich an die drei Elemente der christlichen Trinitätslehre, aber, wie oben schon erwähnt, ohne Gott in leibliche Beziehung zu seinen Geschöpfen zu bringen, weil dies der strenge, konsequente Monotheismus gebietet.

Ich hätte mich doppelt so unwohl gefühlt
Vor über 30 Jahren habe ich an der Albert-Ludwigs-Universität in Freiburg studiert und anschließend promoviert.

Ein großer Wunsch ging in Erfüllung, als ich, nach vielen Jahren der Trennung, meinen Vater in die Stadt einladen konnte, in der ich inzwischen heimisch geworden war.

Er war ein arabischer Muslim, sehr fromm, trug die traditionelle Kleidung der Araber, also den bekannten schwarzen Ring und das arabische Männerkopftuch. Als frommer Muslim, der Jesus verehrt, wollte er seine Anwesenheit in einem christlichen Land dafür nutzen, christliche Gotteshäuser zu besuchen, da es im Heimatland, in seinem Ort, keine Christen und Kirchen gibt.

Ich habe ihn am Sonntag zunächst zu einem Gottesdienst ins Freiburger Münster begleitet. Als wir am Portal standen und reingehen wollten, hat der Vater angefangen seine Schuhe auszuziehen. Als ich ihn fragte, was er vorhat, antwortete er: wir gehen doch in ein Gotteshaus und du weißt, ein Gotteshaus darf man nicht mit Schuhen betreten. Ich habe ihm dann erklärt, dass die Leute hier mit Schuhen in die Kirchen reingehen. Von dieser Erklärung war mein Vater nicht begeistert. Mit einem schiefen Blick und einem deutlich unwohlen Gefühl hat er dann seine Schuhe angelassen und ist in die Kirche gegangen. Der Gottesdienst war sehr gut besucht, und wir haben etwa in der Mitte Platz genommen. Mit Begeisterung und Freude hat der muslimische Araber alles mitgemacht, was im katholischen Gottesdienst vorgeschrieben ist.

Am Ende des Gottesdienstes fand, wie üblich, die Kommunion statt. Mein Vater hat danach gefragt, und ich habe es ihm erklärt. Er wollte unbedingt mitmachen.

Er ging dann vor und stellte sich an, in die Reihe, bis er dran kam. Er ließ sich, wie alle anderen, vom Pfarrer eine Oblate in den Mund legen und kam glückselig zu mir zurück, auf die andere Seite der Kirche, wo ich auf ihn gewartet habe.

Am nächsten Sonntag besuchten wir einen evangelischen Gottesdienst in der Auferstehungskirche in Littenweiler. Auch hier hat der Vater die Feier sehr

Abb. 84: Mein Vater in Deutschland (1980)

genossen. Er empfand ihn als viel schlichter und einfacher als die Messe im Münster.

Als der Gottesdienst zu Ende war und wir beide die Kirche verließen, lief ein Mann hinter uns her, stoppte uns und fing an, mit lauter Stimme zu schimpfen. Mein Vater, der kein Wort Deutsch vestand, stand da und wusste nicht, worum es geht. Ich habe versucht, den nervösen Mann zu beruhigen, der immer weiter den Vater beschimpfte, weil er in der Kirche mit seiner Kopfbedeckung gesessen hat. Ich habe versucht dem Mann klar zu machen, dass die Kopfbedeckung der Muslime beim Beten eine respektvolle Achtung und Ehre für den Ort und das Gebet bedeutet. Der nervöse Mann war von diesem Argument nicht überzeugt, er hat schimpfend uns beide ziehen lassen. Mein Vater, der natürlich diese Beschimpfung gespürt hatte, fragte mich, worum es da ginge.

Ich habe es ihm erklärt. Worauf er geantwortet hat: Wenn du es mir vor dem Gottesdienst gesagt hättest, hätte ich meine Kopfbedeckung entfernt. Ich hätte mich aber doppelt so unwohl gefühlt, weil ich schon ein schlechtes Gewissen habe, dass ich mit angezogenen Schuhen in einem Gotteshaus saß.

Durch dieses und andere Erlebnisse wuchs in mir die feste Überzeugung von der Notwendigkeit, den muslimisch-christlichen Dialog suchen und führen zu müssen.

STELLUNGNAHMEN DER KIRCHEN

Das Zweite Vatikanische Konzil
Die bedeutendste Stellungnahme zum Verhältnis von Christen und Muslimen ist die des Zweiten Vatikanischen Konzils von 1965 »Nostra Aetate«:

»Mit Hochachtung betrachtet die Kirche auch die Muslime, die den alleinigen Gott anbeten, den lebendigen und in sich seienden, barmherzigen und allmächtigen, den Schöpfer des Himmels und der Erde, der zu den Menschen gesprochen hat. Sie mühen sich, auch seinen verborgenen Ratschlüssen sich mit ganzer Seele zu unterwerfen, so wie Abraham sich Gott unterworfen hat, auf den der islamische Glaube sich gerne beruft. Jesus, den sie allerdings nicht als Gott anerkennen, verehren sie doch als Propheten, und sie ehren seine jungfräuliche Mutter Maria, die sie bisweilen auch in Frömmigkeit anrufen. Überdies erwarten sie den Tag des Gerichtes, an dem Gott alle Menschen auferweckt und ihnen vergilt. Deshalb legen sie Wert auf sittliche Lebenshaltung und verehren Gott besonders durch Gebet, Almosen und Fasten.

Da es jedoch im Laufe der Jahrhunderte zu manchen Zwistigkeiten und Feindschaften zwischen Christen und Muslimen kam, ermahnt die heilige Synode alle, das Vergangene beiseite zu lassen, sich aufrichtig um gegenseitiges Verstehen zu bemühen und gemeinsam einzutreten für Schutz und Förderung der sozialen Gerechtigkeit, der sittlichen Güter und nicht zuletzt des Friedens und der Freiheit für alle Menschen.«

Deutsche Bischofskonferenz
Christen und Muslime in Deutschland. Eine pastorale Handreichung, hg. vom Sekretariat der Deutschen Bischofskonferenz, Bonn 1993

Diese Handreichung geht vom theologischen Ansatz und den Beschlüssen des Zweiten Vatikanischen Konzils aus. Sie informiert und berät zu einer Fülle von einzelnen Fragen, die sich aus der Begegnung mit Muslimen ergeben haben.

Zu bestellen beim Sekretariat der Deutschen Bischofskonferenz, Fax 0228/103-330, E-Mail: broschueren@dbk.de. Post: Zentrale Dienste/Organisation – Postfach 29 62 – 53019 Bonn.

Evangelische Kirche in Deutschland
Zusammenleben mit Muslimen in Deutschland – Gestaltung der christlichen Begegnung mit Muslimen – Eine Handreichung des Rates der Evangelischen Kirche in Deutschland 2000. www.ekd.de.

Ansatz: »Als Christen können wir keinen Dialog mit Muslimen führen, ohne dabei unseren christlichen Glauben zu bezeugen. Aber wir können ebensowenig Muslimen Zeugnis geben, ohne auch ihr Zeugnis zu hören und mit ihnen zu reden. In der Offenheit gegenüber der anderen Religion müssen auch kritische Fragen an den eigenen christlichen Glauben ernst genommen werden. Die Anfragen sind als Herausforderung zu begreifen, über Konsequenzen nachzudenken, die sich aus dem christlichen Glauben für unser Leben ergeben.«

Die Handreichung enthält beides: Einen knappen, klaren Überblick über die theologischen Grundfragen, deren Kenntnis einen solchen Dialog erst ermöglicht. Die Lektüre dieser Seiten sei allen Lehrerinnen und Lehrern dringend ans Herz gelegt! Zum anderen viele Sachinformation über die muslimischen Mitbürger: Von ihren Verbänden bis hin zum Friedhofswesen.

- Klarheit und gute Nachbarschaft – Christen und Muslime in Deutschland. Eine Handreichung des Rates der EKD 2006. www.ekd.de. Weiterführung des Programms von 2000.
- Erklärung der 13. Landessynode der Evangelischen Landeskirche in Württemberg vom 14. Juli 2006. Miteinander leben und lernen. Evangelische Christen und Muslime in Württemberg. www.elk-wue.de
- Eine Moschee ist geplant. Wie verhält sich die Kirchengemeinde? Handreichung für Kirchengemeinderäte und engagierte Gemeindeglieder. www.elk-wue.de

Dialog mit muslimischen Institutionen

Muslimische Institutionen, die den Dialog suchen und in der Lage sind, ihn zu führen, existieren reichlich in Deutschland. Da aber die Verhältnisse regional sehr unterschiedlich ausfallen können, empfehlen wir lediglich eine Anfrage bei:

- Der Zentralrat der Muslime in Deutschland: www.islam.de
- Bei der dazu beauftragten Abteilung Ihrer jeweiligen Landeskirche bzw. Diözese.

Zwei Entwürfe für Klausuren

Klausur 1

Text
Der klassische Rahmen für das Leben einer muslimischen Familie.

»Obwohl ich in einer Wohnung europäischen Zuschnitts geboren wurde, blieb das Zuhause in der Vorstellung meiner Eltern weiterhin jenes traditionelle Damaszener-Haus mit seinem typischen Innenhof, aus dem sie einige Jahre zuvor ausgezogen waren. In der Altstadt gelegen und von zahllosen Cousinen, Onkeln und Tanten bevölkert, war es über Generationen hinweg das Domizil der Großfamilie gewesen. Mit seiner schmucklosen Fassade zur Straße hin, seiner abgeschirmten Innenwelt mit Brunnen und Zitronenbaum und seinen separaten Eingängen für Männer und Frauen bildete es den klassischen Rahmen für das Leben einer moslemischen Familie, unabhängig von Klassenunterschieden. Meine Eltern waren beide in solchen Häusern aufgewachsen.

Als Kind spielte meine Mutter »Himmel und Hölle« in dem weiträumigen Innenhof des großväterlichen Herrenhauses im Suq Saruja, nicht weit von der so genannten Geraden Straße im alten Damaskus. An ihren Söckchen baumelten rote Pompons und wenn sie von einem Kreidekreis zum andern hüpfte, sprang jedesmal die zum Haus gehörige Perserkatze nach den Bommeln. Wenn der Tag sich dann langsam neigte und die Hitze allmählich nachließ, öffnete der die hohen Mauern überwuchernde Jasmin seine weißen Blüten. Wasser rieselte aus einem bronzenen Speirohr in der Mitte eines Marmorbrunnens, auf dessen glattem Rand die Katze saß und, der Menschen nun überdrüssig geworden, den hin und her schießenden Goldfisch beäugte. An solchen Stätten lebten weitverzweigte Familienclans zusammen, heirateten untereinander, gebaren Kinder, stritten miteinander und halfen sich gegenseitig, untrennbar miteinander verbunden, bereit, der Gesellschaft die Stirn zu bieten. Aber die Zeiten änderten sich und die Ereignisse zwangen sie, sich in kleinere, unabhängige Familien aufzuspalten, Familien, die nur noch aus Großeltern, Eltern, Kindern und Bediensteten bestanden – ziemlich einsame Haushalte nach den schwirrenden Bienenkörben der alten Wohnhäuser.

In dem Taumel, neue Straßen anzulegen und um dem schnellen Wachstum der Hauptstadt, das in den 40er Jahren einsetzte, gerecht zu werden, wurden überhastet mehr als die Hälfte der Altstadt niedergerissen und hunderte von Herrenhäusern, die jahrhundertelang dort gestanden hatten, aufgerieben. Ihren klassischen Baustil findet man heute noch in Andalusien. Abd Ar-Rachman al-Dakhil, der Fürst, der im 8. Jahrhundert Syrien verließ, um in Spanien eine arabische Dynastie zu gründen, hatte sie dorthin gebracht. Die Häuser gab es also nicht mehr, doch das Wesen, der Geist dieser Häuser ließ sich nicht so leicht zerstören.«

Aus: Rana Kabbani, Offener Brief an die Christenheit, © Econ Verlag in der Ullstein Buchverlage GmbH, Berlin, S. 25f.

Aufgabe:
- Nennen Sie drei islamische Grundvorstellungen, die sich in diesem Text widerspiegeln.
- Erklären Sie zwei dieser Grundvorstellungen ausführlich.

Die islamischen Grundvorstellungen dieses Textes:
1. Haramvorstellung: Von der Außenwelt abgeschlossener Privatbereich der Großfamilie
2. Paradiesvorstellung: Wasser, Brunnen, Baum, Blumen, Schatten
3. Katze als reines Tier
4. Trennung von Männer- und Frauenwelt

Klausur 2

Aufgaben:
1. Erklären Sie das Wort »Islam« von seinem Verbalstamm her.
2. Klären Sie den Begriff »Scharia«, wie ihn die orthodoxen und die aufgeklärten Muslime verstehen.
3. Erklären Sie, was der Totalitätsanspruch bedeutet, den der orthodoxe Islam erhebt. Legen Sie dazu die Gegenposition aufgeklärter Muslime dar.
4. »Wenn der Malouf ertönt, sind Allah, Jehova und Gott friedlich vereint. Die arabo-andalusische Musik besingt die Götter aller drei monotheistischen Religionen. Und das meist in einem einzigen Atemzug. Ebenso multikonfessionell ist auch ihre Fangemeinde. Wenn Malouf-Sänger ihre arabischsprachigen Lieder vortragen, die in epischer Breite von Liebe und Liebeskummer, von Heirat und Tod erzählen, tanzen sich vor ihnen Mosleminnen neben Jüdinnen und Christinnen mit wiegenden, ausgestreckten Armen in Trance – bis sie am Ende gemeinsam in schrille Yoyoyo-Rufe ausbrechen.«
Dies ist die Einleitung eines Artikels der Badischen Zeitung über einen jüdischen Musiker aus Algerien. In ihm versteckt sich ein fundamentaler Irrtum, dem viele häufig erliegen.
Ihre Aufgabe besteht darin, diesen zu entdecken und dann zum Text einen Leserbrief zu verfassen. Denken Sie daran, dass solche Briefe nur gedruckt (d.h. korrigiert) werden können, wenn sie kurz sind.

Ein Klausurtext

»Wir lesen, dass Gott am Tag der Auferstehung das Schaf, das andere mit den Hörnern verletzt hat, aufrufen und zur Rechenschaft ziehen wird. Da für uns der Kern der Religion in den Handlungen des Menschen lag, war es im Dorf kein Skandal, wenn einer nicht betete. Man konnte ihn auslachen, Witze über ihn machen, aber niemand behauptete, er sei ein Ketzer. Wenn einer am Ramadan nicht fastete, fand man Entschuldigungen für ihn; man sagte, er arbeite schwer oder fühle sich nicht wohl. Man fand es nicht gut, aber man tolerierte es. Ungerechtes, betrügerisches Verhalten verzieh man hingegen nie. Der Islam, wie ich ihn in meiner Kindheit kennen gelernt habe, besteht aus den religiösen Pflichten, die zu befolgen Privatsache ist, sowie den Handlungen des Menschen, die für die Mitmenschen und die Gesellschaft Auswirkungen haben und damit also keine Privatsache sind. Man wusste, wie man betet, wie man fastet und die rituellen Waschungen verrichtet. Man brauchte das nicht im kuttab eigens zu lernen, sondern lernte es im Alltag. Im Laufe meiner Schulzeit begann ich außerdem zu verstehen, dass der Kuran die Vernunft und die Arbeit achtet. Der Islam, den ich kannte, war von dieser Sicht geprägt, auch die Reden der Muslimbrüder im Dorf, die im Gegensatz zu den Schriften ihrer

Theoretiker nicht politisch waren. Ich hatte das Gefühl, dass der Glaube eine bedeutende Kraft für den Einzelnen und für die Gesellschaft darstellt und das Gebet eine spirituelle Erfahrung, eine Kommunikation zwischen Mensch und Gott, eine Möglichkeit und eine Aufgabe für eine jede Seele, die Alltagsroutine zu durchbrechen und ihr einen höheren Sinn zu verleihen. Die Pilgerfahrt war ein Besuch der Heiligen Stätten. Die Pilger kehrten zurück, erfüllt von der Schönheit ihrer Erfahrung, obwohl das Reisen in dieser Zeit beschwerlich war und nicht wenige Pilger unterwegs verstarben. Auch die Achtung des Schwächeren war eine wichtige Maxime in meiner religiösen Erziehung. Dagegen gehörte die Idee, dass Religion und Staat identisch seien, nicht zu den Prinzipien, die ich gelernt habe. Die Menschen brauchten den Staat nicht, um ihren religiösen Pflichten nachzukommen. Der Glaube war eine persönliche Botschaft, eine Botschaft an die Individuen, nicht an Staaten. Das ist eigentlich Religion.«

Aus: Nasr Hamid Abu Zaid: Ein Leben für den Islam, Herder Verlag, Freiburg 1999, S. 51f.

ZWEI PRÜFUNGSAUFGABEN

Aufgabe 1

Text
Auf der ersten Weltkonferenz »Religion und Frieden«, 1970, in Kyoto wurde von Buddhisten, Christen, Hindus, Juden, Moslems und Shintoisten der folgende Text veröffentlicht:

»Wir regen an, dass die Religionen – in einem Versuch, die Voraussetzungen für den Weltfrieden zu schaffen und die Ursachen des Krieges auszulöschen – sich den Problemen zuwenden sollten, denen die Entwicklungsländer gegenüberstehen, und jenen Minderheiten, die nach einem neuen Dasein suchen, nach Menschenwürde und nach einer rechtmäßigen Teilhabe an den materiellen und geistigen Gütern der Welt.

Wir halten es für gut, im Interesse von Gerechtigkeit und Frieden, dass die Religionen positiv hervortreten sollten zugunsten der Armen, der Machtlosen und Unterdrückten. Der Dialog unter den Religionen sollte Überlegungen und Handeln auf diesem und ähnlichen Gebieten fördern.

Wir empfehlen, dass alle Religionen dem gegenwärtigen sozialen Wandel ernsthafte Aufmerksamkeit schenken und ihren jeweiligen Beitrag zu diesem Wandel, besonders mit Blick auf den Frieden, untersuchen sollten.

Wir meinen, dass Zusammenarbeit nötig ist zwischen den Religionen bei ihren Bemühungen um die vielen Probleme, welche die Welt heute bedrängen; und besonders nötig wäre eine Untersuchung über den Sinn des Menschseins und über die Faktoren, die zum Glück und Fortschritt des Menschen beitragen.«

Aufgaben:
1. Berichten Sie nach dem Text von den Ansichten und Absichten der Vertreter der Weltreligionen, die in Kyoto versammelt waren.
2. Klären Sie den Begriff Islam. Erklären Sie, wer nach dem Kuran die Muslimun sind.
3. Beschreiben Sie den Islam als sozio-ökonomisches System, gehen Sie dabei besonders auf das Steuersystem ein.
4. Legen Sie dar, welchen Beitrag zum Weltfrieden und zur sozialen Gerechtigkeit der Islam Ihrer Einschätzung nach leisten könnte.

Aufgabe 2

Text
Das Prinzip ʿibadat wa-muʿamalat ist in diesem Jahrhundert nach und nach umgedeutet worden. So wurde aus »Gottesdiensten und Handlungen« in den Vierziger Jahren bei Scheich Schaltut, dem berühmten Rektor der Azhar-Universität, »Glaube und Gesetz« (ʿaqida wa-schariʿa), wenngleich der Glaube des Einzelnen für die Scharia das Veränderliche ist. Die so genannten Fundamentalisten interpretierten ʿibadat wa-muʿamalat dann als »Religion und Staat« (din wa-daula). Der Staat sei nötig, um die Religion zu festigen, weshalb es ohne einen islamischen Staat keinen Glauben geben könne. Aber es ist wichtig zu

sehen, dass die heute von vielen Muslimen blind akzeptierte Aussage, wonach der Islam Religion und Staat sei, eine moderne Aussage ist. Man wird sie in keinem Text, der vor dem 18. oder 19. Jahrhundert verfasst worden ist, finden. Das Schlagwort vom Islam als Einheit von Religion und Staat entspricht weder den Lehren des Islam noch dem tatsächlichen Verlauf der Geschichte.

Aus: Nasr Abu Zaid, Ein Leben mit dem Islam, Herder Verlag, Freiburg 1999, S. 51f.

Aufgaben:
1. Erklären Sie diesen Text vor dem Hintergrund der Arkan ad-Din.
2. Legen Sie die Ansprüche des Islam dar und erklären Sie, wie verschiedene muslimische Richtungen diese Ansprüche interpretieren.
3. Erklären Sie, was Jesus für den Islam bedeutet. Arbeiten Sie Gemeinsamkeiten und Unterschiede zwischen der muslimischen und der christlichen Sicht heraus.

Aufgaben, über das ganze Buch verteilt

Architektur und Kunst im Islam
- Versuchen Sie, die Wesensmerkmale der traditionellen europäischen Stadt einerseits und der islamischen Stadt andererseits zu beschreiben.
- Begründen Sie mit allen Argumenten, die Ihnen einfallen, dass es falsch ist, die islamische Kunst als bloßes Ornament zu bezeichnen.
- Welche Rolle spielt die Unendlichkeitsvorstellung in der islamischen Kunst?
- Bei welchen Themen der Islamischen Kunst und Architektur spielt die Vorstellung vom Paradies eine Rolle?
- Warum bezeichnet man »Türkisgrün« als die »Farbe des Propheten«?
- Vor welchen Problemen steht eine muslimische Familie, die von einem ländlichen traditionellen Wohnhaus in einen Wohnblock einer modernen Großstadt umziehen soll?
- Erklären Sie den Begriff »Haram«.
- Beschreiben Sie die besondere Wertschätzung der Kalligraphie in der islamischen Kunst!

Über die Moschee
- Nennen Sie wenigstens drei wesentliche Unterschiede zwischen Kirche und Moschee.
- Vor welchen Problemen stehen Muslime in Deutschland, wenn sie eine Moschee bauen wollen?
- Warum befinden sich öffentliche Bäder (Hamam) so häufig in der Nähe von Moscheen?
- Welche gedankliche Verbindung besteht zwischen einem Teppich und einer Moschee?
- Was bedeutet das Wort »Moschee«?

Über die islamische Mystik
- Wo finden sich Parallelen zwischen der christlichen und der islamischen Mystik?
- Was unterscheidet einen Sufi-Mystiker von einem normalen muslimischen Gläubigen?
- Auf welche Bereiche hat sich die islamische Mystik besonders ausgewirkt?

Zum Thema »Islamismus«
- Erklären Sie den Begriff »Politischer Islam«.
- Nennen Sie Gründe für das Entstehen und Anwachsen des politischen Islam.
- Warum kann man »Dschihad« nicht einfach mit »Heiliger Krieg« übersetzen?
- Welche Rolle spielt die »Jerusalemfrage«?

Zur Musik in den islamischen Ländern
- Beschreiben Sie die wesentlichen Unterschiede zwischen der europäischen Musik und der Musik in den islamischen Ländern.
- Welche europäischen Instrumente haben ihren Ursprung im islamischen Orient?

Wie verhalte ich mich als Gast im Haus des Islam?

Wer mit geschärften Sinnen durch islamische Länder reist, wird leider sehr häufig beobachten, dass viele Touristen durch ihr Benehmen Anstoß erregen und damit Reaktionen provozieren, die sie ihrerseits als unfreundlich empfinden. Die Ursachen dafür sind oft nur Gedankenlosigkeit, Nichtwissen, nur selten bewusste Rücksichtslosigkeit oder gar Provokation. Für viele Reisende ist es einfach schwer vorstellbar, dass ihre eigenen Wertvorstellungen und Anstandsbegriffe im islamischen Gastland anders beurteilt werden, weil hier andere Normen existieren.

Gast oder Eindringling: Besucher im Haus des Islam haben nur die Wahl zwischen einem von beiden. Wenn man sich dessen stets bewusst ist, sind viele Konflikte vermeidbar.

Einladungen

Privathäuser betritt man nie mit Schuhen. Wo keine Stühle vorhanden sind, sitzt man, wenn möglich, im Schneidersitz. Auf keinen Fall streckt man dem Gastgeber die Fußsohlen entgegen.

Wo immer es geht, wäscht man sich vor dem Essen die Hände.

Die Menschen des Orients sind gerne großzügige Gastgeber und registrieren genau, wie man die aufgetragenen bzw. angebotenen Speisen und Getränke würdigt. Werden die meist übervollen Platten von den Gästen aber restlos geleert, versteht man dies als Hinweis, dass nicht genügend serviert war. Im Fastenmonat Ramadan sollten sich Reisende zurückhalten und nicht vor Menschen essen oder trinken, die sich dem Fastengebot unterziehen.

Beim Abschied

Für Einladungen bezahlen zu wollen, wird als grobe Beleidigung empfunden. Wer sich erkenntlich zeigen möchte, kann den Kindern des Hauses ein Geschenk machen. Wer von einer Institution (Moschee, Universität) eingeladen war, spendet für deren besondere Aufgaben.

Kleidung

Männer: keine Shorts, weil man diese als Unterhosen betrachtet.
Frauen: nichts, was Körperformen sichtbar betont. Arme und Beine bedeckt halten. In manchen Ländern sollte/darf das Haar nicht zu sehen sein (z.B. »Kopftuchpflicht« im Iran). Die Toleranz gegenüber westlicher Frauenkleidung ist von Land zu Land sehr verschieden, am geringsten sicherlich im Iran und in Saudi-Arabien.

Umgang zwischen Männern und Frauen

In der Öffentlichkeit kein Austausch von Zärtlichkeiten, auch nicht zwischen Partnern! Paare gehen nicht umschlungen. Bei der Begrüßung geben Männer den Frauen nur dann die Hand, wenn sie dazu aufgefordert worden sind.

Gegenseitiges Händehalten bei Männern ist dagegen nichts Ungewöhnliches.

Moscheebesuch

Die Stelle, wo man die Schuhe auszieht, ist meist genau gekennzeichnet. Auf Betende wird immer Rücksicht genommen, d.h. man läuft nicht vor ihnen herum und fotografiert sie nicht.

Wo Fremden die Anwesenheit, z.B. beim Mittagsgebet, gestattet wird – etwa in der Türkei –, wird erwartet, dass sie dies als Geste der Gastfreundschaft verstehen und sich im Hintergrund bis zum Ende des Gebets still verhalten.

Fotografieren

Bei Personen und Sachen stets die Privatsphäre respektieren! Viele Menschen (nicht nur jüngere) lassen sich gern fotografieren, wenn das Foto Ergebnis eines Gespräches ist. Alles andere wird als Raub oder bösartiger Überfall verstanden.

Unterhaltung

Sowohl Offenheit als auch Zurückhaltung, vor allem aber viel Taktgefühl ist gefragt, auf keinen Fall Besserwisserei!

Religiöse Gesprächsthemen sind viel häufiger als bei uns. Für die Ablehnung von Religion – auch der christlichen – hat man kein Verständnis.

Wer Muslime *Mohammedaner* nennt, hat in deren Augen keine Ahnung von ihrer Religion. Man *verehrt* Mohammed und die anderen Propheten, aber man *glaubt* nicht an sie.

Vorsicht mit unbedachten Äußerungen über Einheimische! Sehr viele Menschen in diesen Ländern verstehen inzwischen gut Deutsch, Englisch oder Französisch!

Handeln

… wird von vielen Touristen als Sport angesehen; Handeln ist aber ein Teil der Kultur und geschieht nach uralten Regeln. Hier ist viel Taktgefühl und vor allem Erfahrung nötig. Informieren Sie sich im Lande, über *was* man verhandeln kann und *wie* die Regeln lauten.

Generell gilt: sobald man einen Preis genannt hat, kann man nicht mehr zurück, ohne die Regeln des Anstandes zu verletzen.

Allgemeiner Hinweis

Alle Muslime haben ein viel ausgeprägteres Gefühl für Ehrverletzungen als wir, und das Gesicht zu verlieren ist schlimm. Wir sollten bedenken, dass dies bei uns noch vor vier oder fünf Generationen ganz ähnlich war.

ISLAMISCHE GESCHICHTE IM ÜBERBLICK

570–632: *Muhammads Wirken* und die Entstehung der Religion.

622: Hidschra, die Auswanderung nach Medina. Beginn der muslimischen Zeitrechnung. Aufbau der ersten muslimischen Gemeinde in Medina.

Nach Muhammads Tod: Zeit der »Nachfolger«, der *Kalifen* (von arab. chalafa = nachfolgen). Das Kalifat wird zur Institution.
Als Zeit der »Rechtgeleiteten Kalifen« (Raschidun) glt die Epoche der Kalifen Abu Bakr, 'Ummar, 'Uthman und Ali.
Erste Eroberungswelle (Nordafrika, Ostanatolien und Persien).

Um 660 Entstehung der *Schia*
660 und 661 kommt es nach Alis Ermordung zu Kämpfen zwischen den Muslimen. Ali wird von seinen Gegnern, den Charidschiten, ermordet.
680: Schlacht von Kerbela. Al-Hussain ibn Ali wird getötet.

Umayyaden-Dynastie
Von Mu'awia (661–680) bis Marwan II. (744–749).
Gründung eines Kalifats mit universellem Machtanspruch.
Damaskus wird Hauptstadt. Wüstenschlösser werden erbaut.
Die zweite, noch größere Eroberungswelle führt nach Marokko und über Spanien bis nach Frankreich.

Abbassiden-Dynastie
749–1258: Der im Abendland wegen seiner Kontakte zu Karl dem Großen bekannteste Kalif ist Harun ar-Raschid (786–809). Unter ihm gewinnt das Kalifat unumschränkte Macht und der Islam ist auf dem Weg zur Weltreligion.
Hauptstadt ist Bagdad.
Parallel zu Spannungen und Kämpfen mit der 'Umma entstehen die wichtigsten islamischen Rechtsschulen. Namhafte Mystiker werden verfolgt.
Gleichzeitig existiert in Andalusien seit 928 ein umayyadisches Kalifat. Unter 'Abd ar-Rachman erreicht dort die Kultur der Mauren mit der Hauptstadt Cordoba ihre Blütezeit.

10. und 11. Jahrhundert: Zerfall der Macht des Bagdader Kalifats und Bildung von selbständigen Herrschergebieten. Davon die wichtigsten:

Die *Ghaznaviden*, glanzvolle türkische Dynastie in Persien, Afghanistan und Nordindien, 977–1186.
Die *Fatimiden*, arabisch-schiitische Dynastie in Ägypten, 909–1171. Sie stellen sich gegen den Machtanspruch Bagdads und gründen ein eigenes Kalifat. Die Zerstörung der Grabeskirche in Jerusalem durch den Fatimiden-Kalif al-Ḥakim im Jahr 1009 liefert im Abendland den Hauptstoff der Kreuzzugspropaganda.
Die *Seldschuken*, türkische Dynastie in Persien, 1055–1236 (Groß-Seldschuken) und in Anatolien, 1071–1303 (Rum-Seldschuken).

Ab 1098 beginn der Kampf gegen die *Kreuzritter* und die von diesen errichteten Königreiche und Herrschaftsgebiete.

Saladin, 1137–1193, aus der kurdischen Dynastie der *Ayyubiden*, gelingt 1187 am See Genezareth der entscheidende Sieg über sie. Sein arabischer Name lautet: Salah ad-Din Yusuf bin Ayyub und sein Titel: al-Malik an-nasir (Reformator der Religion, Joseph, Sohn des Hiob – der siegreiche König). In der muslimischen Welt wird er als der größte und vorbildlichste aller gläubigen Machthaber verehrt. Sein Grabmal liegt neben der Umayyaden-Moschee. Es wurde dort 1898 von Kaiser Wilhelm II. anlässlich seines Besuchs in Damaskus gestiftet.

1258 zerstören die *Mongolen* Bagdad. Das Kalifat in Bagdad ist damit beendet.

Die von den Ayyubiden in Syrien und Ägypten eingesetzten türkischen Militärsklaven gelangen um 1250 an die Macht und gründen das Reich der *Mamluken* (1250–1517). Mit ihren endgültigen Siegen über die Mongolen (1260) und die Kreuzritter (1291) werden sie bis in das 16. Jahrhundert zur wichtigsten Macht in Syrien und am Roten Meer.

Die von den Mamluken zurückgeschlagenen Mongolen werden ab 1251 schrittweise islamisiert und gründen in Persien das Reich der Ilchane (1251–1336) und in Innerasien die Reiche der Goldenen Horde.
Nachkommen des mongolischen Eroberers Tamerlan (1370–1405) gründen in Indien das glanzvolle islamische Reich der *Mogul-Kaiser* (1526–1857).

Die Herrschaft der türkischen *Osmanen* beginnt nach dem Zerfall des Seldschukenreiches um 1300 in Westanatolien. Bis 1683 erobern sie den Balkan, Nordafrika und den gesamten Nahen Osten – außer Persien, wo ihnen die schiitischen *Safawiden* widerstehen.
Mit der Wiederaufnahme des Kalifentitels (1774) betrachten sich die Osmanensultane nicht nur als weltliche sondern auch als geistliche Herrscher aller (sunnitischen) Muslime.

Der Niedergang der islamischen Großreiche beginnt schon im 15. Jahrhundert mit der spanischen Rekonquista (1492 Fall von Granada) und setzt sich fort mit der Abtrennung der islamischen Nationalstaaten in Nordafrika bzw. der Befreiung der Balkanstaaten im 18. und 19. Jahrhundert. Mit dem Ende des Ersten Weltkrieges wird das Osmanenreich vollends aufgelöst: Die arabischen Gebiete geraten unter den Einfluss der Kolonialmächte England und Frankreich, die heutigen arabischen Staatsgrenzen entstehen, die Türkei wird säkulare, laizistische Republik. 1924 wird deshalb das Kalifat aufgelöst.

Im Laufe des 20. Jahrhunderts entstehen die zahlreichen muslimischen Nationalstaaten.

LITERATUR

Das Literaturverzeichnis umfasst alle im und für das »Haus des Islam« verwendeten Publikationen. Mit * markiert ist die Basisliteratur. Bei Büchern, die uns für die Beschäftigung mit dem Islam von ganz besonderer Bedeutung erscheinen, stehen **.

Abun-Nasr, Jamil M.: Weltmacht Islam, Bayerische. Landeszentrale für Polit. Bildungsarbeit, München 1988.
**Abu-Zaid, Nasr Hamid / Kermani, Navid: Ein Leben mit dem Islam, Herder Verlag, Freiburg/Basel/Wien 1999.
Abu-Zaid, Nasr Hamid: Islam und Politik, dipa-Verlag, Frankfurt am Main.
**Abu Zaid, Nasr Hamid / Sezgin, Hilal: Mohammed und die Zeichen Gottes. Der Koran und die Zukunft des Islam, Herder Verlag, Freiburg u.a. 2008.
Abu Zaid, Nasr Hamid: Gottes Menschenwort. Buchreihe der Georges-Anawati-Stiftung Religion und Gesellschaft, Band 3. Für ein humanistisches Verständnis des Koran, Herder Verlag, Freiburg u.a. 2008.
*Amipur, Katajun / Ammann, Ludwig: Der Islam am Wendepunkt, liberale und konservative Reformer einer Weltreligion, Herder Spektrum, Band 5665, Freiburg 2006.
Amir, Eli: Der Taubenzüchter von Bagdad. Roman. Aus dem Englischen von Karina Of, Europa Verlag, München/Wien 1998.
Avnery, Uri: Ein Leben für den Frieden, Palmyra-Verlag, Heidelberg.
Avnery, Uri / Qôlleq, Teddi: Die Jerusalemfrage: Al-Quds / Yerûsalayim, Palmyra-Verlag, Heidelberg.
Avnery, Uri / Stein, Georg: Zwei Völker, zwei Staaten. Gespräch über Israel und Palästina, Palmyra-Verlag, Heidelberg 1995.

Berger, Peter L. / Luckmann, Thomas: Die gesellschaftliche Konstruktion der Wirklichkeit. Eine Theorie der Wissenssoziologie, 18. Auflage, Fischer Taschenbuchverlag, Frankfurt am Main 2001.
Berger, Peter L. / Luckmann, Thomas: Modernität, Pluralismus und Sinnkrise. Die Orientierung des modernen Menschen, 2. Auflage, Verlag der Bertelsmann-Stiftung, Gütersloh 1996.
Berger, Peter L.: Der Zwang zur Häresie. Religion in der pluralistischen Gesellschaft. Aus dem Amerikanischen von Willi Köhler, Herder, Freiburg 1992.
*Bianca, Stefano: Hofhaus und Paradiesgarten, Architektur und Lebensformen in der islamischen Welt, 2. Auflage, C.H. Beck, München 1991
Bilgin, Beyza / Lähnemann, Johannes: Islam und islamische Religionspädagogik in einer modernen Gesellschaft, Lit Verlag, Münster 2007.
Brissaud, Alain: Islam und Christentum. Gemeinsamkeit und Konfrontation gestern und heute, Edition »q«, Berlin 1993.
Bucaille, Lætitia / Utz, Ilse: Generation Intifada, Hamburger Edition, Hamburg 2004.
Bucaille, Maurice: Bibel, Koran und Wissenschaft. Die Heiligen Schriften im Licht moderner Erkenntnisse, Bavaria Verlag, München 1994.
*Busse, Heribert: Die theologischen Beziehungen des Islam zu Judentum und Christentum. Grundlagen des Dialogs im Kuran und die gegenwärtige Situation, Wissenschaftliche Buchgesellschaft, Darmstadt 1988.

Colpe, Carsten: Problem Islam, Philo Verlag, Berlin 2002.
Colpe, Carsten: Das Siegel der Propheten. Historische Beziehungen zwischen Judentum, Judenchristentum, Heidentum und frühem Islam, Institut Kirche und Judentum, Berlin 1990.

Dirie, Waris: Wüstenblume, 4. Auflage, Berlin 1999.
Dressler, Bernhard: Unterscheidungen. Religion und Bildung, Evangelische Verlags-Anstalt, Leipzig 2006.
Dressler, Bernhard: Menschen bilden? Theologische Einsprüche gegen pädagogische Menschenbilder, in: Evangelische Theologie 63, 2003, Heft 4, S. 261–271.

Ebadi, Shirin u.a.: Mein Iran. Ein Leben zwischen Revolution und Hoffnung, Pendo-Verlag, Starnberg 2006.
*Endreß, Gerhard: Der Islam in Daten, C.H. Beck, München 2006.
Endreß, Gerhard: Der Islam: eine Einführung in seine Geschichte, C.H. Beck, München 1997.
**Ende, Werner / Udo Steinbach (Hrsg.): Der Islam in der Gegenwart, 5., aktualisierte und erweiterte Auflage, C.H. Beck, München 2005.

Falaturi, Abdoldjavad: Westliche Menschenrechtsvorstellungen und Koran, GMSG, Köln 2002.

Falaturi, Abdoldjavad / Tworuschka, Udo: Der Islam im Unterricht. Beiträge zur interkulturellen Erziehung in Europa, Braunschweig, Georg-Eckert-Institut für Internationale Schulbuchforschung, Braunschweig 1992.

Falaturi, Abdoldjavad: Der Islam im Dialog. Aufsätze, 3. Auflage, Islamisch-Wissenschaftliche Akademie, Köln 1985.

Falaturi, Abdoldjavad / Askari, Hasan: Drei Wege zu dem einen Gott. Glaubenserfahrung in den monotheistischen Religionen, Herder, Freiburg 1976.

*Forward, Martin: Mohammed – der Prophet des Islam, Herder Spektrum Band 4650, Freiburg 1998.

Görg, Manfred / Lang, Bernhard (Hrsg.): Neues Bibel-Lexikon, Benziger Verlag, Zürich.

Goethe, Johann Wolfgang von: Gesamtausgabe der Werke und Schriften in zweiundzwanzig Bänden, Band 2: 1. Abt., Poetische Werke, West-östlicher Diwan. Epen. Maximen und Reflexionen, Cotta, Stuttgart 1950.

Grundmann, Hilmar: Die Ergebnisse der PISA-Studie als herausforderung für den Religionsunterricht, in: Loccumer Pelikan. Religionspädagogisches Magazin für Schule und Gemeinde 3/02, S. 120.

Gudjons, Herbert (Hrsg.) / Klafki, Wolfgang: Didaktische Theorien, 9. Auflage, Bergmann und Helbig, Hamburg 1997.

*Haarmann, Ulrich / Halm, Heinz / Gronke, Monika: Geschichte der arabischen Welt, 5. Auflage, C.H. Beck, München 2004.

Hafez, Kai / Deutsches Orient-Institut: Juden und Muslime in Deutschland. Minderheitendialog als Zukunftsaufgabe, Deutsches Orient-Institut, Hamburg 1999.

Hafez, Kai (Hrsg.): Der Islam und der Westen. Anstiftung zum Dialog. S. Fischer, Frankfurt am Main 1997.

*Halm, Heinz: Die Schiiten, C.H. Beck, München 2005.

Halm, Heinz: Der Islam. Geschichte und Gegenwart, 5., aktualisierte Auflage, C.H. Beck, München 2004.

Halm, Heinz: Die Araber. Von der vorislamischen Zeit bis zur Gegenwart, C.H. Beck, München 2004.

Halm, Heinz: Die Schia, Wissenschaftliche Buchgesellschaft, Darmstadt 1988.

Hattstein, Markus / Delius Peter: Islam, Kunst und Architektur, Könemann Verlag, Köln 2000.

Hemminger, Hansjörg /Harder, Bernd: Was ist Aberglaube? Bedeutung – Erscheinungsformen – Beratungshilfen, Quell Verlag, Gütersloh 2000.

Hemminger, Hansjörg: Religiöses Erlebnis, religiöse Erfahrung, religiöse Wahrheit. Überlegungen zur charismatischen Bewegung, zum Fundamentalismus und zur New-Age-Religiosität, Evangelische Zentralstelle für Weltanschauungsfragen, Stuttgart 1993.

Hemminger, Hansjörg: Fundamentalismus in der verweltlichten Kultur, Quell Verlag, Stuttgart 1991.

Heine, Ina / Heine, Peter: O ihr Musliminnen … Frauen in islamischen Gesellschaften, Herder, Freiburg 1993.

Heitmeyer, Wilhelm: Facetten des Islamismus, Suhrkamp, Frankfurt am Main 2002.

Heitmeyer, Wilhelm / Müller, Joachim / Schröder, Helmut (Hrsg.): Verlockender Fundamentalismus. Türkische Jugendliche in Deutschland, 2. Auflage, Suhrkamp, Frankfurt am Main 1997.

Holm, Carsten: Rätsel Islam. Weltmacht hinterm Schleier, Spiegel-Verlag, Hamburg 1998.

*Hourani, Albert: Die Geschichte der arabischen Völker, S. Fischer Verlag, Frankfurt am Main 1992.

Ibn-Ishaq, Muhammad / Rotter, Gernot: Das Leben des Propheten, Spohr Verlag, Kandern 1999.

*Irvin, Robert: Islamische Kunst, DuMont Buchverlag, Köln 1998.

Der Islam, Band 1: Vom Ursprung bis zu den Anfängen des Osmanenreiches hrsg. von Claude Cahen, Fischer-Weltgeschichte 14, S. Fischer, Frankfurt am Main 1998.

Der Islam, Band 2: Die islamischen Reiche nach dem Fall von Konstantinopel, hrsg. von G. E. von Grunebaum, Fischer-Weltgeschichte 15, S. Fischer, Frankfurt am Main 1984.

Kabbani, Rana: Offener Brief an die Christenheit. Aus dem Englischen übersetzt von Gisela Stobbe, Econ-Taschenbuch-Verlag, Düsseldorf 1991.

Kentenich, Heribert u.a.: Lebenslanges Leiden, in: Deutsches Ärzteblatt 13/2006, S. 692ff.

*Khoury, Adel Theodor: Der Islam. Sein Glaube, seine Lebensordnung, sein Anspruch, Herder, Freiburg/Basel/Wien 1992.

**Khoury, Adel Theodor: Der Koran, erschlossen und kommentiert von Adel Theodor Khoury, Patmos, Düsseldorf 2005.

Khoury, Adel Theodor / Heine, Peter: Im Garten Allahs. Der Islam, Herder, Freiburg/Basel/Wien 2003.

Khoury, Adel Theodor: Mit Muslimen in Frieden leben. Friedenspotentiale des Islam, Echter Verlag, Würzburg 2002.

Khoury, Adel Theodor: Der Islam und die westliche Welt. Religiöse und politische Grundfragen, Wissenschaftliche Buchgesellschaft, Darmstadt 2001.

**Khoury, Adel Theodor / Hagemann, Ludwig / Heine, Peter: Lexikon des Islam. Geschichte – Ideen – Gestalten, Digitale Bibliothek 47, Directmedia Publ. Berlin/Herder Freiburg 2001.

Kienzler, Klaus: Das Heilige im Denken. Ansätze und Konturen einer Philosophie der Religion, Lit Verlag, Münster 2001.

Kienzler, Klaus (Hrsg.): Islam und Christentum. Religion im Gespräch, Lit Verlag, Münster 2001.

Kienzler, Klaus: Der religiöse Fundamentalismus. Christentum, Judentum, Islam, 2. Auflage, C.H. Beck, München 1999.

*Der Koran. Aus dem Arabischen übersetzt von Max Henning. Einl. u. Anm. von Annemarie Schimmel, Reclam, Stuttgart 2001.

Krieg und Gewalt in den Weltreligionen. Fakten und Hintergründe, hrsg. von Adel Theodor Khoury, Herder, Freiburg im Breisgau 2003.

Kroll, Frank-Lothar: Das Ornament in der Kunsttheorie des 19. Jahrhunderts, Olms, Hildesheim u.a.1987.

**Küng, Hans: Der Islam – Geschichte, Gegenwart Zukunft, Piper Verlag, München 2004.

Kurzer, Michael (Hrsg.): Weisheit der Araber, Stürtz Verlag, Würzburg 1995.

Kuschel, Karl-Josef: Christlich-muslimische Ökumene, Lit Verlag, Münster 2004.

Kuschel, Karl-Josef: »Jud, Christ und Muselmann vereinigt«? Lessings »Nathan der Weise«, Patmos, Düsseldorf 2004.

Kuschel, Karl-Josef: Streit um Abraham. Was Juden, Christen und Muslime trennt – und was sie eint, 2. Auflage, Patmos, Düsseldorf 2002.

Kuschel, Karl-Josef / Alessandro Pinzani /Martin Zillinger (Hrsg.): Ein Ethos für eine Welt? Globalisierung als ethische Herausforderung, Campus-Verlag, Frankfurt am Main 1999.

Lähnemann, Johannes (Hrsg.): Visionen wahr machen. Interreligiöse Bildung auf dem Prüfstand. Referate und Ergebnisse des Nürnberger Forums 2006, EB-Verlag Hamburg 2007.

Lähnemann, Johannes: Evangelische Religionspädagogik in interreligiöser Perspektive, Vandenhoeck & Ruprecht, Göttingen 1998.

Lähnemann, Johannes (Hrsg.): Das Wiedererwachen der Religionen als pädagogische Herausforderung, EB-Verlag, Hamburg 1992.

Lücke, Hanna: »Islamischer Fundamentalismus«. Rückfall ins Mittelalter oder Wegbereiter der Moderne? Die Stellungnahme der Forschung, Schwarz Verlag, Berlin 1993.

*Meddeb, Abdelwahab: Die Krankheit des Islam, Verlag Das Wunderhorn, Heidelberg 2002.

Mernissi, Fatima: Die Angst vor der Moderne. Frauen und Männer zwischen Islam und Demokratie. Aus dem Franz. von Einar Schlereth, dtv, München 1996.

Ministerium für Kultus, Jugend und Sport Baden-Württemberg: Bildungspläne der allgemein bildenden Schulen. Bildungsplanreform 2004, Stuttgart 2004.

Ministerium für Kultus, Jugend und Sport Baden-Württemberg: Bildungsplan für die Kursstufe des Gymnasiums, Stuttgart 2001.

*Nienhaus, Volker: Islam und moderne Wirtschaft. Einführung in Positionen, Probleme und Perspektiven, Styria, Graz/Wien/Köln 1982.

Nipkow, Karl Ernst: Pädagogik und Religionspädagogik zum neuen Jahrhundert, Band: 2: Christliche Pädagogik und interreligiöses Lernen; Friedenserziehung; Religionsunterricht und Ethikunterricht, Gütersloher Verlagshaus, Gütersloh 2005.

Nipkow, Karl Ernst: Bildung in einer pluralen Welt, Band: 2. Religionspädagogik im Pluralismus, Gütersloher Verlagshaus, Gütersloh 1998.

*Osman, Nabil: Kleines Wörterbuch deutscher Wörter arabischer Herkunft, C. H. Beck´sche Verlagsbuchhandlung, München 1982.

Pulsfort, Ernst: Die Weltreligionen und die Ethik, hrsg. von Adel Theodor Koury, Herder, Freiburg 2005.

Quadro-Bibel: Einheitsübersetzung der Heiligen Schrift, Gute-Nachricht-Bibel, Lutherbibel 1984, Revidierte Elberfelder Bibel; die vier großen deutschen Übersetzungen auf CD-ROM; mit Lexikon zur Bibel; plus Neue Zürcher Bibel, Evangelien, Psalmen, Brockhaus/Deutsche Bibelgesellschaft, Wuppertal/Stuttgart.

Rahner, Karl: Grundkurs des Glaubens, Einführung in den Begriff des Christentums, 10. Auflage der Sonderausgabe, Herder, Freiburg/Basel/Wien 2004.

Rahner, Karl: Der eine Gott und der dreieine Gott. Das Gottesverständnis bei Christen, Juden und Muslimen, Schnell und Steiner, München 1983.

Ronart, Stephan; Ronart, Nandy: Lexikon der arabischen Welt. Ein historisch-politisches Nachschlagewerk, Artemis, Zürich/München 1972.

Rothgangel, Martin (Hrsg.): Standards für religiöse Bildung. Zur Reformdiskussion in Schule und Lehrerbildung, Lit Verlag, Münster 2004.

Rotter, Gernot: Die Welten des Islam. Neunundzwanzig Vorschläge, das Unvertraute zu verstehen, hrsg. von Gernot Rotter, Fischer-Taschenbuchverlag, Frankfurt am Main 1993.

**Schimmel, Annemarie: Mystische Dimensionen des Islam – Die Geschichte des Sufismus, Diederichs, 3. Auflage, München 1995.

*Schimmel, Annemarie: Sufismus – Eine Einführung in die islamische Mystik, C.H. Beck´sche Verlagsbuchhandlung, München 2000.

*Schimmel, Annemarie: Al-Halladsch – »O Leute, rettet mich vor Gott«, Herder Spektrum, Band 4454, Freiburg 1995.

*Schimmel, Annemarie: Der Islam, Eine Einführung, Kohlhammer Verlag, Stuttgart, 1990.

Schimmel, Annemarie: Kleine Paradiese. Blumen und Gärten im Islam, Herder, Freiburg/Basel/Wien 2001.

Schreijäck, Thomas (Hrsg.): Religionsdialog im Kulturwandel.Interkulturelle und interreligiöse Kommunikations- und Handlungskompetenzen auf dem Weg in die Weltgesellschaft, Waxmann, Münster/New York/München/Berlin 2003.

Schreijäck, Thomas (Hrsg.): Religion im Dialog der Kulturen. Kontextuelle religiöse Bildung und interkulturelle Kompetenz, Lit Verlag, Münster 2000.

Schweitzer, Friedrich: Zwischen Theologie und Praxis. Unterrichtsvorbereitung und das Problem der Lehrbarkeit von Religion, in: JRP 7 (1990) Neukirchen-Vluyn, S. 3–41.

Schwendemann, Wilhelm / Stahlmann, Matthias: Anthropologie – biblische Perspektiven. Eine Unterrichtseinheit für die Oberstufe, Calwer Verlag, Stuttgart 2006.

Shalabi, Abdul Wadoud: Islam Religion of Live, Kairo 1990.

*Steinbach, Udo: Geschichte der Türkei, 4., durchgesehene und aktualisierte Auflage, Verlag C. H. Beck, München 2007.

Suwairi, Yusuf as: Islamic fundamentalism, Pinter, London 1997.

Szostak, Jutta / Taufiq, Suleman: Der wahre Schleier ist das Schweigen. Arabische Autorinnen melden sich zu Wort, Fischer-Taschenbuchverlag, Frankfurt am Main 2001.

**Thyen, Johann-Dietrich (Hrsg.): Bibel und Koran. Eine Synopse gemeinsamer Überlieferungen, 3. Auflage, Böhlau, Köln/Weimar/Wien 2000.

Tibi, Bassam: Fundamentalismus im Islam. Eine Gefahr für den Weltfrieden? Primus-Verlag, Darmstadt 2000.

Tradition und Translation. Zum Problem der interkulturellen Übersetzbarkeit religiöser Phänomene. Festschrift für Carsten Colpe zum 65. Geburtstag, hrsg. von Christoph Elsas, de Gruyter, Berlin 1994.

Tugendhat, Ernst: Selbstbewusstsein und Selbstbestimmung. Sprachanalytische Interpretationen, 6. Auflage, Suhrkamp, Frankfurt am Main 1997.

Tworuschka, Udo (Hrsg.): Gottes ist der Orient – Gottes ist der Okzident. Festschrift für Abdoldjavad Falaturi zum 65. Geburtstag, Böhlau, Köln/Wien 1991.

'Umar Haiyam: Die Sinnsprüche Omars des Zeltmachers [= Rubaijat-i-Omar-i-Khajjam]. Aus dem Persischen übersetzt und mit einem Nachwort versehen von Friedrich Rosen, 12. Auflage, Insel Verlag, Frankfurt am Main 1990.

Ven, Johannes A. van der / Hans-Georg Ziebertz (Hrsg.): Religiöser Pluralismus und interreligiöses Lernen, Kok / Deutscher Studien-Verlag, Kampen/Weinheim 1994.

*Vereinigte Evangelisch-Lutherische Kirche Deutschlands / Kirchenamt der Evangelischen Kirche in Deutschland (Hrsg.): Was jeder vom Islam wissen muss, 5., verbesserte und ergänzte Auflage, Gütersloher Verlagshaus, Gütersloh 1996.

Wanke, Gunther: Art. »Bibel« I (Die Entstehung des Alten Testaments als Kanon), in: TRE 6, 1980, S. 1–8.

*Wardi, 'Ali al: Soziologie des Nomadentums. Studie über die iraqische Gesellschaft. Aus dem Arabischen von Gunther Weirauch und Ibrahim al-Haidari, Luchterhand, Neuwied u.a. 1972.

Westermann, Claus: Grundformen prophetischer Rede, Chr. Kaiser, München 1960.

Zirker, Hans: Der Koran. Übersetzt und eingeleitet von Hans Zirker, Wissenschaftliche Buchgesellschaft, Darmstadt 2003.

Zirker, Hans: Themenheft: Lernprozess Christentum – Islam, EOS Verlag, St. Ottilien 2001.

Zirker, Hans: Islam.Theologische und gesellschaftliche Herausforderungen, Patmos, Düsseldorf 1993.

Zirker, Hans: Christentum und Islam.Theologische Verwandtschaft und Konkurrenz, Patmos, Düsseldorf 1989.

BILDNACHWEIS

Hannes Ball: Abb. 27, 28, 33, 34, 35, 38, 40, 50, 58, 79, 80
Sadik Hassan: Abb. 29, 84
Traugott Wöhrlin: alle übrigen Abbildungen einschließlich aller Grafiken.

DIE AUTOREN

Hannes Ball ist Pfarrer, Studiendirektor i.R., Lehrbeauftragter für Fachdidaktik an der Evangelischen Hochschule Freiburg; Orientfachmann.

Dr. Sadik Hassan ist Islamwissenschaftler und Orientalist; Lehrbeauftragter für Islamwissenschaft an der Evangelischen Hochschule Freiburg.

Dr. Wilhelm Schwendemann ist Professor für Evangelische Theologie und Didaktik an der Evangelischen Hochschule Freiburg.

Traugott Wöhrlin ist Architekt, Leiter einer Baugewerbeschule und Orientfachmann.